ふだん使いのナラティヴ・セラピー

Retelling the Stories of Our Lives

Everyday Narrative Therapy to Draw Inspiration and Transform Experience

●人生のストーリーを語り直し、希望を呼び戻す

D・デンボロウ 著
David Denborough
小森康永・奥野 光 訳
Yasunaga Komori & Hikaru Okuno

北大路書房

RETELLING THE STORIES OF OUR LIVES

Everyday Narrative Therapy to Draw Inspiration and Transform Experience

by

David Denborough

はじめに

読者の皆さんへ

私たちの人生行路は、石に刻まれたものではなく、ストーリーによって作られる。だから、人生はそのストーリーをいかに理解し、いかに共有するかにかかっている。もしも荒廃だけを強調するストーリーを語るなら、私たちは弱い者になるだろう。それとは違って、私たちは、自分たちをより強くするようにストーリーを語ることができるし、喪失をなぐさめるようにも悲しみを癒すようにもできる。

以下に続く頁において、私はあなたと世界中のストーリーを共有する。個人もグループも、そしてコミュニティのものもあるが、そこでは人生のストーリーが書き換えられている。私はあなたの人生のストーリーについても問う。主人公、プロット、鍵となる光景、そしてサウンドトラックさえも。

あなたが本書を手にした理由にも私は興味がある。あなたはつらい時期を過ごしているのかもしれないし、人生にこれまでとは違う何かを求めていたり、もしかするとあなたには心から助けたいという友人なり家族がいるのかもしれない。私はあなたの人生のストーリーを知らない。それでも、適切な質問としかるべき聴衆がいれば、私たちの人生のストーリーが変わるということは知っている。

私たちの人生が勝利というよりは悲劇に近いとき、あまりに多いのは、他の誰かが私たちの人生に影響するストーリーを書いていたり、性差別とか暴力、人種差別ないし貧困という広範な権力作用が私たちのアイデンティティの著者になっていることだ。

私はずっと、凄まじく困難な状況にある人々と出会う日々を送ってきた。よく私は、世界の最善と最悪を見てきたと口にする。人々が人々に対してひどいダメージを与えたり不正を働くことの証人になってきた。そして、そんな中でも人生を取り戻し、自分にとって大切なものを守り抜く子どもや若者、そして大人に出会ってきた。私には、その再生ほど重要なものはない。時に、ストーリーラインが変わるには何世代かが必要だが、一度の会話でそれが起こることもあった。

あなたが手にしている本は、人生のストーリーを書き換えたり語り直したりしている個人、友人、家族、そしてコミュニティを援助するために書かれた。

あなたはたぶんこれをひとりで読んでいる。あなたにこの本、それにペンさえあれば、本書の随所に散りばめられた質問や練習問題に取り組むことができる。一冊の本というものの美しさは、完璧なプライバシーと、読者とテキストの間の親密さにある。あなたは、この本を誰かに見せながら、一度もしたことのない話をしたくなるかもしれない。そうなれば、…それがこの本を書いた理由の一つだ。

あるいは、あなたは友達と一緒にこの本を読みながら、一緒に練習問題に取り組み、全篇に散りばめられた質問をお互いにし合えたらと願うかもしれない。それは、手紙でもオンラインでもスカイプでもEメールでもフェイスブックでも、あるいは郵便でもできる。

あなたがどれを選ぼうとも、この本があなたに、あなたの人生や友達や家族の人生についての新しい語り方を提供することを願っている。

Natalia Savelieva ©

本書の歴史

本書のアイデアは、マイケル・ホワイトとの何年かにわたる会話と共同作業にある。彼は知的「兄弟」であるデイヴィッド・エプストンと共に、ナラティヴ・セラピーの領域を創造した。[*1] マイケルは魅力的なセラピストであり、ライターであり、教師であった。彼のアイデアは私の人生や多くの人々の人生の方向性を変えた。私は15年ほど彼と一緒に、ライティング・プロジェクトやコミュニティ課題の仕事をした。[*2] 彼が『ナラティヴ実践地図（*Maps of Narrative Practice*）』を書き終えたとき、次は一般読者にナラティヴなアイデアを紹介する本を一緒に書く計画を立てた。目次まではできていなかったが、何をそこで成し遂げようとしていたかははっきりしていた。

いくつかの理由で、本書の共同作業を始めるチャンスは得られなかった。マイケルは

2008年に亡くなり、晩年、私たちが緊密に協力して仕事をすることはなかったのである。彼の死後、最も急を要する仕事は、マイケルの未刊行論文を集めて世に問うことであった。2011年、シェリル・ホワイト、デイヴィッド・エプストン、ジル・フリードマン、そしてダルウィッチセンターのマイケル・ホワイト・アーカイヴ（www.dulwichcentre.com.au/michael-white-archive.html）との共同作業で、私たちは『ナラティヴ・プラクティス―会話を続けよう（*Narrative Practice: Continuing the Conversations*）』（W.W. Norton）と題する論文集を編集刊行した。

そして今ようやく、ナラティヴなアイデアを一般読者に紹介する本という当初の希望へ舞い戻ることができたのである。計画通りマイケルと共著できないのは残念だが、本書では、ダルウィッチセンターのマイケル・ホワイト・アーカイヴと共同作業ができた。本書のあちこちで、あなたはマイケルの治療的会話での輝けるストーリーをたくさん読むだろう。そこには、ダルウィッチセンターが過去30年間にわたって刊行してきた著作からの引用も盛り込まれている。[*3] それらの論文にもう一度没頭しつつ、それらをここで初めて読むことになる読者を想像するのは楽しいことだった。本書にあるアイデアとストーリーは、ここ20年ほど私の友達のようであったので、彼らがあなたのよい仲間になることを心から願う。

マイケルが亡くなる前に本書のために執筆した部分はわずかに、「はじめに」の草稿だけである。その中で、マイケルは本書への希望を記している。

本書は、人々の人生に新しいストーリーを押し付けたり、アドバイスを与えるものではない。読者が自分自身の人生を新しい目で眺めたり、それまではしばしばないがしろにされていた出来事の新しい重要性を発見したり、しばしばその価値を見出されなかった輝ける行為を見つけたり、そしてそれまではたいていほったらかしにされてきた風景における問題や窮状に対して解決を見つけるよう誘うものであってほしいのだ。…いかにして前進するかを知るためのオプションが、読者に提供されればと思う。

私もその実現を願う。

＊注

＊1　マイケル・ホワイトに「ストーリー」とか「ナラティヴ」のメタファーをセラピーにおいて追求してみるよう最初に励ましたのが、デイヴィッド・エプストンとシェリル・ホワイトである。その歴史についての詳細は、Denborough（2009）を参照されたい。また、ナラティヴ・セラピーについての情報は以下のサイトにある。

www.dulwichcentre.com.au/common-questions-narrative-therapy.html

＊2　私は過去20年にわたって、ナラティヴ・セラピーとコミュニティワークの分野で働いてきた。ダルウィッチセンター財団での近年のプロジェクトの多くは、途方もない困難を経験している世界中のグループやコミュニティに関わるものである。これらのプロジェクトにおいて、私たちはナラティヴ・セラピーのアイデアがより広く行き渡るためには、それをその場その場に順応させる必要性を感じた。本書は、その経験から生まれてきたのである。

＊3　ダルウィッチセンターによって刊行された著作の本書での引用は、許諾済みである。

謝辞

多くの人々のおかげで本書は出来上がった。W.W. Norton の Deborah Malmud には特別の感謝を捧げたい。彼女は本書のアイデアを決してあきらめず、重要な編集アドバイスを提供してくれた。Sophie Hagen と Rachel Keith もまた出版過程において意義ある貢献をしてくれた。Legh Corrigan と Kate le Dan はアート作品を、そして Mike Bowers は、170頁の写真を提供してくれた。

さらに、初稿への貴重なフィードバックを以下の方々から頂戴した。Cheryl White, Jill Freedman, Mary Heath, David Epston, Daria Kutuzova, David Newman, Ruth Pluznick, Amy Druker, Loree Stout, Dale Andersen-Giberson, Susanna Chamberlain, Kaylene Graham, Meredith Oliver, そして Erica Denborough.

特別な謝辞を Kaethe Weingarten に捧げたい。彼女は、本稿への詳細なフィードバックを提供してくれた。キースは、病いのナラティヴ、トラウマ、そして証人という三領域での仕事において重要な家族療法家であるだけではなく、手練の編集者でもある。

本書において、読者が読むことになるのは、以下の人々の仕事である。Jussey Verco, Silent Too Long, Kate, Ncazelo Ncube, the counselors of Ibuka, Sue Mann, Carolyn Markey, Chris Dotman, Margaret Hayward, Eileen Hurley, Angel Yuen, the Alzheimer's Australia Vic Community

Advisory Group, Nihaya Abu-Rayyan, Power to Our Journey, Chris McLean, Sue Mitchell, the ACT Mental Health Consumers Network, Carolynanha Johnson, Julie Moss, そして Lisa Berndt. 彼女たちの貢献がなければ，本書はこの世になかったであろう。

一つの集団的努力を介して，マイケルと私が何年か前に乗り出したものがなんとか達成されていることを願うばかりである。

目次

PART 1

第1章 人生はストーリーでできている

私たちが何者であり何を行うかは、私たちが自身について語るストーリーに影響を受けている。私たちは、他者が語る私たちについてのストーリーを変えられるとは限らないが、私たちが語る自身についてのストーリーや、私たちの大切な人たちについてのストーリーにならば影響を及ぼすことができる。さらに私たちは、慎重に、アイデンティティのストーリーラインを作り変えたり、書き直したりすることもできる。あるストーリーで、それを説明しよう。

ある山の尾根に腰をおろしている13歳の少年を想像してほしい。少年は学校のキャンプに参加しているが、一人きりだ。他の少年たちはハイキングに出かけて何泊かすることになっている。この少年は、重い喘息のせいでハイキングに参加できなかった。もっと幼い頃、つまり生後4年間ほど、彼は「普通の」子どものように話すこともなかった。ようやく周囲が彼の言葉を理解できるようになったのは、彼が4歳半になった頃だった。

ここまでのストーリーで、あなたは、この13歳の少年が一人きりで山の尾根に腰をおろしているところを、ある特定のイメージで描いているはずだ。彼の人生のいくつかの出来事をつなげて、一つのストーリーラインを作ろうとしている（図1・1参照）。

私たちはこうして生きている。特定の出来事を取り上げて、つなげ、あるプロットないしテーマを作る。そしてこのプロットないしテーマは、私たちのアイデンティティ――私たちは何者であるか――を形成する。この少年について私が話した三つの出来事から、あなたはどんなテーマを見つけただろう。「孤独な少年」とか「変わった子」といったものではないだろうか（図1・2参照）。

しかし、それは、私があなたに最初に伝える出来事を選んだからである。さらに、次の三つの出来事を加えたらどうだろう。

1．尾根に腰をおろしていたその日に、13歳の少年は初めて曲を書いた。友達がハイキングから戻ってくると、彼は山々と友達に向けてエアギターでその曲を歌った。

2．幼い頃、この少年は父親とよく散歩に出かけた。丘の上に立つと父親は、決まってこう歌った。「僕は世界の頂点にいる、すべてを見おろす。理由はただ一つ。それは愛、君に出会えて。僕は世界の頂点！」*1

3．幼い頃、母親は少年の「ユニークな言語」を読み解く方法を必ず見つけ出し、理解していた。少年には、わかってもらえなかった記憶がない。

これら三つの出来事が新たに加わった途端、この少年の人生のストーリーラインないしプロットも変化する。先に私が伝えた出来事も本当のことには違いないが、他の出来事に囲まれることで、それ

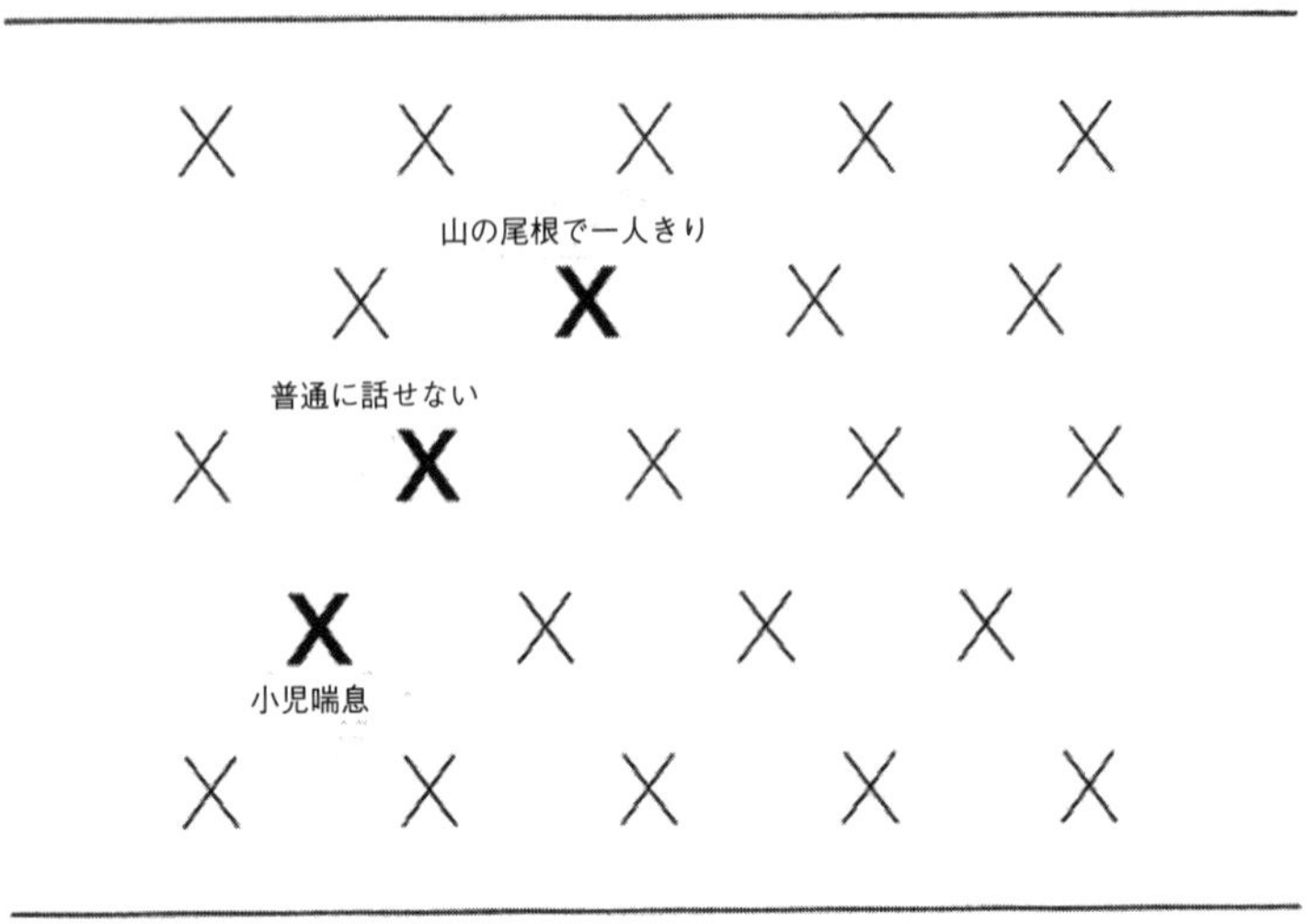

図 1.1　ライフイベント

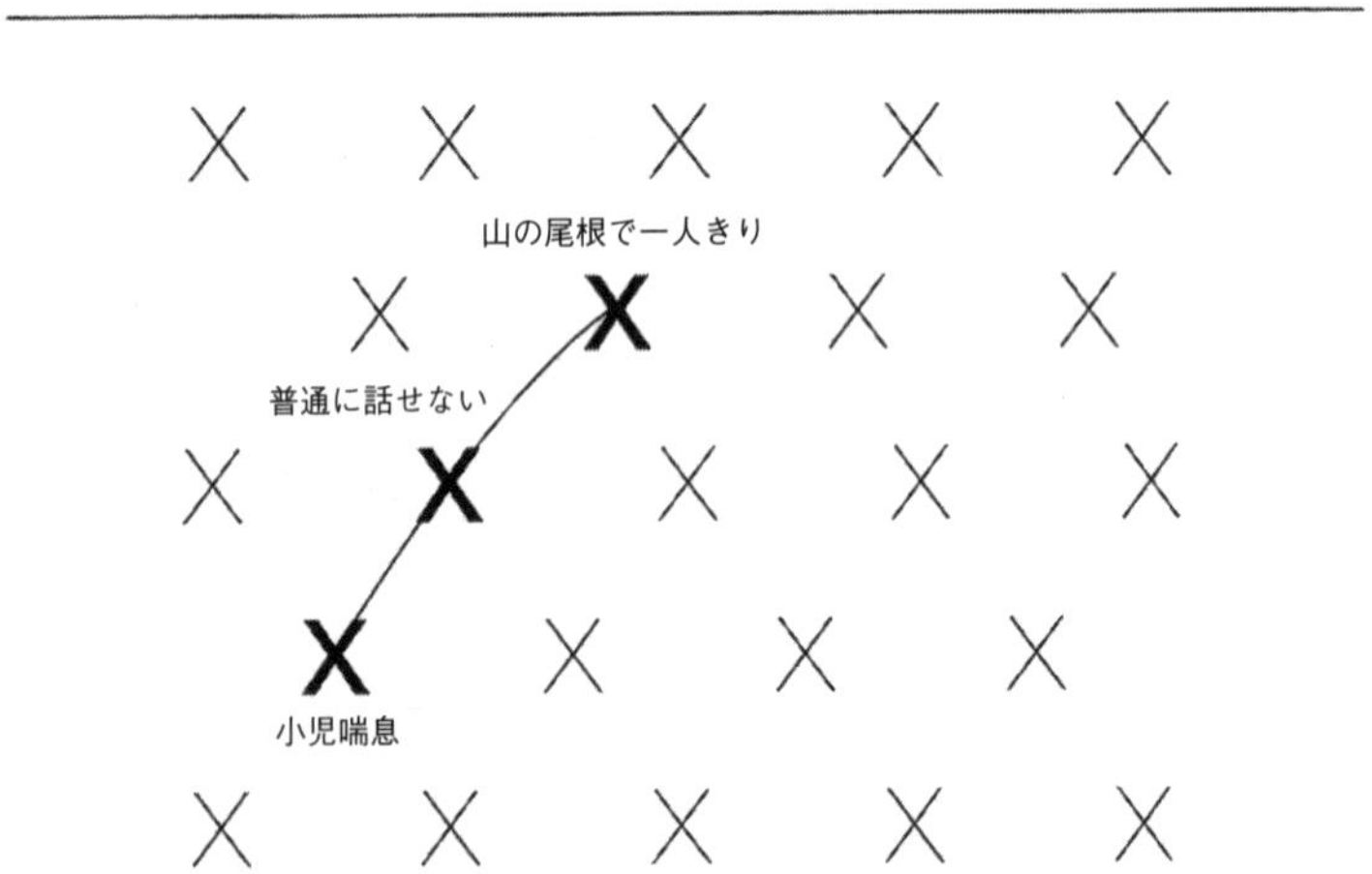

図 1.2　出来事をつなげて適したストーリーラインを作る：「孤独な少年」

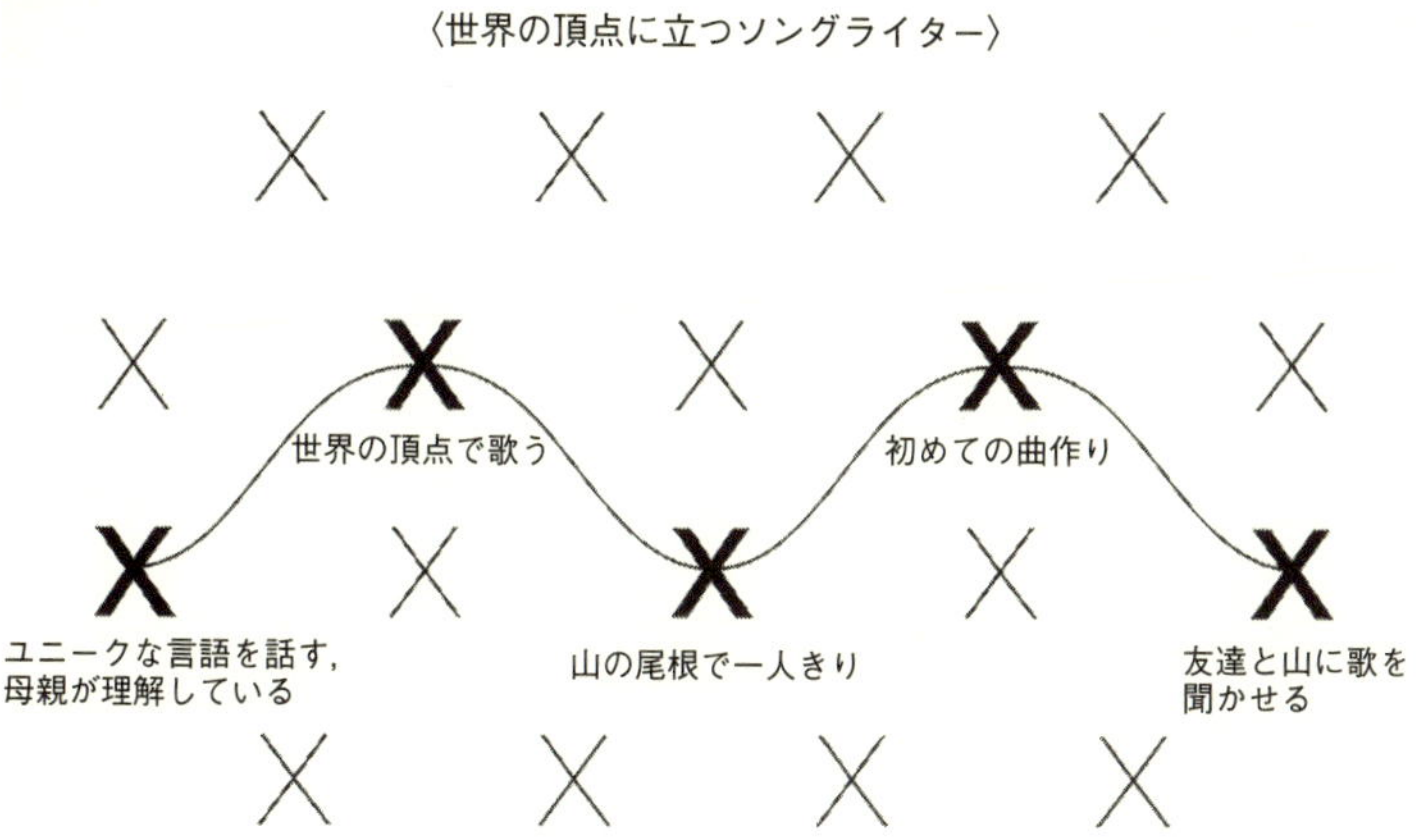

図 1.3　オルタナティヴな出来事をつなげて第二のストーリーラインを作る：「世界の頂点に立つソングライター」

らの意味が変わってしまったのだ。

今なら、この少年の人生にあなたはどのようなテーマないしストーリーラインを与えるだろう。とはいえ、実のところ一番大事なのは、これらの出来事に彼自身が与えるストーリーラインと、彼がその意見を重要視する人たちによって支持され、もたらされるストーリーラインだ。ご想像通り、これらは、私の人生の出来事である。

私はこの第二のストーリーラインのほうがずっと好きだが、もしそれを名付けるなら、「世界の頂点に立つソングライター」にしたい（図1・3参照）。

これらのストーリーを共有したのは、私たちの人生がいかにストーリーによって形成されているかを示すためだ。人生には数々の多様な出来事があるが、私たちのアイデンティティを構成するのはそのうちのいくらかにすぎない。私たちが自身の人生についてどのようなストーリーラインを持っていようと、それは、私たちが何者であり、どう行動するかに影響を及ぼす。もし私が自分のことを「孤独な少年」だと思い、周囲も「孤独な少年」であるかのように私と関わっていたら、私が自分自身を——そして周囲が私のことを——「世界の頂点に立つソングライター」と見なすのとはとても違った人生を送ることになっただろう。「孤独な少年」は「問題のストーリー」、一方「世界の頂点に立つソングライター」は「好みのストーリー」と考えることができる。

本書の目的は、読者の皆さんと、人生の好みのストーリーを生み出すための質問や道具、アイデアを共有し、皆さんの大事な人たちの人生についての好みのストーリーを生み出すことにある。誰の人生にも、身がすくんだり、頭痛の種になったり、悲しみをもたらしたり、恥ずかしくなったりする出来事があるだろう。そうした瞬間が一つのストーリーラインに練り上げられてしまえば、私たちは人生に絶望してしまうかもしれない。しかし誰の人生にも、美しさや優しさ、中休み、逃避、ないし果敢な抵抗から成る出来事やちょっとした瞬間があるはずだ。これらの出来事が私たちについてのストーリーを伝えるためにまとめあげられたとき、人生はより生きやすいものになる。本書は、私たちが敬意を持ち共に生きることのできる人生のストーリーラインを作るためのものだ。

それでは、このことがヴァネッサの人生にどう関係してくるかを示そう。*2

●見出しを変更する

ヴァネッサの人生は、このところ、特に2年前の住宅危機でアパートを失ってからというもの、苦しい状況にあった。この頃は、家賃を払えそうにないと思うときには特に、「この役立たず！」という元夫の言葉が耳元で鳴る。このフレーズが聞こえてくるたびに、これまでのあらゆる失敗、落胆させてしまったすべての人々のことが頭をよぎる。元夫の言葉が鳴り響くと、ヴァネッサの体の奥に震えが走る。

このような時、「この役立たず」というフレーズは、まるでヴァネッサの人生ストーリーの見出しであるかのようだ。そのフレーズは、誰にでも見える大きな太字で書かれているようで、これを読んだ人は皆、彼女についてその通りのイメージを抱きかねないと彼女は案じている。

しかし、これはヴァネッサの人生の「真実」ではない。ストーリーの一つである。虐待的な元夫によって語られる一つのストーリーであり、現在の経済的苦境によって下支えされている。ヴァネッサの人生には、他にいくつものストーリーラインがあり、妹のサロメはこのことを重々わかっている。

サロメはよくヴァネッサのことを「私の知る限り最高に親切な人」と言う。その理由は、二人が共に高校生だった頃にさかのぼる。ヴァネッサはいつも、2歳下の妹の力になった。ランチタイムのたびに立ち寄り、彼女を元気づけ、同級生たちに引き合わせ、サロメが他の子と歩き方や話し方が違うといっていじめる子どもたちを叱りつけていた。

最近、ヴァネッサは、「この役立たず」のストーリーに支配され始めると、必ずサロメに電話をかけるようになった。一緒に笑いながら、二人は異なる見出しを書いていた。

物語る権利

私たちが自身について語るストーリーは、世間から隔絶されたところで生み出されるわけではない。自身についてのストーリーだと私たちが信じているストーリーが、実は、他者によって書かれたもの、というのはよくある話だ。たとえば、子ども時代に虐待を受けた子どもたちが自分自身について持ち続けている重要な考えの中には、虐待した人の視点が残っていることが多い。同様に、性差別や人種差別も、女性や有色人種の人々についての否定的なストーリーラインの一因となる。人生のストーリーが、虐待、人種差別、性差別、ないし同性愛嫌悪のレンズを通して語られることは、あまりに多い。

これらすべての状況において、あなたが物語る権利[*3]を考えてみることは、有意義かもしれない。物語る権利は他の権利ほど知られていないが、重要である。あなたがアイデンティティのストーリーを書き直す最初のステップとして、自分の人生を物語る権利を取り戻すことが必要かもしれない。

以前、人権団体と協働していたとき、私は「物語る権利憲章」と称するものを創作した。それは七つの鍵となる条項から成る（**条項**という用語を使用するのは、それが世界人権宣言においても使用されているからだ）。

第1条　すべて人は、自身の経験と問題を自身の言葉や用語で定義づける権利を有する。

第2条　すべて人は、自身が経験してきた文脈において、そして自身の他者との関係性の文脈において人生が理解される権利を有する。

第3条　すべて人は、困難の影響から自身の人生を取り戻す過程において、自身にとって関与していてほしい大切な人々を招く権利を有する。

第4条　すべて人は、トラウマや不正による問題を、自身がまるで欠陥そのものであるかのように自身の内面に位置づけることを拒否する権利を有する。人は問題ではなく、問題が問題である（第2章を参照）。

第5条　すべて人は、困難なときへの反応が承認される権利を有する。何人も、困難の受動的な受け手ではない。人は常に反応する。人は常に不正に抗議する。

第6条　すべて人は、自身の生き残りのためのスキルと知識が尊重され、称えられ、承認される権利を有する。

第7条　すべて人は、自身の困難による学びが類似状況にある他者の人生に貢献することを知り、経験する権利を有する。

あらゆる形の権利と同様、物語る権利は、擁護し、時には返還を要求する必要がある。物語る権利が侵害されてきたならば、人生のストーリーラインを改訂する際に、権利を取り戻して擁護することが必要な場合があるだろう。たとえば、ヴァネッサが「この役立たず」から「私の知る限り最高に親切な人」へと見出しを変更するには、彼女が自身の経験と問題を自身の言葉や用語で定義づける権利（第1条）を取り戻す必要があるだろう。また、虐待的な結婚から逃れたことや、景気悪化の現状に対処していることも含めて、彼女は、自身が経験してきた文脈において人生が理解される権利（第2条）を取り戻す必要もあるだろう。

他人の物語る権利を守ったことがあったかどうか、少し考えてみよう。他の人について、あるいは他の集団について誰かが話しているときに、「他人がその人の代わりに、あるいはその人について話すのはおかしい。その人のことはその人自身が話せるはずだ」と思ったことはあるだろうか。誰かに代弁されるのではなく、その人が自分のことを自分で話せるように、あなたが何かを言ってあげたりしてあげたことはあるだろうか。

それから、あなたは自分の人生に関して物語る権利を要求しようとしたことはあるだろうか。他人があなたの人生の悪いところを断定したり、自分には役立ったからと何かの解決を押しつけられたが、あなたの人生には役立たなかったことがあるだろうか。何らかの方法で、たとえ無言の抗議だとしても、このことに抗議したことがあるだろうか。

自分のストーリーを語れる安心な場所

自身や他者の物語る権利に配慮し、それを擁護し、返還を要求するのと並んで、私たちの人生のストーリーをいつ、そして誰に語るのかを考えることも重要だ。

次章では、私たちの人生の問題や困難、ないし苦難について話す方法に焦点を当てたい。しかしながら、そういった苦難について話をする前に、自分自身の人生に関していわゆる「川岸」のポジションを開発することが重要になることがある。[*4] 私たちの人生が混乱しているとき、それは流れの早い、危険に満ちた川のようだ。急流に飲まれそうになっているときには、そうした危険について話などしている場合ではなく、生き延びるべく一刻を争わなければならない。その混乱、ないし急流から抜け出す道を見つけ、川岸に上らなければならない。そこでようやく私たちは、自分の人生を見下ろすことができるのだ。

そのような川岸のポジションを作り出す一つの手法が、「人生の木（Tree of Life）」[*5] と呼ばれるものだ。この人生の見方はジンバブエで考案された。ＨＩＶ／ＡＩＤＳに関連した数々の喪失に苦しむ人々を援助する方法として、ヌカゼロ・ヌクベというジンバブエ／南アフリカ人の心理学者と私とが共同で開発したものだ。人生の木は現在世界中のさまざまな文脈で利用されている。次章へ進む前に、あなたも自分の人生の木を作ってみてほしい。一人で取り組んでも、誰かと一緒にでもかまわない。もし人生のストーリーを語り直したり書き直したりすることに興味のある人を知っていたら、その人と一緒にやってみてもいいだろう。

最初のステップで木を描く。どんな木でもよいが、何かしら肯定的な連想をもたらすものが好ましい。少しの間、あなたの人生のよい思い出と結びつくあらゆる木のことを考えて、それから、そんな木を一本描いてみよう。もしなかなか描けないなら（私もそうだ！）、図1・4のテンプレートを使ってもいい。その場合、あなたの記憶にある特定の木と結びつけられるような色を塗ったりして、あなた自身の木になるよう何か手を加えよう。木には、根元と、地面、幹、枝、葉、果実や種も描き込まれていることが重要だ。他の要素を加えてもよいが、一つひとつの要素はあなたの人生の特定の側面

図 1.4　人生の木のテンプレート

を示すので、きちんと説明できるものにしてほしい。

根元：私たちのルーツ

木の根元には、あなたの出身地（村、町、国など）、言語、文化、恩師、お気に入りの場所、お気に入りの歌や踊りを思い出して書き留める。所属しているクラブや団体、応援しているスポーツチームなども盛り込んでよい。それらをあなたの木の根元に書き込もう。写真やイメージを加えてもよい。必要なら戻ってくることもできるので、根元にあまり時間をかけすぎないようにしよう（5〜7分程度）。

地面：私たちがやろうと思ってやっていること

地面は、一週間の間にあなたが選んだ活動を意味する。習慣的な物事だが、（やらなければならないことではなく）あなたが選んで行っている物事を記す。

幹：私たちが大切にすることと私たちのスキル

幹はあなたが価値を置くことを意味している。振り返って地面を見てみよう。一週間の間にあなたがやろうと思ってやっていることを。あなたはどうしてそうすることを選ぶのだろう。あなたは何を大事に思っているのだろう。

あなたが人生において示してきたスキルや能力も幹の部分に配置してよい。それに含まれるのは、物理的な達成や、（掃除などの）実務的な経験領域、思いやり、親切、正直といったスキルなどである。立派なことである必要はない。むしろささやかなことのほうがよい。

幹に加えることをなかなか思いつかないことがある。そんなときは、あの友達（あるいはあなたのことを大事に思っている誰か）なら私のことを何と言うだろう、と自問してみると考えやすい。あるいは、あなたには、あなたのルーツや地面に由来する能力やノウハウがあるかどうかを考えてもよいだろう。しかし、個人の価値やスキル、能力に限る必要はない。私たちのコミュニティや所属するグループが大事にしていることや、友人たちが得意とすることを盛り込んでもよいだろう。

幹には、多様性を持たせられるようにしよう。次に幹を見下ろして、あなたが大事にしている物事や、価値を置く物事、あなたのスキルや能力の歴史を辿ってみよう。この価値やスキルをあなたは誰から学んだのだろう。それはあなたにとって、どのくらい昔から重要だったのだろう。それはどこからやってきたのだろう。これらの問いに答えていくと、ルーツの部分に何か、あるいは誰かを書き加えたくなるかもしれない。こうして人生の木の異なるパーツ同士を結びつけていくのだ。

枝：私たちの視野

木の枝は、共通の希望、夢、願いを意味している。あなたが自分自身の人生に抱く希望に限らない。あなたが他者やあなたのコミュニティに抱く希望でもいい。しかしながら、できることならあなた自身の人生と関連する希望や願いを盛り込もう。この週末に関して望んでいるものでも、遠い未来についての夢でもかまわない。可能なら、あなたの人生と他者の人生への長期的な願いと短期的な願いを異なる枝に書き込もう。そうすると、これらの希望や願いの歴史を辿ることが可能になる。どのくらいの期間あなたはこれらの希望を抱いているのだろう。それらはどこからやってきたのだろう。あなたはどうやってそれらを持ち続けてきたのだろう。これらの問いについて考えていると、幹や根元の部分に書き足したい気持ちに駆られるかもしれない。

木の葉：私たちにとって重要な人々

人生の木における葉は、あなたにとって（良い意味で）重要な人々を意味している。親しい人、あるいはあなたに直接影響を及ぼした人かもしれない。木の葉にはあなたのヒーローを加えてもよいし、ペットや目には見えない友人を認めてもよい。

特に重要なのは、人生の木にはもう生きていない人も含まれるということだ。誰かが私たちに対して良い存在であったなら、その人の遺産は私たちの人生にある（第8章を参照）。亡くなった人をあなたの葉に含めたい場合、以下のような追加の問いが役立つかもしれない。

・あなたはその人と良い時間を過ごしただろうか。もしそうなら、その人の葉の隣にその一例を書き込もう。
・あなたにとっては、その人の何が重要だったのだろう。その人の葉の隣に書いてみよう。
・その人は、あなたがそれらを憶えていることや、あなたの木に書き込むことをありがたく思うだろうか。

果実：私たちに残された遺産

果実は、あなたに託された贈り物や、あなたの人生への他者の貢献を意味する。あなたの木の葉に名前を書き込んだ人々やその他の人物を振り返ってみよう。彼らはあなたにどのような遺産を伝えただろう。辛抱強さや勇気といった贈り物かもしれない。あるいは、あなたにとって重要な形ある贈り物かもしれない。

花と種：私たちが残したいと願う遺産

木に咲く花や種は、他者に伝えたいと願う贈り物や遺産を意味する。これらは、あなたが自ら捧げてきた贈り物と似ているかもしれない。あるいは、それらは生涯あなたに捧げられることのなかった物事で、あなたが誰かに捧げたいと願っている物事かもしれない。それを手に入れることができなかったからこそ、あなたはその特別な贈り物の価値をわかっているのかもしれない。あなたが残したいと願う遺産をよく考えて、木の花と種の隣に書き留めよう。

任意の話題

ここで、人生の木について任意だが追加として触れておきたいことが一つある。それは、DV被害を受けたことのあ

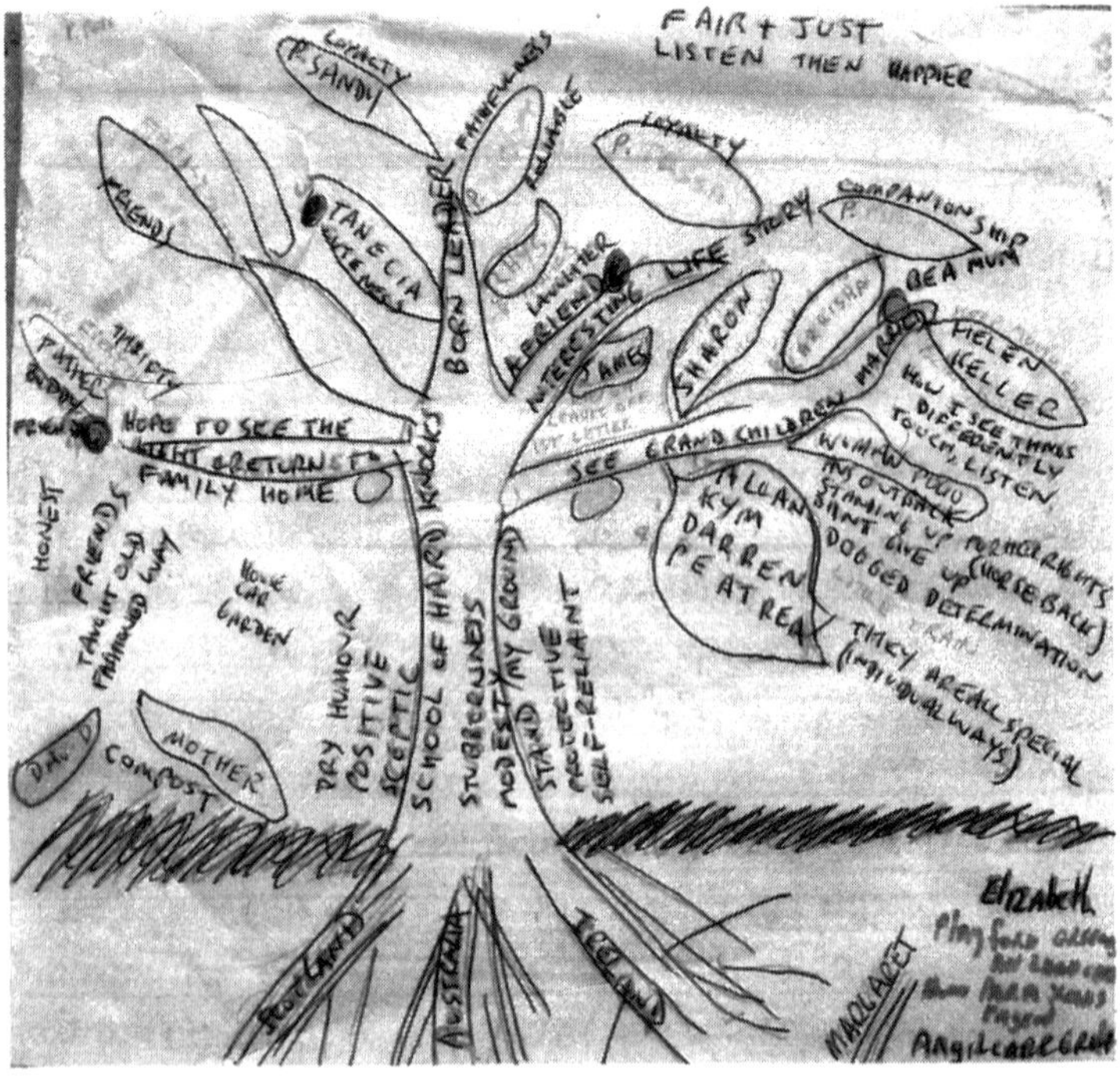

図 1.5　マーガレットの人生の木（左下の「肥やしの山（compost heap)」に注目）

る女性のための、人生の木を用いたワークショップに参加していたマーガレット・ヘイワードが考案したことだ。[*6] マーガレットは、木を描いていて有意義な発明をし、それを以下のように説明している（図1・5を参照）。

人生の木を描く際に、母と夫を配置する場所を考えられませんでした。私の人生において、この二人は私を精神的に虐待した人物でした。木には、支えてくれる人やペット、アイドルなど、私たちの人生において重要な人物を盛り込むのが通常です。そうすると、私には母と夫を配置する場所がどこにもありませんでした。そこで、二人を私の人生に加え、しかも思い通りの形で加える方法として、「肥やしの山（compost heap）」と呼ぶ場所を作ることにしたのです。肥やしの山は、二人が私を虐待できない場所です。二人を木に加えないとすると、二人を置ける場所がどこにもありませんでした。彼らは私の木の中心にはなじみません。絵を見ると何かが欠けています。木の上には、私の愛する人すべてを見渡すことができます。だから、私は肥やしの山を作り、そこに母と夫を置くことにしたのです。そうすることで、私は受けた傷を自分の心から取り除き、前に進むことができました。肥やしの山は、腐ったものを私たちの人生のための豊かで栄養ある肥料へと変えてくれます。

関連づける

人生の木が完成したら、あらためてその木を見てみよう。その木の異なる部分同士に何か関連が見つけられるだろうか。根元、幹、そして枝には多少なりとも関連があるだろうか。

誰かと一緒に取り組んでいるなら、他の人が何を幹に書いたかをよく見てみよう。まず、テーマを一つ、二つ選んでそれについて話してもらおう。たとえば、「あなたは『正直』や『友情』をどう大事にしているの?」「あなたはどうやって『誠実に』あるいは『思いやりをもって』いようとしているの?」「このことがあなたにとって重要だったのはどんなとき?」などと訊いてもいいだろう。次に、あなたが自分の木の幹に記入していたときに自分に問いかけたのと同じような質問を友人にもしてみよう。「あなたの人生におけるこの価値観ないしスキルの歴史について教えてください。あなたは誰からそれを学びましたか?　誰と一緒に学んだのでしょう?　あなたの人生におけるこの価値観やスキルの基礎ないしルーツは何でしょう?」というように。

こうした質問について互いに考えていると、おそらくあなたの友人はすでに木の根元に書いてあることについて話すだろう。まだ書いていないことを話していたら、それを根元に書き加えるとよい。もしかしたら、木の葉に加えられた人々とも関連が見つかるかもしれない。

あなたが人生において大事にする物事、スキル、希望と夢、あなたにとって重要な人々、そしてあなたが受け取り伝えていきたいと思う物事などとの関連を見つけることは、あなたの人生固有の「ストーリーライン」を作る作業である。これは、問題についてのストーリーラインではない。このストーリーライン――人生の木――は、あなたが価値を置くこと、あなたが人生において支持することに関わっている。これはあなたが好ましく思うストーリーラインなのだ。

●ヴァネッサの人生の木

ヴァネッサは、妹のサロメが見守る中で人生の木を描いた。彼女は木の葉から始め、そこにサロメと、姪っ子のレベッカ、（すでに他界した）祖父母、母親、たくさんの友達、そして最愛の犬を書き込んだ。驚くことではないが、次に彼女は慎重に作られた肥やしの山に元夫を配置した。ヴァネッサは、地面に沿って毎週の決まった活動を書き込んだ。たとえば、サロメへの電話や、受付係としての仕事、姪っ子の世話、近所の老人ケアセンターでのボランティアなど。彼女は時々入居している老人たちのスケッチをして家族に渡している。

ヴァネッサは、最初木の幹に書き入れるものをなかなか思いつかなかった。人生において大事にしていることは何だろう？　しかし、サロメと一緒に木の葉に書かれた人々や毎週やると決めている活動を見て、ヴァネッサは幹にこう書いた。

「絵を描くこと」
「笑うこと、そして人を笑わせること」
「家族への優しさ」

サロメは、ヴァネッサに「断固とした強さ」も加えてはどうかと提案した。二人は笑い合い、ヴァネッサはこれを書き加えた。

ヴァネッサにとってもサロメにとっても、このプロセスはますます面白くなっていった。これらのスキルや価値観はどこから来たのか。それらをヴァネッサに紹介したのは誰か。それらにはどんな歴史があるか。ヴァネッサはそれまで考えたこともなかったが、間もなく彼女とサロメは、祖母であるノンナのことを話題にした。サロメとヴァネッサの父親は二人が幼い頃に亡くなっており、それは、母親が家族を支えるために働きに出ることでもあった。二人はノンナに育てられており、サロメがヴァネッサにその断固たる強さと優しさはどこから来たのだろうと問いかけると、二人ともすぐにそれが祖母から引き継いだものだと気づいた。二人は、ヴァネッサの木の根元にノンナの名前を書いた。ヴァネッサは、二人が育った自宅周辺の名前や、毎日、外出をせがむとノンナが二人を連れて行ってくれた遊び場の名前も木の幹に書き入れた。サロメとヴァネッサは、その遊び場やノンナと過ごした時間のことを久しぶりに話した。

「絵を描くこと」には異なる歴史があった。サロメが知らなかったものだ。ヴァネッサは人の顔を描くことで学校での辛い時間を乗り越えてきた。そして、彼女のこの努力を励ましてくれた一人の教師がいた。当時を思い出し、ヴァネッサは葉を追加して、その教師の名前を書き入れた。

笑うこと、そして人々を笑わせることの歴史はどうだろう。ヴァネッサによると、それは実はサロメとの関係性から来たものだった。だから彼女は、果実の番になるとすぐにサロメを思い、「笑いという贈り物」「サロメが『私の知る限り最も親切な人』と言ってくれたこと」と書いた。

最後に二人は種に取りかかった。ヴァネッサが今、他者に伝えたいことだ。ここには「受け入れること」と「私の時間」が入る、と彼女は言った。人生の木の製作を通じて、ヴァネッサは、これらがノンナの分かち合ってくれた贈り物だと気づくに至り、今後この遺産を持ち続けたいと思ったのだった。

ではここで、ヴァネッサの人生の木が、いかに彼女のアイデンティティの好みのストーリーラインを示しているかを考えてみよう。

アイデンティティのストーリーラインを書き換える

すでに見てきたように、ヴァネッサの人生は、問題のストーリーライン、言い換えれば「この役立たず」という見出し（図1・6）に影響されることがある。

この否定的な見出しは、ヴァネッサの人生に実際的な影響を及ぼす。問題のストーリーラインが支配的になると、私たちの人生は——私たちのアイデンティティは——問題となる。私たちの人生において人々が否定的なストーリーラインを強化し続けるか、性差別主義、人種差別主義、ないし「虐待的な声」が問題のストーリーをさらに強固にするならば、悪化する一方である。

人生の木の製作を通じて、ヴァネッサは彼女のアイデンティティの代わりとなるストーリーラインを語り始めた。「世界の頂点に立つソングライター」が13歳の私の人生における好みのストーリーラインを示していたように、「私の知る限り最も親切な人」はヴァネッサにとっての好みのストーリーラインを示している（図1・7）。

あなたが自分自身の人生の木を描きながら、そして本書を読み進めながら、自分の人生に新しい「見出し」を、アイデンティティに新しいストーリーラインを生み出すことを願っている。

私たちが人生のストーリーを語り直し、書き直すとき、人生に関する事実は変わらないが、その意

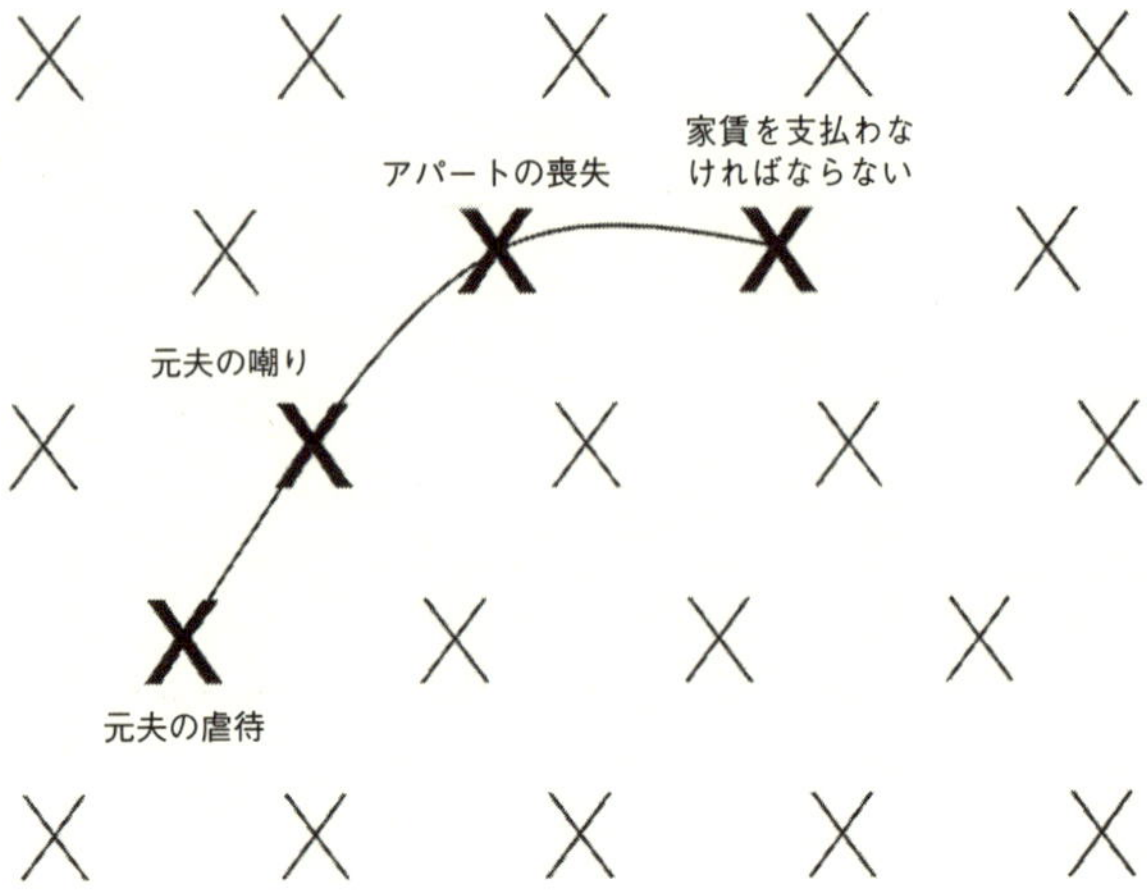

図 1.6　ヴァネッサの人生における「この役立たず」というストーリーライン

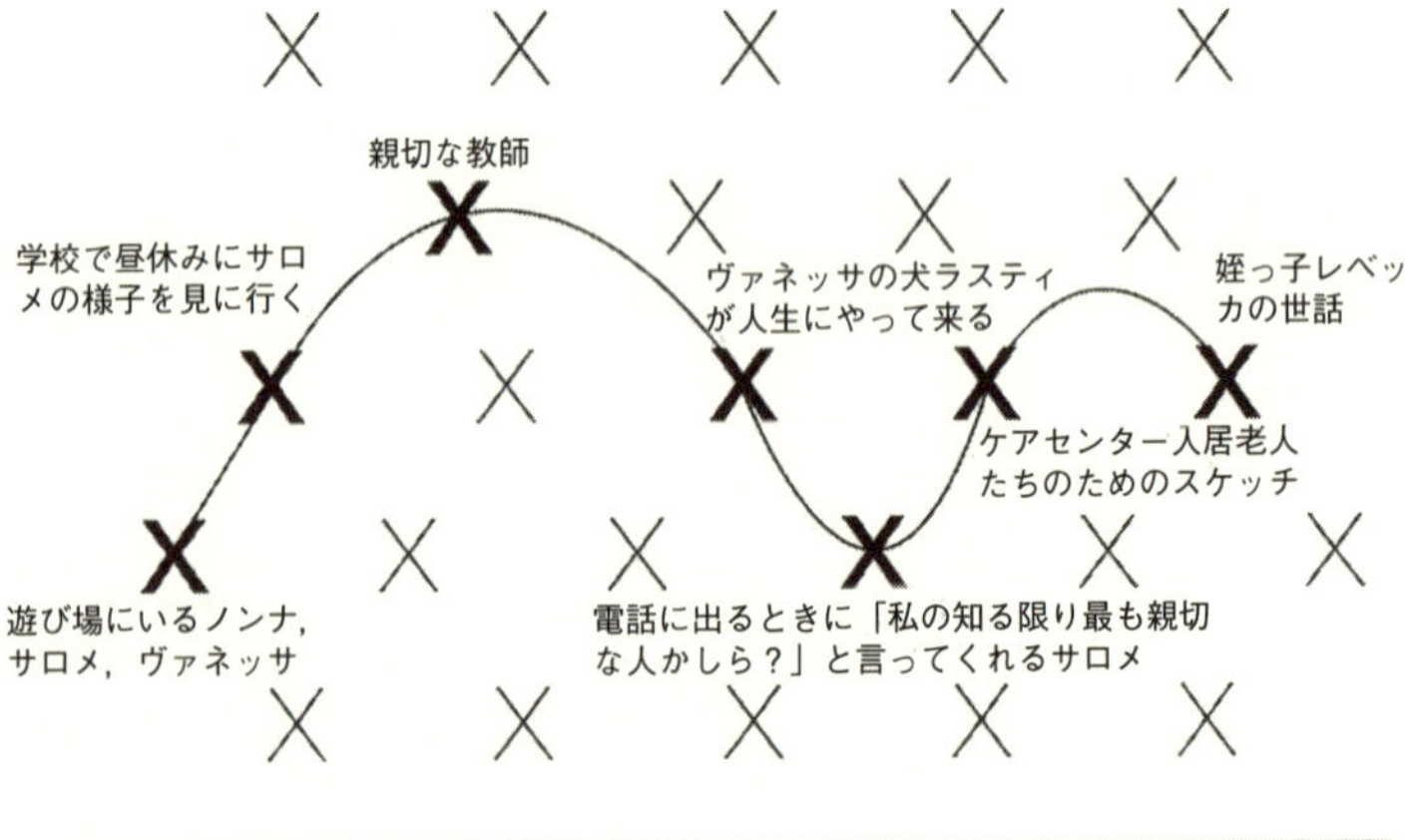

図 1.7　ヴァネッサの人生における「私の知る限り最も親切な人」というストーリーライン

味は変わりうる。どの出来事が強調されるかも変わる。また、私たちが自分自身について語るストーリーが変化すれば、将来私たちに可能なことにも影響が及ぶ。

振り返り、先を見る

本章では、私たちが自身について語るストーリーによっていかに私たちの人生が影響を受けるかについて考えてきた。私たちの持つ物語る権利を認め、そのいくつかを取り戻す必要があるかどうかを検討した。また、人生の木というメタファーを通じて私たちのストーリーを語ることのできる安全な場所を生み出した。

次は、私たちが直面している問題をどう理解し、どう語るのかを考えよう。それには、私たちは問題ではないという認識が不可欠である。人は問題ではない。問題が問題なのだ。

＊注

＊１　［訳注］これはカーペンターズが１９７３年に大ヒットさせた「トップ・オブ・ザ・ワールド」であるが、13歳の少年が歌うところを想像するなら、ケストナーの『ふたりのロッテ』の映画化である『ファミリー・ゲーム』（1998）の挿入歌となった、少年ナイフのヴァージョンがいい。訳詞として口ずさんでみてほしい。

＊２　ヴァネッサは架空の人物である。

＊３　物語る権利という概念を発表したのは、デイヴィッド・エプストンとステファン・マディガンであり、それを私が憲章に発展させた。

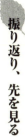

＊4　マイケル・ホワイトのワークショップで「川岸のポジション」というメタファーを導入したのは、エルゴン山にある自助努力コミュニティ・プロジェクト（www.mt-elgonproject.org）のカレブ・ワクフングである。

＊5　人生の木のナラティヴ・アプローチは、地域心理社会サポートイニシアチブ（Regional Psychosocial Support Initiative: REPSSI）とダルウィッチセンター基金とのコラボレーションを通じて、ヌカゼロ・ヌクベとデイヴィッド・デンボロウによって開発された。人生の木のアプローチが開発されたジンバブエに向かったのは、マイケル・ホワイト、シェリル・ホワイト、ショーナ・ラッセル、そしてデイヴィッド・デンボロウのチームだった。人生の木については、www.dulwichcentre.com.au/tree-of-life.html の情報を参照。

＊6　マーガレット・ヘイワードによる肥やしの山は、南オーストラリアのアデレードにあるアングリケアのジェニファー・スワンがファシリテートしていた人生の木のグループ中に考案された。

第2章 私たちは問題ではない

人生のストーリーを語り直し、書き直すとなると、人生における問題を私たちがどう語るかということが重要な違いをもたらす。自分**こそが**問題である、自分はどこかおかしい、と信じるようになると、行動を起こすのは非常に困難になる。私たちは、自分自身に反する行動を起こすしかなくなってしまうのだ。

残念ながら、人が問題であるかのように聞こえる話し方はあふれている。たとえば、「あの子は悪い子だ」「ルーシーは落ち込んでいる」「ビルは統合失調症だ」というように。私たちも自分のことをこのような方法で考えがちだ。たとえば、以下のように。

・私は悪い母親だ。
・私は役立たずだ。
・私は頭が悪い。学校を卒業するなんて無理だろう。
・私は依存的パーソナリティだ。

・子どもの頃に起きたことのせいで、私はこれほどの怒りを内に抱えている。

これらの記述では人が問題となっており、私たちが自分自身を問題と見なすと、何をなすべきかが非常にわかりづらくなってしまう。自信もなくしかねない。性差別、人種差別、ないし虐待の影響が伴えば、私たちが問題だと信じるのはいともたやすい。

人々の**内側**に位置するものとして問題を理解するというこのありがちな方法を、「問題の内在化」と呼ぶ。

問題は、カップルや集団にも内在化されることがある。たとえば、次のようなことが挙げられる。

・私たちはずっとコミュニケーションが下手だった。

・私たちのコミュニティは絶望的だ。

しかしながら、これとは違う方法でも人生と問題を理解することができる。この代替の方法は「問題の外在化」と呼ば

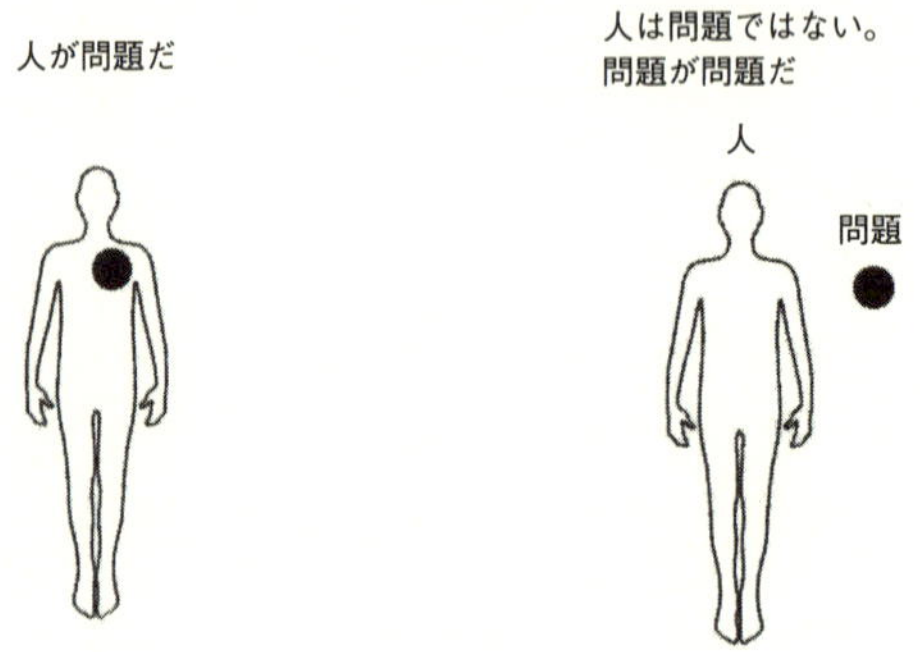
人が問題だ
人は問題ではない。
問題が問題だ
人
問題

図 2.1　問題の外在化

れ、「人は問題ではない。問題が問題だ」というフレーズに集約される（White, 1984, 2007）[*1]。この考え方において、人と問題は同一ではない（図2・1を参照）[*2]。たとえば、表2・1の中で、左側の内在化された記述と、右側の外在化された記述とを対比してみよう[*3]。

右側は問題の外在化された記述だ。外在化により、人と問題との間に空間が生み出される。私たちを問題から分離するこのプロセスは、私たちが問題との関係を改訂し始めるのを可能にする。

時折、「子どもは問題ではない、問題なのは子どもの母親だ」というのを外在化だと考える人がいるが、そうではない！　それは単に他の誰かを責めているだけだ。問題の所在をある人から別の人へと移したにすぎない（図2・2を参照）。母親非難と瓜二つで、これもまたよく耳にすることだ。

一方、外在化とは、問題を人の内側に配置することを許さない原則ないし哲学である（図2・3）。この考え方は、人々を病的なものと見なすのを許さない。そ

表2.1

人が問題だ	人は問題ではない。問題が問題だ
彼は悪い子だ。	**トラブル**はしつこくその子につきまとっている。
ルーシーは抑うつ的な人だ。	ルーシーは母親が亡くなってからというもの，**うつという霧の中**にいると言う。
私は役立たずだ。	**無力感**が最も強くなるのは，教室にいるときだ。
ビルは統合失調症だ。	ビルが言うには，（統合失調症の）**敵意ある声**は彼に価値がないと説得しようとする。
私たちのコミュニティは絶望的だ。	このあたりに**希望**は見当たらないかもしれない。特にコミュニティでこんなにも多くの喪失があったときには。

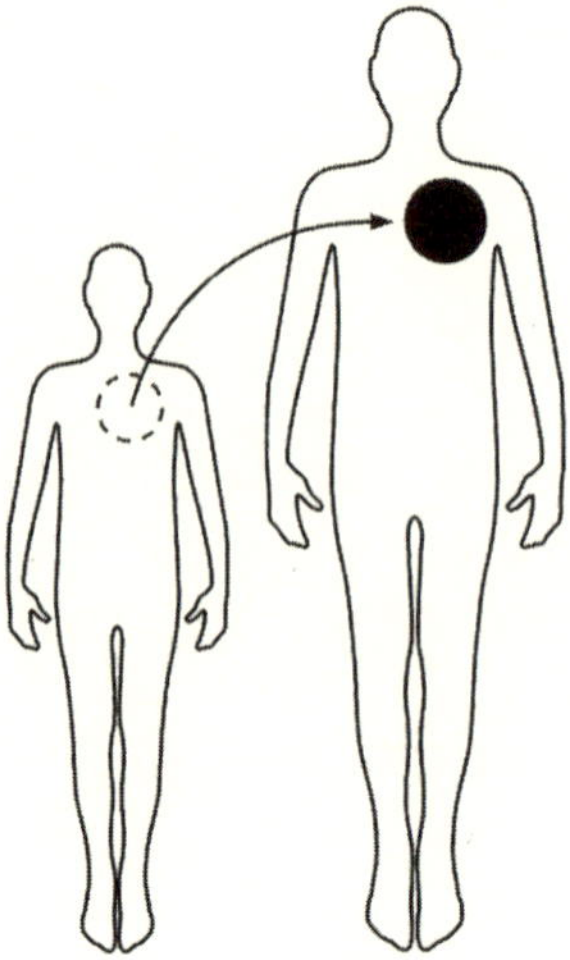

図 2.2　これは外在化ではない

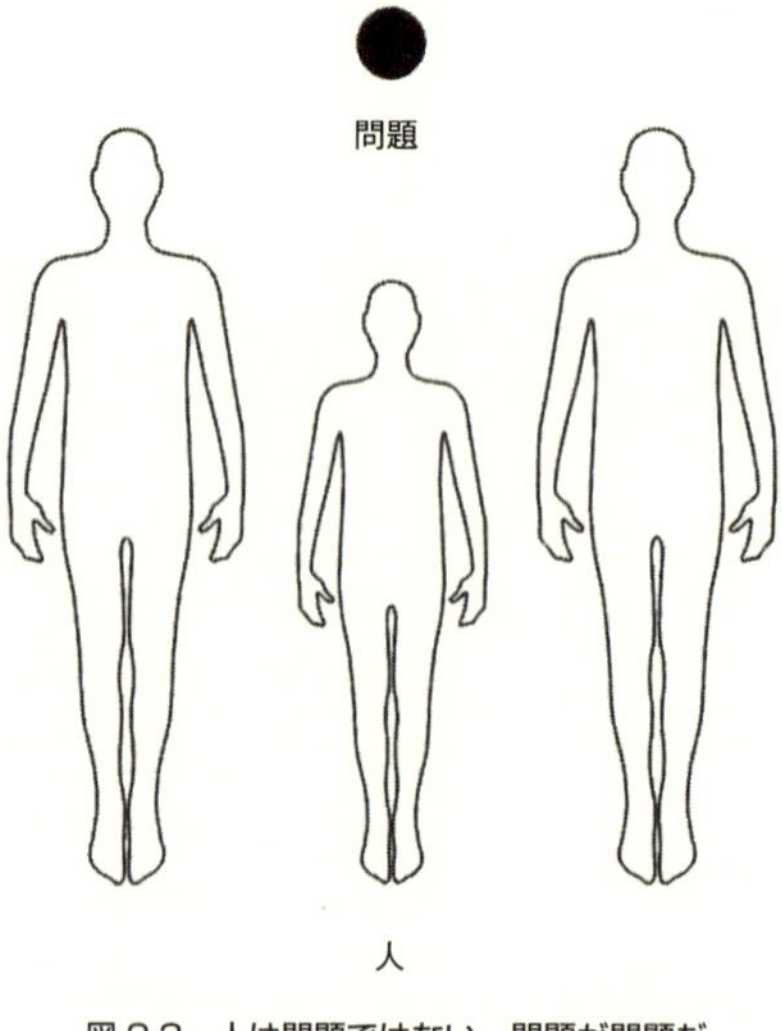

図 2.3　人は問題ではない。問題が問題だ

の代わりに、私たちは問題のほうに歴史があることを認めることができる。問題は長い時間をかけて作られるものだ。そしてその問題は、貧困や人種差別、性差別などのより広い要因に影響を受けていることがしばしばである。

問題の深刻さや影響を少なく見積もろうとしているのではない。多くの人が圧倒的な困難による影響と戦っている。だからこそ、私たちは問題について話すのだし、問題を理解するときにそれを人から分離することがなおさら重要になる。人は問題ではない。問題が問題なのだ。

問題を外在化する

問題を外在化し、問題との距離感をつかむのは、すぐには難しいかもしれない。私たちこそが問題だと信じているときにはとりわけそうだ。ダニエルの状況を例にしてみよう。次のストーリーは、マイケル・ホワイト（White, 2004a）が言ったように、ダニエルと彼の両親の経験を伝えている。

寂しげな面持ちをした11歳の少年ダニエルは、両親に連れられて面接にやって来た。両親のトムとルーシーは、途方に暮れていた。二人の人生はダニエルによって台無しにされたというのだ。彼らによると、ダニエルは思いつく限りのやり方で、二人の人生に「トラブルを持ち込んで」いた。彼はすでに二回、放校され、相談に来たときには、三つ目の学校を停学になっていた。警察、隣人、友達の親たちともめごとを起こし、おまけに、家では暴れまくっていた。ことの詳細を聴くと、ルーシーとトムがダニエルの行為に強い悪意を見出していることは、明白だった。事実、これらの出来事についての彼らの説明は、ダニエルのアイデンティティをめぐる一連の完全に否定的な結論と結び付いており、私には聞くに堪えないものだった。たとえば、二人は「ダニエルは家庭の崩壊をもくろんでいて」「見下げ果てた役立たず」で、「自分自身にも他人にも無用な人間」であり、「いくら手をかけてやっても無駄だ」と結論づけていた。両親の言い分に対するダニエルの反応はいずれも、学習された無関心のように見えた。彼はただそこに座っているだけで、自分の人生とアイデンティティに関する両親の説明を肯定するわけでも、反論するわけでもなかった。しかし私には、このまったく否定的な結論に彼自身が同一化しているように、見受けられた。

私は、この状況がどれほど失望させられるものであるか、話の詳細を聞きながらじっくり考えていたところだと言った。するとトムは、語気を荒げた。「そうかい。でも、あんたはまだ、その半分も知らないんだよ！」。私はこう返した。「では、あなたがたの人生に対する、トラブルの影響をすべて、私がもっと正確に理解できるよう、いくつか質問させてもらってもいいですか?」。ルーシーとトムが話を先に進めるよう言ってくれたので、ほどなく私は、このトラブルによって母親としてのルーシーのアイデンティティが極めて否定的なイメージで描かれていることを、知るに至った。ルーシーが子育てを通じて他の母親たちと結び付くことは、とても困難になっていた。このため、彼女は本当に孤立していた。また、トラブルが母子関係に悪影響を及ぼしていたこともわかった。トラブルさえなければ、ルーシーが息子に与え得たであろうものを、トラブルは阻害していたのである。「このトラブルが、母親としてのあなた自身のイメージにこれほど大きく影響したことは、あなたにとってどんな感じですか?」と、ルーシーに訊ねてみた。さらに、「このトラブルが、あなたとダニエルの間でこれほど頻繁に起こったことについて、どう感じていますか?」とも聞いてみた。質問に答える間、ルーシーは、目にいっぱい涙をためた。その涙はいったいどういう涙かと訊ねると、ルーシーは母親としてやりそこなったことで深い悲しみを感じていることや、息子のことを思ったように理解できずに欺かれたように感じていることを私に語り始めた。

私はトムの方を向き、このトラブルが彼の人生に及ぼした最も大きな影響について訊ねた。彼は、はじめ私の質問に戸惑っていて、どこから考えたらいいのかどうしてもわからないと言った。そこで私は、このトラブルが具体的には、ダニエルの父親であるという彼の感覚にどんな影響を及ぼしたのかと訊ねてみた。彼は、ダニエルの父親という席に座らせてもらえたことは、一度たりともないと答えた。ダニエルがそれを絶対に許さなかったのである。「トム、それでいいのですか？」と聞くと、彼はあきらめ半分絶望半分で、こう答えた。「ああ、おれにも夢はあったのに、水の泡だ」。私がすぐにこの夢について聞くと、ルーシーがダニエルを身ごもった時点まで、一緒に振り返ることになった。しばらくして、私は訊ねた。「結局、このトラブルはその夢をどうしたとおっしゃるのですか？」彼は感情を込めて、重々しく言った。「そいつが、おれの夢を叩き潰したんだよ」。

そろそろダニエルと話すべきだった。私はトムとルーシーに、「このトラブル全体がダニエルの人生に及ぼした影響について、本人に話を聞いてもよろしいですか？」と訊ねた。「どうぞ」とルーシーが答えた。「でも、彼から聞き出せるかしら」。私は「ダニエル」と声をかけた。「今聞いてもらったように、このトラブル全体が君のママとパパの人生にどんな影響を与えていたか、話してきました。今から、君にも似たような質問をしたいんだけど、いいかな？」。それを聞いて、ダニエルは首をすくめた。私は続けることにした。「このトラブルは、君自身について君に何を信じ込ませようとしてきたのだろう？　トラブルが描く君の人物像は、どんな感じだい？」。ダニエルはまた首をすくめた。私は言った。「首をすくめるのは、質問を続けてもいいということで、そうでなければ僕に知らせてくれるという意味だと受けとってもいいよね？」。私には彼がうなずいたように見えた。確かではなかったが、その印象に基づいて先に進むことにした。「私が君のママとパパにこのことについての考えを訊ねてもいいよね？」。またしても、彼は首をすくめる。「ありがとう。違う話し方をしない限り、話を進めてよいものと、受けとっておくからね」。ダニエルが協力してくれている感じがして、私は気合いを入れた。

ルーシーとトムに質問し始めると、すぐにルーシーが、このトラブルはとても陰鬱なダニエル像を描いているように思う、と言った。トムは妻の発言を練り上げて、トラブルは、ダニエルが「やる気のない役立たず」で、「人として時を無駄に過ごして」いて、「何もできない愚か者」であるというアイデアを本人に信じ込ませようとしている、と話した。こうした描写は、トムとルーシーが面接の最初で語っていたことそのものではあるが、もはやダニエルの人格としてまとめ上げられるようなことはなかった。こうした描写は、ダニエルの性格を決める権限を奪われたのである。

私たちは、なんという旅をしたのだろう！　面接のはじめで、トムとルーシーは、自分たちや他の人たち誰もがダニエルについて抱いていた、数多くの非常に否定的なアイデンティティ結論を、私に示した。そこで私は、ダニエルも、自分がいかに悪い人間で、いかに悪い生き方をしているかという評価に密かに同意しているものとにらんだ。つまり、これらの結論が彼のアイデンティティについて真実を語っていると本人も信じており、それに同一化してさえいると疑ったのである。ところが、それから3、40分経つと、これらの結論はダニエルがどんな人間なのかという全体性を支持してはいないという感覚と、ダニエルがこうした否定的な結論とは分離した（さらには矛盾してさえいる）アイデンティティを持っているという感覚が共有され、発展するのを経験した。これらの否定的結論は、もはや、ダニエルが何者なのかという真実を表象しなくなったのである。

これによって、私たちの作業をもっと共同的にする扉が開かれた。「ダニエル、自分自身について否定的なイメージを植え付けられるのは、どんな感じだい？」この時ばかりは、ダニエルも首をすくめはしなかった。彼が両親をチラッと見たので、それを合図に、私は二人にこう訊ねた。

「あのように否定的な人物像を信じ込まされるのは、ダニエルにとってどんなことだと思いますか？」。トムが答えた。「彼を孤独にさせ、惨めにもするでしょう」。そして「ダニエルは、人知れずそれを悲しんでいると思うわ」とルーシーが続けた。「どうしてかって言うと、朝時々、ダニエルの枕の上に湿った布切れがあるのです。あれはきっと、涙のせいだと思います」。彼がこれを認めるかどうか知りたくて、私は彼の方を見た。すると、思いもよらないことに、彼の目には涙が浮かんでいたのである。私たちは皆、その光景を目にした。ダニエルは、涙を必死で蒸発させようと、横を向いた。彼が向き直ると、涙はすっかり乾いていた。しかし、この涙を境に、事態は一転した。そこには、まっすぐ前に伸びた道があった。この涙の存在は、他の人たちと同じように、ダニエルもトラブルについて、一家言持っているという証しであった。今や、どうしていいかわからないほどの窮状から逃れて自分たちの人生を切り開く努力の下に、この家族がお互いに――私とも――つながる、初めてと言える機会が、訪れたのだ。

この「トラブル」の外在化はダニエルと家族にとっての出発点だった。外在化で終わったのではなく、始まったのだ。問題に名前がつけられ、問題の戦略と効果が知られると、その人に――このケースでは家族全体に――問題との関係性を変える機会が生まれる。

問題を外在化して名付けるのは非常に重要なステップなので、より詳細に検討してみよう。

問題に名前をつける

問題に外在化した名前をつける方法はいろいろある。

・あなたやあなたの友人が自分自身を描写するのに用いている形容詞に着目し、それを名詞に変換する。

たとえば、「私は不安症だ」と言うのではなく、「**その不安**があなたに影響を及ぼすようになってどれくらい？」あるいは「**その不安**はあなた自身についてどういうことを言っているの？」と言い換えることができる。

「私はそのことに本当に罪悪感を覚えている」と言うのではなく、「**その罪悪感**はあなたの求めることをどう邪魔してくるの？」と言い換えることができる。

「彼はいつもトラブルメーカーだわ！」ではなく、「**そのトラブル**は、あなたが息子さんと持っていたい結びつきにどんなふうに割って入ってくるのでしょう？」と言い換えることができる。

・問題を擬人化するのが役立つこともある。

たとえば、小さい子がトラブルに巻き込まれるのはもうこりごりだと思っているときには、「そのいたずらさんはどうやって君をたぶらかすの？」「いたずらさんが一番よく来るのはいつ？」「どうやったらいたずらさんの上手を取れるだろうね？」などと質問してもよい。

・あなたの問題にぴったりする名前がなかなか思いつかない場合は、さしあたって単純に「問題」ないし「それ」と呼んでおこう。そうしておけば、そのうちにあなた自身の言葉で問題を外在化する特別な名前が見つかるだろう。

問題の影響と作用を調査する

第二のステップは、問題の影響と作用を調査することだ。問題が外在化されて名付けられると、あなたは自分の人生を調査するジャーナリストになることができる。

・その不安（そのうつ、自己嫌悪、ないし虐待の声）があなたの人生の住人となってどれくらいたつだろう？
・「　　　　　　　」が初めてあなたの人生にやってきたのはいつ？
・それが最もよくやってくるのはいつ？　登場予告はあるのかないのか？
・この問題の「友達」は誰だろう？　その他の要因と一緒に作用することもある？（たとえば、貧困やジェンダーの不公平、人種差別主義など）。
・「　　　　　　　」が最も強力になる時間と場所は？

問題による結果を調査する

調査ジャーナリストの立場から、あなたは問題が引き起こす結果についても調査することができる。

・家、職場、学校における［　　　　　　］の結果は？

・家族との関係、あなた自身との関係、そして友人との関係に［　　　　　　］は何をもたらしているのか？　あなたの希望、夢、意気込み、価値観に対してどんな結果を引き起こしているのか？　問題はあなたについてどんなことを説得してくるのか？

・あなたの将来の可能性や人生設計にその問題はどのような結果をもたらすのか？

問題による結果を評価する

第三のステップでは、この問題があなたの人生にもたらす結果についてのあなたの考えに取り組む。

・あなたの人生に［　　　　　　］がもたらした結果はプラスかマイナスか。あるいはどちらも少しずつか？

・この問題との関係を変えたいと思うか？

・この問題から完全に自由になりたいか、あるいは問題があなたの人生にもたらす結果を少なくできればよいのか？

なぜかを訊ねる

問題の外在化の第四のステップでは、**なぜ**あなたが問題との関係を変えたいのかをあきらかにする。

・なぜあなたはこの問題との関係を変えたいと望んでいるのか？
・なぜこの問題は、あなたが人生においてもっとほしいと思っているものを妨げているのか？
・この問題の影響を減らすことができたら、あなたの人生はどう変わるだろうか？

これは問題に対する立場の明確化と呼ばれる。あなたは自分の立場を知り、問題の立場を知ることができるようにするのだ。

責任についての覚書

外在化は私たち自身や人間関係が問題から離れることを可能にしてくれるが、私たちが問題の生き残りに関与していることの責任は、依然、私たちにある。ダニエルの例を振り返ってみよう。ダニエルを取り巻くトラブルは、彼の人生だけでなく彼の両親やその他大勢に大きな影響を及ぼしていた。しかし、この問題の外在化は、ダニエルがトラブルに関して一定の立場をとることを初めて可能にした。問題を外在化することで、ダニエルは**より多くの**責任を取れるようになり、彼の「対応－力(response-ability)」は増した。つまり、彼はより多く対応できるようになったわけだ。以前のダニエルは、自分が問題だと信じていた。自分が問題だと信じるとき、あなたは自分自身に反する行動しか取れない。簡単に言うと、問題の外在化は私たちが自分の人生や他者の人生における問題の影響を減らすことをますます可能にする。

あなたもやってみよう

今現在あなたの人生とアイデンティティに影響を及ぼしている問題はあるだろうか？　もしあるなら、少し時間をとって、一人で（ペンと紙を使って）ないし友達と、問題を外在化する四つのステップを検討してみよう。先述の質問に沿って進んでもよい。検討する問いに対して、自分の反応を書き留めよう。このメモは後で利用する。

問題を外在化したうまい名前を思いつくにはいくらか時間がかかることが多い。選択肢も多い。重要なのは、その名前で合っているとあなたが感じるかどうかだ。もしかしたら、これまでその問題に使っていたのとは違う名前を思いつくかもしれない。たとえば、あなたが現在対処している問題を「不安障害」と呼んでいる場合、それが自分自身で考え出した名前ではないために、一番ぴったりした表現になっていないかもしれない。最初は問題を不安障害と表現していても、「やってくる恐怖」「震え」「ぐらつき」、あるいは単純に「不安」などと名付け直す人もいる。「正しい」名前というものはない。あなたが問題についてどのような名前を考えついたとしても、それがあなたの一部ないし内側にあるものとしてではなく、あなたから離れたものとして見たり経験させてくれる名前であることが重要なのだ。人は問題ではなく、問題が問題なのだから。

ジョアンナの悲しみと恐れ*4

ジョアンナは、このエクササイズで彼女が直面している問題に好みの名前をつけるのに少し時間がかかった。人にはうつだと言われており、彼女自身もおそらくその通りだろうと思っていたが、うつというのでは、彼女が目覚めたときに枕を濡らしている涙や、公共の場所へ行こうと考えるだけで自分を締めつけてくる恐怖を表現しきれないと思った。先述の問いを検討し、彼女は自分の人生を締めつけてくるものは「悲しみと恐れ」だと確信した。これが彼女の問題を外在化した名前となった。

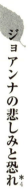

悲しみと恐れの影響と作用を検討していると、ジョアンナはそれらが自分の人生に入り込んできたのは18か月ほど前のことだと悟った。母親が亡くなり、その直後にジョアンナ自身が大きな自動車事故に遭ったときだ。この二つの出来事が立て続けに起こったことで、悲しみと恐怖は彼女の人生の住人になる機会を与えられた。ジョアンナは、悲しみと恐怖が連動しており、誰かに批判されると必ず悪化することを見抜いた。これは彼女が人生から退いていた頃のことで、当時は数日間外出しないこともあった。ベッドから出ることすらきつい時期もあった。

問題による結果を調査する中で、ジョアンナは、悲しみと恐怖は彼女の人生に入り込んできただけでなく、彼女を自身の人生から追い出したことにも気づいた。彼女は、以前のように友達に会うのをやめ、事故以来働いておらず、彼女の自己イメージも変わりかけていた。将来を考えて楽しみにすることなどなく、自分自身のことを救いようのないケースだと思うようになっていた。

ジョアンナは、自分の人生に恐怖がもたらした結果を完全にマイナスと評価した。前年のショックの後になんとか落ち着きを取り戻そうとする彼女の努力を台無しにしていたのは、その恐怖だった。ベッドから出たり、外出したりするのを阻んだのもその恐怖だった。彼女は、再び大胆な女性として生きていけるようになるために、その恐怖が消えることを願っていた。しかしながら、悲しみについては少し違った感じを持っていた。彼女は、この世の中には数々の悲しむべきことがあると感じていたのだ。彼女の好きな音楽はいつもブルースだった。彼女が夜中に流す涙が大切にしていた母親の夢のせいなら、それは愛の涙なのだ。悲しみは、少なくとももうしばらくは、そこにいていいものだった。

問題と私たちの関係を変える

問題に名前をつけ、問題に対してある特定の立場をとれば、次は、問題とあなたとの関係をどう変えたいかを決めるときだ。たとえば、次のようにしたいと願ってもよい。

- 問題の元を去る
- 問題を覆い隠す
- 問題を一掃する
- 問題に抗議してストライキをする

・自分を問題から切り離す
・問題の要求を拒否する
・問題から力を奪う
・問題から影響を受けるのを拒む
・問題を教育する
・問題から逃げる、あるいは人生を問題から解放する
・問題から自分の人生の領土を回復する、ないし返還を要求する
・問題を弱体化する
・問題の影響を減らす
・問題と手を組もうという誘いを断る、ないし拒否する
・問題の圏外へ旅立つ
・問題が引き起こす結果を是正する
・問題が落とした影の外に出る
・自分のアイデンティティについての問題の主張に反証する
・問題による自分の人生への支配を軽減する
・問題から自分の人生を回復する
・問題の手から自分の人生を取り戻す
・問題に仕えるのをやめる

・問題から人生を救出する
・問題を手なずける[*5]

見ての通り、選択肢は多い。しかし注意してほしいのは、問題と「戦争しに行く」ことや、問題と「戦う」のはやめておいたほうがよいということだ。問題が応戦態勢に入ると、こちらもヒートアップして、問題をさらに大きくするかもしれない。それに、訓練を受けた戦士でもない限り、私たちは、戦うよりも、問題から逃げたり、問題を改訂したり、問題と交渉したり、問題を教育したり、手なずけたり、そして問題と休戦協定を結んだりすることにおいて、多くのスキルを持っている。私たちは自分の強みを存分に発揮すべきだ。問題との関係を変え、私たちの人生に問題が及ぼす影響を軽減する方法がたくさんある。少し時間をとって、上記のリストの中で自分に合うものがないか見てみよう。

ジョアンナは、恐怖からは人生を取り戻したいと願い、悲しみには、圧倒されるのではなく友達でいることを求めようと決めたわけだ。

問題は根深いかもしれない

問題との関係を変えることが非常に難しい場合もある。外在化できるような問題ではなかったり、問題が忽然と姿を消したりするかもしれない。問題はつかみづらいかもしれないが、問題の影響を軽減しようとするなら数々の方法を探し求めることができる。たとえば、いったん問題を外在化すれば、私たちは書き言葉に助けてもらうこともできる。

ジョアンナは書くことが好きで、悲しみと恐怖が強かったときですら書き続けていた。書くために他人と話をする必要はないし、ジョアンナは日記をつけるのにも慣れていた。セラピストの助けを借りて、ジョアンナは、恐怖から人生を取り戻し悲しみと友達になるために書く手段を選んだ。

ジョアンナは手紙を二通書いたところで、それが特別に役立つものだとわかった。一通目の手紙は、恐怖に宛てたものだ。

朝訪れる恐怖へ

あなたに前もって伝えておきたいことがあって手紙を書きます。あなたが私の人生に引っ越してきたことには気づいていました。どういうわけか、いつのまにか、あなたはほとんど毎日ここで暮らしています。小さなアパートだから、二人で住む余裕はないのに。

あなたは、あの事故の日に良かれと思ってやってきたのでしょう。私の人生が危険な状態だってことを警告しようとしたのよね、確かに危険でした。それには感謝しています。でも今、私の人生は危険ではないし、あなたが私を震えさせるその方法は、役に立ちません。

特に、私が朝起きたときにあなたがここにいると困ります。あなたがいるって感じると、ベッドから起き上がって世の中と向き合うのがものすごく難しくなるのよ。あなたの力が圧倒的なこともあるわ。それはご存じでしたでしょうか。

もう18か月も経つし、私は自分の人生を取り戻し始めたの。私のセラピストは、いくらか時間がかかるかもしれないと言っています。パニックにならないでね。ゆっくりと行きましょう。あなたも別の住みかが必要でしょうから、ちょっとお知らせしておこうと思って。

決意を込めて　　　ジョアンナ

ジョアンナは、二通目の手紙を姪のフェリシティに宛てた。フェリシティは12歳で、彼女もまた祖母（ジョアンナの母親）を亡くして悲しんでいると聞いていたからだ。

親愛なるフェリシティ

あなたもおばあちゃんを失って悲しんでいるってお母さんが教えてくれました。私も同じよ。おばあちゃんの声が聞きたいし、おばあちゃんがいつもどんなふうにそばにいてくれたかを思い出すと寂しいわ。何があっても、おばあちゃんだったら私の話を喜んで聞いてくれるとわかっているし。それってとても特別なことじゃない？　あなたはどんなことを恋しく思っているの？　おばあちゃんはあなたのことをとてもとてもたくさん愛していたわよね。それに、あなたがおばあちゃんを幸せにしていたことも。特に、あなたが歌を歌ってあげるときにね。

フェリシティ、時々ね、朝起きると枕が涙で濡れていることがあるのよ。そんなことは、あなたにはない？　私があなたくらいだった頃、母（あなたのおばあちゃん）は、眠る前に髪をなでてくれたわ。だから、おばあちゃんが私の髪をなでてくれるのを思い浮かべると、私は気分がよくなるみたい。あなたも気分がよくなる方法はある？

愛を込めて　　　ジョアンナ

フェリシティはジョアンナに返事を書いた。そこには、ジョアンナの手紙のおかげで、おばあちゃんによく歌を歌っていたことや、悲しくなると決まっておばあちゃんのお気に入りの歌を歌っていたことを思い出したと書かれてあった。

私たち自身の文書を作成する

ここであなたは、以下の点に関するメモに戻るのがいい。

・問題に名前をつける
・問題の影響と作用を調査する
・問題による結果を調査する
・問題による結果を評価する
・問題に対する立場を明確にする

メモを踏まえて、二種類の手紙が作成できる。

1．問題に宛てた手紙

問題に宛てて手紙を書いてみよう。手紙の中で、今あなたはその問題の正確な名前を知っていることと、その問題の働き方のいくつかを暴いたことを知らせよう。問題が引き起こしてきた結果のいくつかを認め、状況は変わってきていることを問題に対して礼儀正しく伝えよう。問題の反感を買う必要はない。このプロセスにはいくらか時間がかかるかもしれないので、先走りたくはない。問題の存在を認め、変化が訪れようとしていることと、なぜこの変化が重要であるかを知らせるために、問題に宛てて簡単に短い手紙を書くのだ。

2. 似た問題に直面しているかもしれない誰かに宛てた手紙

私たちが人生において直面している問題が、他の人の人生をも混乱させているというのはよくあることだ。「子どもの人生に悪さをするいたずらくん」であろうと、「不安」や「悲しみ」、「自己嫌悪」、「虐待の声」、あるいは他の何だろうと、それらは多くの人々に影響を及ぼす問題である。また問題は、私たちの人生と別の人の人生では異なる動き方をする。つまり、私たちは、問題についての他の誰にもない特別な知識を持っているのだ。これを「インサイダーの知識」と呼ぶ。それは苦労して手にした知識であり、そのことがこの知識を非常に価値あるものにする。本書では、深刻な苦難や問題に直面してきた人々のインサイダーの知識が終始共有されている。同時に、あなたも自分自身のインサイダーの知識を熟考し、他の人々と共有するよう招かれているのだ。

紙とペンを取り、あるいはパソコンで文書の新規作成画面を開き、あなた自身のものと似た問題に直面しているかもしれない誰かに宛てて手紙を書いてみよう。「親愛なる友」に宛てて、あなたが以前名付けた外在化した問題について知る限りのことを伝えよう。あなたがつけた名前と、そう名付けた理由を知らせよう。この問題が初めてあなたの人生にやってきたのはいつのことか、どのようにしてやってきたのか、その戦略と結果が何かを伝えよう。あなたの人生にこの問題が引き起こした結果についてあなたの思うところを伝え、この問題との関係を変えたいと願っていることも加えよう。手紙を書き終えたら印刷して封筒に入れる。あなたは、この手紙を読み返すこともあるだろう。

共同の会話

時には、外在化された問題と集団で会話することもできる。[*6] こうした対話は非常に面白く、問題が擬人化され、オプラ・ウィンフリー・ショー[*7]に出演しているごとくにインタビューされたりすれば、なおさらだ。問題がついに白日のもとにさらされるのには解放感が伴う。これは、友達や家族と一緒にできることの一つだ。

たとえば、ニュージーランドにあるセルウィン・カレッジの生徒たちは、学校におけるいじめやハラスメント、差別を減らすという決意の一環として「二人のハラスメント」にインタビューを行った。[*8] ある生徒がインタビュアーとなり、他の生徒二人が二人のハラスメントの役を演じた。彼らはハラスメントを外在化し、学校で彼らが設立したアンチ・ハラスメント・チームの仲間同士による仲裁について知ってもらうために、このインタビューを利用したのだ。以下は、そのインタビューのごく一部の抜粋である。

●二人のハラスメントとのインタビュー

これから、なぜ私たちのアンチ・ハラスメント・チームが存在するかを皆さん方にご説明したいと思います。ハラスメントのお二人を紹介します。二人ともご親切に公開インタビューに応じてくださいました。今回限りですよ。

インタビュアー　お越しくださいましてありがとうございます。どちらからいらしたか、少しお話ください ますか?

ハラスメント1　そうだなぁ、この世の始まりからずっとここにおる。

ハラスメント2　えぇ、そうよ。どこにでもいるわよ。家族、コミュニティ、施設、職場、特に学校にはよくいるわね。

インタビュアー　なるほど、そんなに長い間ご活躍とは、さぞ成功を収めておられるに違いないですね。ご自身の成功の秘訣は何だと思いますか?

ハラスメント1　それはだなぁ、人々の無知につけこむのだよ。

ハラスメント2　争いを生きがいにすることね。

ハラスメント1　人が違っていることを気にする場所ではとてもうまくやっておるぞ。学校は私の遊び場だよ。

ハラスメント2　その通り。先生も本当によく手伝ってくださるわね。あれは被害者だ、いじめっ子だ、とラベルを貼ってくれて…。

ハラスメント1　…それにその人が問題児だとほのめかしてくれる。被害者だ、いじめっ子だとラベルを貼られて個人的に非難されている人には、即、入り込めるんだ。汚れ仕事をするには完璧な環境さ。結局、誰だって、問題は自分だと思うようになるってものだよ。

インタビュアー　ということは、セルウィン・カレッジではいかがですか？　セルウィンにはもう長いこといらっしゃるんですか？

ハラスメント１　そりゃそうさ！　創立初日からおる。

ハラスメント２　どの学校でも同じよね。

インタビュアー　その学校に望むものは？　あなたがたの目的や野望は何ですか？

ハラスメント１　人の人生をみじめなものにすること。人を敵対させること。

ハラスメント２　人を服従させ、ねじ伏せるときに私を使ってもらいながら、それによって権力を手に入れることね。

ハラスメント１　まったくだ。人が互いに関わり合うときの主要な方法になることだ。

インタビュアー　それにはどうすればよいのですか？　あなたがたはどう働くのでしょう？

ハラスメント２　そうねぇ、人を私たちの働き方へと引きずりこむことかしら。

ハラスメント１　うーん。そして習慣になる。私は何世代にもわたって、何家族にもわたって働いてきたのだよ。おかげで、今となってはあたりまえの存在で、誰にも私は見えていないわけだ。

ハラスメント２　私は、自分が満足できて、楽しめるようにしているわよ！

ハラスメント１　ふむ。我々は人間関係の文化として受け入れられているのだよ。

ハラスメント２　そうよ。先生の話に戻るけど。先生がやってくれるのがベストね。教室で子どもたちを脅す戦術を使うの。そうしたら子どもたちは怒りを覚えて、遊び場で互いにや

インタビュアー　りあうようになるんだから、すばらしい！　学び合っていけば地獄の出来上がりね。あなたがたはご自分たちのお手並みに相当の自信をお持ちですね。ところで、味方はいるのでしょうか？

ハラスメント1　そうだな、ゴシップと嘘…。

ハラスメント2　嘘と偽り…。

ハラスメント1　そう、それに恨み！

ハラスメント2　嫉妬も忘れちゃだめよ。

ハラスメント1　欲望と詐欺…。

インタビュアー　なんと素晴らしい仲間をお持ちなんでしょう！　では何かが邪魔をする、などということはあるのでしょうか？　ほら、あなたがたの敵というと誰になるでしょう？

ハラスメント2　私たちに敵なんて…。

ハラスメント1　そうだな、何かあるぞ…多分私がさらされて、名前をつけられるときだ。

ハラスメント2　確かに、そうですわね。人が私の戦術を見透かして、彼らの人生に私が引き起こしてきた結果を悟り始めると、それは問題よね。

ハラスメント1　そうそう。私の戦略と戦術を見つけ始めるときだな。

インタビュアー　では、人々はどうやってそれをするのでしょう？　どうやってあなたに目印をつけるのですか？

ハラスメント1　うーん、私は極めて厄介で、あらゆる変装をしてきた。かつては、あからさまないじめや暴力の連続で自分を見せつけていたが、この頃一番気に入っているのは、無視することで誰かを締め出そうとする集団をつくるトリックだ。

ハラスメント2　ええ。私たちは手始めに、あらゆる方法と、あらゆる違いに目を光らせているのよ。性別、人種、外見——なんてあなた言うでしょう、それが始める方法よ。

インタビュアー　それでは今、セルウィン・カレッジであなたがたの影響力はどれほど偉大なのでしょうか？

ハラスメント2　今ですって？　まいったわね…。

インタビュアー　何か問題があるようにお見受けしますが？

ハラスメント1　あの学校にはちょっと厄介なことがある。というのは、教師たちが、ほらなんというか、生徒に敬意を持って関わるとかいう考えを持っているんだ！　それに、スタッフが協力しようとかいう奇妙な考えを持っている。そのせいで、我々は方向を変えて、生徒の方から迫ろうとしているわけだよ。あんなことをされると、誰もが非常に厄介になる。それから数年前に、奴らはアンチ・ハラスメント・チームとかいう身の毛もよだつものを始めた。

ハラスメント2　そうよ、最初はね、そんなの大した問題じゃないって思ってたの。どれくらいかしら、せいぜい子ども20人とカウンセラーが数名、それから…。

ハラスメント1　そうそう。カウンセラーの目を盗むのは楽勝だぞ！

インタビュアー　ではこのアンチ・ハラスメント・チームがなぜそんなに悪いんでしょう？

ハラスメント1　それはだな…。

ハラスメント2　ええ、とにかく入り込めないのよ！

ハラスメント1　あぁ、奴らはポスターを貼り、私について人に話し、今では私のことを話題にするのを恐れてもいない。これはとても悪い！　最悪なのは仲裁さ。そうさ、奴らには仲裁という手があって、それはひどいもんだ！

インタビュアー　ということは、この仲裁というのが非常に悪いもののようですね。仲裁では何が起こるのでしょう？　あなた方はなぜ立ち去ったりするんです？

ハラスメント1　そりゃぁ、そんなことがそこで行われるなんて納得できないさ。学校はそれがとても重要だと思っていて、生徒たちを仲裁に参加させるために授業を休ませたりする。そんなの役立たずなのにさ。

ハラスメント2　［辟易として］　教師たちは彼らを尊重さえしているのよ。

二人のハラスメントがやや無気力になり始めるまで、生徒とアンチ・ハラスメント・チームのイニシアチブについて話すインタビューは続く。

インタビュアー　なんだかその学校のことは丸ごとあきらめてしまいたいような感じですね。

ハラスメント1　うーん…。

ハラスメント2　いいえ、そんなことはないわよ！　私たちは居残るんだから。まだチャンスはあるのよ。

ハラスメント1　でも信じられないくらいどんどん厳しくなっているよなぁ…。

ハラスメント2　まぁね、でもここで離れたら二度と戻って来られないわよ。

ハラスメント1　ここじゃもう無理だよ。頑張るならどこか別のところにしないと。

ハラスメント2　でもこういうのはウィルスみたいなものだから、ここでやめてしまったら…。

ハラスメント1　いいさ、それなら好きなようにすればいい。俺は他へ行くからな。

ハラスメント2　何ですって？　またひるんで逃げて行くわけね？
［二人は言い争い、ハラスメント1は立ち去る］

このような共同で外在化する会話、ないしナラティヴシアター形式では、問題が擬人化され、現在では数々の文脈で利用されている。南アフリカでのミスター&ミセスＡＩＤＳもそれだ。外在化には幅広い利用法がある。それは、外在化が単なるテクニックではないからだ。人々の外側に問題を位置づけるのは、基本原則ないし哲学である。

問題に私たちが及ぼす影響

本章の前半では、問題が私たちの人生に及ぼす影響について考えた。しかし、それは一方通行ではない。私たちのほうも問題の人生に影響を及ぼすことができるのだ。私たちが人生のストーリーを語り直し、直面している問題の外在化を始めるとき、私たちは問題の私たちへの影響を弱めることができ、私たちが問題に及ぼす影響を大きくすることを始めている。これには数々の方法がある。一つは、私たちの人生において問題の効果が薄かった小さな瞬間を探し出し、称えることだ。それらは、「ユニークな結果」や「輝ける瞬間」と呼ばれる。

先に考えた質問に戻ってみよう。

・どんなときに、どんな場所で問題が最も強力なのだろう？　どんなときに、どんな場所で、あなたの人生にその問題が最も大きな影響を及ぼすのだろう？

このことを再び考えてから、以下について考えてみよう。

・問題がそれほど強力でないのはどんなときで、どんな場所だろう？　その問題の影響がより少ないのはどんなときで、どんな場所だろう？

こうしたときと場所であっても問題はまだ近くにいるかもしれないが、問題に対して何かが影響を及ぼしているのはあきらかだ。もう一度、調査ジャーナリストのスタンスで、このユニークな結果、ないし輝ける瞬間について探索してみてもよい。問題がさほど強力でないときに、以下の質問が援助してくれるだろう。

・何が起こっていたのだろう？
・誰がそこにいたのだろう？
・あなたと／あるいは他の人たちは何をしていたのだろう？
・あなたは何を考えていたのだろう？
・この結果に通じる何らかの準備をしただろうか？

長期にわたり人生が問題に占領されていた場合、最初は、輝ける瞬間に気づくことも難しいかもしれない。いくらか研究が必要だ。

研究

この研究を実施するには、一枚の紙を取り出し、中央にまっすぐ線を引くのが簡単だ。それから一週間、左欄には問題がさほど強力でなかったときと場所を書き込んでいく。右欄には、そのとき誰がいたか、あなたと／あるいは他の人たちは何をしていたか、あなたは何を考えていたかを記入する。自分ではわかりづらいと思うなら研究助手に協力を求めてもいいだろう。あなたが問題にそれほど支配されていないとき、それがたった5分のことであっても、それがいつだったかを指摘してくれるのが研究助手だ。その一週間の間に、あなたが問題の要求に応じることなくとった行為にも注目してもらえるよう研究助手に頼んでもよいだろう。

ジョアンナの例では、母が髪をなでてくれるときのことを思い出すというのがユニークな結果だった。このことを思い出すと、悲しみと恐怖は軽くなるのだった。第二のユニークな結果は、猫に餌をやるために毎朝起き上がることだった。世話をするという行為は悲しみから来るものでも恐怖から来るものでもなく、ジョアンナの愛からなされたことだった。かき集めた気力を使い果たしてしまうこともあったが、ジョアンナは、ラッキーに餌をやるために毎朝起き上がり、世の中に向き合ったのだ。時が経ち、ジョアンナが母親の感触を思い出し続け、恐怖との関係性に変化が起こりつつあることを知らせる手紙を書き、姪のフェリシティと彼女のインサイダーの知識を分かち合っていくうちに、ジョアンナは自分を役立たずと見るのをやめ、徐々に恐怖にさよならを言い始めた。彼女とラッキーは昼間一緒に過ごす時間がますます増え、フェリシティが週末を一緒に過ごしにやってきて、それが転機となった。

ジョアンナにとって、母の感触と、母とラッキーとの関係を思い出すことが、悲しみと恐怖に満ちたときを乗り切る助けとなった。どんなに小さな行為やユニークな結果もすべて、あなたの研究に載せよう。あなたの人生がほんの少しでも問題の影響を受けていない瞬間をいつも注意して探していよう。

困難なときを乗り切る特別なスキル

問題の影響から徐々に自分を自由にすることができる第二の方法がある。困難なときを乗り切る私たちの特別なスキルに気づいていくことがそれだ。最初は目に見えないかもしれないが、誰でも困難に耐える方法を持っている。一見絶望的だとしか思えないような最も困難な文脈においてすらそうなのだ。たとえば、ルワンダの同僚たちは1994年の大虐殺のサバイバーであり、困難なときに自分を持ちこたえさせてくれたものについて記してくれた。以下は、『大虐殺の陰に脅えて生きる：私たちは困難にどう対処するのか――私たちを支えてくれたもの』（Denborough, Freedman & White, 2008）からの抜粋である。

大虐殺の陰に脅えて生きる中で、私たちは大きな困難に対処する方法を見つけなければなりませんでした。ここには、私たちに力をくれたもののいくつかを示しました。私たちはこの文書が他の方々のお役に立てることを望んでいます。

涙を流し、それから話をする

何人かは涙を流すことで持ちこたえていました。泣くこと、涙を流すこと、涙が流れるのを許すことは変化をもたらします。涙の後には私たちを眠らせてくれる静寂があるのです。眠った後には、ようやく誰かに話をする時間を作ることができるかもしれません。

ある人はこう言いました。

眠っていると、それまで流した涙が私に力をくれるのです。泣いた後に眠ると穏やかです。雑音は消え、平穏しかありません。こうして持ちこたえる方法は母から教わりました。母は苦しいときに泣くことを自分に許していました。涙を流し終えると母は出かけて行って友達に話をしたものでした。

私たちの何人かは涙を流し、その後に話をすることに支えられています。

伝統を維持するための新たな方法

ルワンダには、家庭において親を敬う伝統があります。私たちは、親というのは何事においても能力があると考え、親が与えてくれる解決を信用します。親の助言に頼ります。しかし、私たちの多くは大虐殺によって親を失ったので、親の助言とのつながりを保ち続ける方法を見つけなければなりません。ある人はこう言いました。「苦しいときには書くのです。書いているのは父で、私に答えをくれるのだと想像して書くのです。そこに出てくる答えは適切なものだと思います」。親の助言を求め、尊重するという私たちの伝統を維持していくための新たな方法を見つけようとしているのです。

あなたの特別なスキル

状況次第だが、困難なときを乗り切るためのあなたの特別なスキルは、他の誰のものとも全く異なるかもしれない。以下の質問は、あなたがどのようなスキルを持っているかを知る手がかりになる。質問のリストと共にリズ[*9]の回答も示しておこう。リズは私たちのワークショップの参加者の一人である。

・あなたや、あなたの友人や家族が困難なときを乗り切れるようにしてくれる特別なスキルや知識、ないし価値の名前は何ですか?

リズ　紅茶とビスケット。

・このスキル、知識、ないし価値にはどんなストーリーがありますか?　そのスキルがあなたや他者に変化を生んだときのことを教えてください。

リズ　とても単純だけど、人生には紅茶とビスケットが必要なときがあるのよ。トラブルの兆候が少しでもあれば、私たちのうちの誰かがお茶を用意するの。試験勉強のときも、研究のために人に会うときも、ショックで慰めを求めているときもそう。８歳の頃、腕を骨折したの。椅子が壊れて、母はすぐにこう言ったわ。「お茶を飲んでから考えましょう」って。

・このスキル、知識、ないし価値にはどんな歴史がありますか？　どうやってそれを学んだのでしょう？　誰からそれを学んだのでしょう？

リズ　一杯の紅茶は、一息ついて考えるスペースを生んでくれるわね。温かい紅茶とビスケットには心が安らぐの。これは、生まれてこの方ずっと私の人生にあったことだと思うわ。私が生まれた日にも、両親はきっとお茶を飲んでお祝いしたはずよ。

・このスキルないし価値は、より広い伝統といくらか結びついていますか？　もしかしたらあなたのスキルや価値は、文化的伝統や、コミュニティの習わしが元になっているのかもしれません。あなたの家族の歴史に関係しているかもしれません。あなたの家族やコミュニティ、文化にある格言やことわざ、ストーリー、歌、ないしイメージの中に、あなたのスキルや知識と関連するものはありますか？

リズ　そうね、私はイギリス人よ。そのことに関係していると思うわ。

リズがこれらの質問に答えたときに参加していたグループには、香港からの参加者もいた。彼女が紅茶を愛するのは自分がイギリス人だからだと思うと言うと、参加者たちはすぐさまお茶はイギリス発祥ではないと指摘した！

困難なときを乗り切らせてくれる特別なスキルと、それらがどこからきたものかを考えることは、役に立つと多くの人が思うものだった。こうしたスキルには、ユーモアや、愛する人の感触を思い出すこと、ペットに食べさせるために起き上がること、優しさ、未来に目を向けること、勉強すること、誰かと一緒にいること、一人で過ごすこと、散歩、音楽を聞くこと、歌うこと、祈ること、「いずれ時は過ぎ去る」と自分に言い聞かせること、特別な誰かを思い出すことなどが含まれる。困難に耐える特別な方法には限りがない。並はずれたことである必要はないことに留意しよう。紅茶とビスケットだって大きなことではない。もしも困難に対処する方法が複数あり、中にはあなたの人生において良い効果も悪い効果ももたらしているものがあれば（たとえば、アルコールは困難なときを乗り切る助けとなるが、あなたの人生に困難をもたらしもする）、今回のエクササイズでは、複雑でないものを選ぶことにしよう。

以下の質問に答えるときには、できる限り詳細に記述するよう努めよう。困難に対応するときのあなたの特別なスキルと、それがどこから来たのかについて、言葉で絵を描くように。

・あなたや、あなたの友人や家族が困難なときを乗り切れるようにしてくれる特別なスキルや知識、ないし価値の名前は何ですか？

［　　　］

・このスキル、知識、ないし価値にはどんなストーリーがありますか？　そのスキルがあなたや他者に変化を生んだときのことを教えてください。

［　　　］

・このスキル、知識、ないし価値にはどんな歴史がありますか？　どうやってそれを学んだのでしょう？　誰から学んだのでしょう？

［　　　］

・このスキルないし価値は、より広い伝統といくらか結びついていますか？　もしかしたらあなたのスキルや価値は、文化的伝統や、コミュニティの習わしが元になっているのかもしれません。あなたの家族の歴史に関係しているかもしれません。あなたの家族やコミュニティ、文化にある格言やことわざ、ストーリー、歌、ないしイメージの中に、あなたのスキルや知識と関連するものはありますか？

［　　　］

困難に対処する特別なスキルを自覚していくと、それらのスキルは、より使いこなせるものになっていく。こうしたスキルがどこで生まれ、私たちは誰からそれを学んだのか。その歴史を検討することは、私たちが自分をどう理解し、自分の人生をどう語るかをも変化させる。*10

振り返り、先を見る

本章では重要なトピックのいくつかを検討してきた。第一に、問題を外在化する方法。自分自身を問題として見なさないことをしっかりと確認すると、私たちの問題との関係を変化させる可能性が生まれる。これは、私たちの人生のストーリーを書き直すために不可欠な最初のステップだ。

第二には、輝ける瞬間——つまり問題の影響がさほど大きくないとき——が、問題をどう弱めるかについての手がかりをくれることについて検討した。

第三に、困難なときを航海するために開発してきた私たちの特別なスキルについて調査を始めた。また、こうしたスキルの歴史を探索し始めた。そうすることで、私たちは自分のアイデンティティのストーリーを変容させ始めたのだ。

しかしながら、問題から人生の返還を要求し、アイデンティティのストーリーを書き直すには時間を要する。私たちが直面している問題が、暴力や貧困、人種差別、性差別、そしてその他の不正に影響を受けているならなおさらだ。私たちは自分のストーリーのための正しい聴衆を見つける必要があるだろう（第3章）。チームワークの問題も考えなければならない（第4章）。そして、私たちの旅のために準備する必要があるだろう（第５章）。

＊注

＊１　マイケル・ホワイトは，「偽遺糞症」（1984）という画期的な論文の中で初めて問題の外在化という概念を紹介した。外在化に関する情報は，White（2007）を参照。

＊２　本章の略図は，拷問被害者治療リハビリセンターのパレスチナ人ナラティヴ・セラピストの仕事から着想を得ている。

＊３　本章の外在化された問題や質問例の一部は，ダルウィッチセンターのナラティヴ・セラピストであるキャロライン・マーキーとクリス・ドルマンの仕事から得たものである。

＊４　ジョアンナは架空の人物である。

＊５　リストの出典はWhite（2007）。

＊６　共同で外在化する会話はイヴォンヌ・スリープとマライのＣＡＲＥカウンセラーが開発したものである（Sliep & CARE Counsellors, 1996）。

＊７　［訳注］オプラ・ウィンフリーが司会を務めるアメリカのトーク番組。

＊８　セルウィン・カレッジにおけるこの取り組みは，当時のスクールカウンセラーだったアイリーン・チェシャーとドロシー・ルイスが行ったものである。Selwyn College, Lewis & Cheshire（1998）とBruell, Gatward & Salesa（1999）を参照。

＊９　リズ（仮名）はダルウィッチセンターのトレーニング・プログラムに参加した若い女性である。

＊10　困難なときを乗り切る文書化スキルに関する情報は，Denborough（2008）を参照。

第3章 私たちのストーリーにとって正しい聴衆を見つける

本章のテーマは、私たちのストーリーのための聴衆を見つけることにある。他者のストーリーの聴衆や立会人になることも含まれる。他者のストーリーにどのように立ち会い、それを認証するかによって、私たちは大きな違いをもたらすことができる。もちろん他者も、私たちがいかに自分自身を経験するのかということに大きな違いをもたらす。本章では、多様な（実在の、そして想像上の）聴衆について考察し、他者のストーリーを認証する立会人となるためのさまざまな方法や文書、証明書、そして儀式の活用についても考えてみよう。

想像上の聴衆

あなたは、自分の人生の好みのストーリーのために聴衆を集めることなど不可能ではないにしろ非常に困難な、ひどく孤独な状況でこの本を読んでいるかもしれない。私はかつて刑務所で働いていたので、一日のうちの23時間を独房で過ごす人々のことを特に思い浮かべている。理由は何であれ、コミュニティの中にいてもほとんど一人で暮らしている人だっている。幸い、完全に孤独な状況にいる人でも、想像上の、ないし記憶の中にある聴衆に頼ることは可能だ。

一番驚かないのは誰？

私たちが人生を前向きに歩もうとするとき、あるいは難しい問題を克服しようとするとき、私たちの努力を支援してくれる誰かを心に抱くことが、違いを生む。誰でもよい。ご存知の通り、私は13歳の頃初めて歌を作った。出来はよくなかった。というよりかなりひどいものだった…歌だって下手だった。録音が残っているので自分でもよくわかっている。昔の歌を聞いていると、なぜ私は曲作りをやめなかったのかと思う。なぜ私は自分の声を聞いて思いとどまらなかったのだろうか。なぜか。それは、父が隣室の椅子に腰掛け、私が一曲歌うごとに「ブラボー！」と叫んでくれたからだ。ろくでもない私の歌に対して！　それでも、いつも必ず「ブラボー」が聞こえてくるのだった。私はこれを「ブラボーボイス」と呼んでいる。そして、その声があったことが私にとっていかに幸運なことで、とりわけ、こんなふうに支えてくれる父がいたことがいかに幸運なことかを私は知っている。私が出会った多くの人たちの父親は、私の父とはずいぶん違っていた。

こんな話をしているのは、私たちが人生において新しい一歩を踏み出すとき、あるいは問題を克服しようとしているとき、私たちを元気づけてくれるブラボーボイスを持っていることが本物の違いをもたらすからである。私たちを励ましてくれたのは、家族の誰かか、教師、近所の人、子ども時代の友達、ないし聖職者だったかもしれない。その人は隣の部屋にはいないかもしれない。その人とはもう二度と会わないのかもしれない。生きてすらいない人かもしれない。しかし、それでも私たちは、その人のことを想像し、その人の声を呼び出すことができる。

たとえば、ヴァネッサ（第1章）が「役立たずのストーリー」に苦しんでいるときには、妹サロメの声を呼び出すこと、あるいはノンナがまだ生きていたら何と言うだろうかと想像することが違いをもたらしている。同様に、ジョアンナ（第2章）は、母に髪をなでてもらっているのを思い出すと、それが恐怖の力を弱め、悲しみをやわらげてくれる。

私たちを大切に思う誰かの心なごむ声を呼び出す、ないし想像することで、命は時に救われる。ここで、アレックスという若い男性のストーリーを紹介しよう。彼は非常に深刻な状況にあったが、それでも生き延びる方法を見出した。私がアレックスに会ったのは、彼が車両盗難で収監され、私がシドニーのロングベイ刑務所で働いていたときのことだった。*1 私たちが会ったのは、刑務所にいる間に彼が繰り返しレイプ被害に遭った後だ。以下のストーリーは、彼が受けた暴力だけでなく、いかにして彼が生き延びたか、苦痛極まりないときを乗り切るためにどんな記憶にしがみつき、誰の精神を頼りにしたかを描写している。アレックスのストーリーの前半では、彼が受けた暴行の描写があることをご了承願いたい。

刑務所のトラックで裁判所へ向かったときが始まりだった。トラックには俺を含め八人、片側に四人ずつ乗っていた。そのうちの一人が俺に嫌がらせを始めたんだ。靴をよこせと言い出した。だけど俺が靴を渡したとたんそいつは凶暴になった。俺は奴らの言う通りにしないとまずいと思った。殺されるのはごめんだった。奴らは無理やりやった。痛みもひどかったし、たまらなく惨めだったよ。そんなことがあっていいわけなかったさ、かといって嫌だと言えるわけもなかった。向こうは三人だったんだから。

中心になって煽動していたのが一人。そいつが「さぁ、楽しもうぜ」と他の二人をそそのかした。同じ人間に対してどうやったらあんなことができるんだ？　それ以来俺は夜眠れなくなって薬物治療を受けた。そこで気づいたんだが、薬を飲むとかえって悪い。やられたことが頭から離れなくなった。悪夢も見た。受刑者の話題にもなった。「お前はこれがうまいんだって、あれがうまいんだって」と話しかけられるようになった。やった受刑者の一人が噂を広めたんだ。家系図みたいに。一人が二人に広め、二人が四人、四人が八人に。刑務所の半分は知っていた。何人かは近くにいるようにと言ってくれたよ、助け出すからと。そうしたよ。彼らは助けになってくれた。

ところが俺はまた暴行を受けた。そしてまた。たまらなかった。泣き疲れて寝入るまで泣き、死んでしまいたいと思った。奴らが俺にそんなことをするのは、俺に何か問題があるからに違いないと思っていた。「なんで俺は強くないんだ？　なんで俺はでかくないんだ？　背だけでももう少しあればよかったのに」。時に気分は最悪で、自殺するか、生き延びるかのどちらかだ、と考えた。それまで手にしたものがあったからこそ、俺は自分の人生を台無しにしたくなかった。俺が自殺すれば奴らにとっては最高だっただろう。「ほう、あいつは俺らのせいで自殺したか」とでも思っただろう。奴らはそれを自慢するだろう。俺は奴らにそんな満足を与えたくなかったんだ。

アレックスが示した強さに一番驚かない人は誰だろうと私が訊ねると、アレックスは兄と元の彼女のことを話してくれた。

俺が外で知っている人の多くは、俺がいかに強かったかと驚くだろうね。俺がどうやりすごしたのか不思議がるだろう。俺は、俺のことを大事に思ってくれる人たちのことを考えたんだ。兄貴はクラクラして「可哀想な弟よ」と思ったはずだ。兄貴はいつも俺をかわいがってくれて、一緒にいてくれた。子どもの頃からいつだって俺に会うのを喜んでくれたし、忙しくて会えないなんてことはなかった。仕事に行くときだって、兄貴は俺を車に乗せていって、俺はそばにいたんだ。いつか兄貴はこのことに気づく。来週かもしれないし来年かもしれない。兄貴に隠し事はできないから、いつかわかるよ。兄貴の精神を使って、ここを乗り切ったんだ。もしも兄貴がここにいたら、この話をするだろうって。もちろん非公式にさ。兄貴がここにいて、声を聞くだけで、すごく力が湧くんだ。

元の彼女のことも考えるよ。最近は、彼女に手紙を書いているんだ。彼女の精神は前から、辛い状況を乗り切る助けになっている。二人で一緒にしたことを思い浮かべるんだ。難しい状況でも彼女はずっと俺に話をしてくれた。彼女は英語をあまり話さなかったから俺がベトナム語を習った。彼女はこう言ってた。「とにかくしっかりね、そうすればずっと一緒にいてあげるから」。彼女が学校でのトラブルで校長に呼ばれたときには、俺も一緒に行った。俺は、「彼女に言うことがあるなら俺に言ってくれ」と言った。俺は校長に対してひどく腹を立てた。「彼女の落ち度は俺のも同然だ」と言った。そこには何か力強さがあったと思う。俺はそこから力強さをもらったんだ。何があったかを聞いたら彼女は驚くだろうけど、俺の力強さに関しては驚かないだろうね。俺はここまでやってこられたんだ。

兄と元の彼女を思うことで、アレックスは、最近の「力強さ」にはもっと長い歴史があることに気づいた。

俺には、いろんなことと格闘してきた歴史がある。養子だってことに折り合いをつけないといけなかった。トラブルに巻き込まれてもなんとかした。当時は助けてくれる人なんて一人もいなかったし、何もかも自力でやるしかなかった。だからその歴史が違いを生んだんじゃないかと思う。俺は、人生にあったいいことを思い浮かべようとした。俺がやってきたことで自分自身を幸せにしたことを。技術継続教育コースのこと、元の彼女、家族、きょうだいたち。俺は彼らの精神を携えたんだ。ここを出たら何をしようかと考えた。信頼していた仲間の受刑者に話をした。そして多くの人に手紙を書いた。何があったかは言わなかったよ。ただ、「ちょっと気持ちがふさいでるんだ。俺に手紙を書いて、少しいい気分にさせてくれないか?」とだけ言った。刑務所では、手紙をもらうっていうのはちょっと特別なことなんだ。俺たちは、辛い状況を乗り切るための自分なりの方法を見つけないといけない。3か月前は自殺する気だったが、そうする代わりに、俺はここまで来た。このことがいくらかでも他の人の助けになればいいね。

厳戒警備が敷かれた刑務所の孤独の中で繰り返し暴行を受けた後に、アレックスは兄と元の彼女という想像上の聴衆に慰めを見出した。彼らのことを思い浮かべ、彼らは自分になんと言ってくれるだろうと考えていると、彼は、自分が示した力強さには長い歴史があることに気づいた。

ここで、あなたは、この数か月の間に自分の人生を前に進めようと踏み出した一歩について考えるのもいいだろう。大きな一歩でなくていい。あなた自身のために、ないしは他者のためによりよい人生にしようとしてやったことなら。

・あなたがこの一歩を踏み出すのに必要だったことを考えてみましょう。これまでに出会った人の中で、それを一番驚かない人は誰ですか。
・彼らがあなたについて知っていることや、彼らが目撃したあなたの行為のうち、あなたがこの種の一歩を踏み出すことが重要だと彼らに伝えるのは、どんなことでしょう。
・彼らはあなたを励ますために何と言うでしょうか。
・アレックスの言葉で言えば、あなたはさらなる一歩を踏み出すのに誰の「精神」を携えることができたでしょう。

見えない友達

あなたを支えてくれる聴衆を見つけるための選択肢がもう一つある。はじめは、少し奇妙に見えるかもしれないが、それは目に見えない友達との関係だ。マイケル・ホワイトは、ケン・スチュワートとのインタビューでこれについて説明している。

マイケル　見えない友達との関係を築く可能性を探求することができます。人々と一緒になって見えない友達を捏造することは可能ですし、時には、人々が見えない友達との関係をよみがえらせることさえ可能なのです。あなたは、どのくらい多くの子どもたちが見えない友達と友情を結んでいるか想像できますか?…訊ねて回るといいですよ。子どもたちに訊ねたり、身内の大人や友人に、子どもの頃、見えない友達がいたかどうか訊ねてみてください。この友達関係が広く見られることに驚くと思います。あなたは、見えない友達との友達関係がどのような違いを子どもたちの人生に与えるかわかりますか?

ケ　ン　ちょっと想像つきませんね。

マイケル　私もそうでした。けれども、何年か前に、見えない友達についてのシェリル・ホワイトとの会話がきっかけとなって、このことを人々に質問するようになったのです。彼女が予想したとおり、私の受け取った答えはハッとするものでした。

ケ　ン　見えない友達は、支持したり、元気づけたり、孤独を癒してくれたりするんでしょうね。

マイケル　状況が大変なときには、誰でも見えない友達に責任を転嫁することができます。すると、見えない友達はそれ以上のことをしてくれるのです。彼らは、とても共感的で憐れみ深く、子どもたちと共にあらゆる経験をしていくつもりでいるのです。一緒に苦しんでさえくれます。病いに苦しむ子どもたちが、見えない友達によって、大きな慰めを得ている話は聞いたことがあるでしょう。見えない友達のおかげで、子どもたちは、逃れようのないことをずっと容易に引き受けられるようになるのです。それに、子どもたちは、見えない友達に秘密を明かすことができ、そうすることで、子どもの声の出る幕のないこの大人の世界に自分たちの声を響かすことができるのです。

ケ　ン　それを聞いて、アメリカのある連載漫画を思い出しました。カルバンとホッブズというんですが、カルバンという6，7歳の少年とホッブズという、カルバンの人生で欠かせない役割を果たしている、とてもご機嫌なぬいぐるみの虎が出てくるのです…

マイケル　私たちの文化では、ある時点で、子どもたちは、見えない友達との友達関係を語らなくなります。これは、発達上当然だと考えられています。しかし、見えない友達に相当するようなものとの関係を温存する多くの文化とか、ある人の人生に対するそうしたものの貢献を認める文化がたくさんあることを私は心に留めています。

統合失調症の声によって悩まされている人々（あるいはその他の非常に困難な経験をしている人々）との仕事において、私は時々、その人の子ども時代の見えない友達との関係から学ぶことがあります。私が人々にする質問は、見えない友達は彼らにとってなんだったのか、見えない友達は彼らを支持するためにどのように彼らの人生に貢献してきたのか、そして、その関係が終わりを告げたときの状況はどんなふうだったのかといったことです。私は、彼らが見えない友達の人生に何をもたらしただろうかと訊ねたり、見えない友達には別れが何を意味していたかを想像してみるよう言ったりします。私たちは、再会の可能性を探求することもできますし、この再会がお互いをどのようにエンパワーするかを話すこともできます。そうなれば、再会への計画を共に練ることもできるのです。私はこれまで多くの再会に立ち会いましたが、それは感動的で心暖まる場面でした。[*2]

昔は目に見えない友達との関係があったのに、今ではどういうわけか離れ離れになっているなら、今こそ再会にもってこいのタイミングかもしれない。

他者にとっての「認証的聴衆」になる

あなたは、人生の支えとなる聴衆を呼び出したり見つけたりするのと同様に、他者の人生の聴衆になる機会をうかがうこともできる。私たちは、他者のストーリーへの立ち会い方に重要な変化をもたらすことができる。

批判的な聴衆は、問題の視点から見ることで、重大なダメージを与える。批判的な聴衆が「虐待の声」や「自己嫌悪」などに味方をすると、その人の人生における虐待の声や自己嫌悪ははるかに破壊的なものになりかねない。私がアレックスのストーリーに批判的に応答していたら、あるいは「レイプ犯が彼をレイプしたということは彼に何らかの問題があったのだ」とほのめかしてレイプ犯の声にいくらかでも同調していたら――つまりアレックスの批判的聴衆になっていたら――、私は彼に大きな害を及ぼしただろう。

一方、**認証的聴衆**[*3]は多大な貢献をして人の人生の語り直しを可能にする。認証的聴衆になるというのは、単に賞賛や賛美を与えるのとは異なる。賞賛や賛美（そして「ブラボー」）にもそれなりに意味はあるが、それらはうっかりしていると見下しているように受け止められたり、何らかの判断をしているととられかねない。また、賞賛の言葉を聞き、受け取ること自体がとても難しい人もいるだろう。

アレックスがあなたに話をしたとしよう。あなたはどうすれば彼の認証的聴衆になれるだろうか。まずはいわゆる「ダブルリスニング」をしよう。彼の言葉にある二つのストーリーラインを聴き、認証するとよい。まず、不正や問題、アレックスが受けた暴行、そしてその影響についてのストーリーがある。それが一つ目のストーリー。それから、アレックスがいかに反応したか、そして彼のスキルと知識に関するストーリーラインが二つ目。認証的聴衆であるためには、二つのストーリーラインをどちらも認証することが不可欠だ。

たとえば、次のように言葉をかけることができる。

　アレックス、あなたが置かれた状況はとても不公平だったと思います。あなた一人に対して三人がかりでレイプしたことはもちろん、刑務所内で皆がそのことを広め、多勢の知るところとなったわけですから。どこを向いても安全な場所を見つけられなかったことも、一度ならず二度、三度と暴行を受けたことも、とても恐ろしいことだったと思います。このことのせいであなたが自分自身を悪く思うのは、ものすごく不公平です…でもアレックス、あなたは生き延びました。乗り切るためにあなたがやったことはたくさんあります。乗り切るためにあなたがお兄さんのことをどんなふうに思い出していたかを聞きました。他にも、元の彼女や、家族、きょうだいたちの精神を携えていたことも聞きました。それに、刑務所内に頼れる仲間を見つけたのですね。あなたは、刑務所の外にいる人たちに手紙を書き、返事を書いてほしいと伝え、彼らの手紙を受け取りました…なんていいアイデアでしょう。それに、あなたは人生でよかったことをいつも考えていました。自分を傷つけてレイプ犯たちを満足させることのないようにしたのです。アレックス、あなたは、乗り切るためにあなたなりの方法を見つけました。このことについてあなたは多くのことを知っているみたいです。乗り切るということや、力強さを見つけるということについて。あなたはずっと昔から力強さを見つけていたようですね。

これにはもう一段階ある。アレックスは最後にこう言っている。「こんなことがいくらかでも他人の助けになればいいね」と。たいてい、困難な経験をすると孤立することになる。また、自分に起きたことは無駄ではなかったと思いたくなるものだ。認証的聴衆は、アレックスのような人が、困難を通じて学んだことが他者の人生に貢献することに気づく助けとなる。このことは、アレックスが自分は単なる被害者ではなく、特別な知識を持つ者だと気づくことを意味している。

アレックスが彼の置かれた状況にどう対応したかということの中で、あなたは特にどの側面に惹かれただろうか？　どの側面があなたの想像を最も捉え、あなたの好奇心に火をつけ、ワクワクする気持ちを呼び起こしただろうか？　アレックスの特定のスキルやアレックスが行ったことの中で、何があなたの琴線に触れただろうか？

このように考えていき、次に認証的聴衆はアレックスのストーリーを聞いたことがいかに自分の人生に貢献したかを伝えようとする。アレックスのストーリーは、あなたが人生において何かを考え、感じ、何かを行うようあなたを動かしただろうか？　あなたが単純に感動したかどうかということではなく、いかにそれがあなたの考えを動かしたのか、ということだ。それは、あなた自身の人生をあなたがどう理解するかということにどんな影響を及ぼしたのだろう？　アレックスのストーリーは、あなたが何をするように刺激し、励まし、ないし挑んだのだろう？

以下に、アレックスのストーリーが他者を新たな考えやアイデア、行為へとどう動かしたのかを示したい。それらはいずれも「認証的聴衆」の反応である。アレックスの言葉が聴衆の人生に変化をもたらしたことが伝わる言葉は太字で強調してある。

・手紙を書くというアイデアは気に入ったわ。起きていることそのものを伝えるのではなく、返事がほしいというところ。手紙書き運動みたいね！[*4]　**今度苦しいことがあったら試してみようと思うわ。**

・あなたのストーリーは、僕の元の彼女が僕の人生でとても重要だったことを思い出させてくれた。アレックス、その話を聞いて、**僕は彼女に手紙を書こうと思うんだ**。僕が彼女のことを今も考えていて、彼女が僕にとってどんな存在だったかを思い出していることをただ伝えようと思う。縁が切れた人がしてくれたよいことを覚えているという話は、あまり聞かないね。それを聞けてよかった。

・僕も養子なんだ。そのことが自分に力強さを与えたと言った意味がわかる。そんなことを誰かが言うのを聞くのは、そうないことだよ。**そのことを聞いて考えさせられた**。養子になったことは僕を強くしただろうかって。

認証的聴衆として私たちが、アレックスのストーリーを聞いた結果、これまでとは違う行為に出て、彼の言葉が新しい物事を可能にしたことを当人に知らせたら、彼は自分のストーリーが「他の人の助けになった」とわかる。彼は、自分が乗り越えてきたことが何かを表しており、何か重要な意味を持つとわかるだろう。

これは、とりわけ正義と関連する問題である。アレックスには、自分が受けたレイプに関して通常「正義」と呼ばれるものを達成する機会がない。レイプ犯たちが罪を問われる機会も、処罰を受ける機会もない。しかしそこには一つならぬ正義がある。誰かにとっての認証的聴衆になることは、そうしたストーリーを「正当に扱う」ことである。正当に扱うというのは、その人が経験してきた不正を認めることであり、その人のスキルや知識、そしてアレックスのような人のケースでは、さまざまな不正への反応だった「力強さ」のストーリーラインを認めることでもある。しばしば、人が人生において経験する困難は、階級、人種、ジェンダー、性別に関するアイデンティティなどと関連した不正によるものである。他者にとって認証的な聴衆になるということは、こうした不正を認め、その人の日々の小さな一歩や、その人が人生において用いているスキルや力強さを認めることである。

誰かがあなたとストーリーを共有することがあったら、「ダブルリスニング」をしてみよう。傾聴し、彼らが耐えてきた困難を認めると同時に、彼らがどう対応してきたかを認めよう。彼らが選んだ一歩や彼らの示すスキルや知識を認めよう。そうして、この人のストーリーがどうやってあなたを以下へと導いたのかを伝えてみよう。

・あなたの人生やアイデンティティについて新たな視点を開発した。
・あなた自身の歴史のないがしろにされていた側面に再び向き合った。
・それまで理解していなかった経験に意味を与えた。
・あなたのいつもの考えの域を越え、不正を正すために何か行動を起こす意欲をかき立てた。

聴衆としての書かれた言葉

書かれた言葉が聴衆になる場合もある。書かれた言葉には力がある。それは持続するものだ。残念ながら、その力はマイナス方向に用いられることがしばしばである。たとえば、精神科病院には患者の人生について書かれた膨大なファイルがある。こうしたファイルに書かれてあるのは否定的なことばかりで、患者本人の言葉が一つもないことさえある。いわゆる「専門家」によって書かれた屈辱的な人生の説明である。そうした膨大なケースファイルを抱えた人が来ても、マイケル・ホワイトはそのファイルに目を通さなかった。彼は、その人本人と直接話をしたほうが知りたいことを教えてもらえると言っていた。しかしながら、そのファイルの重さを測ることはあった。「わあ、このファイル、7ポンドもあるぞ！　こんな大荷物を引っ張っていく人生ってどんな感じがする？」

書かれた言葉の力はよいことのために使うこともできる。本書には文書や手紙の例を数多く収めている。あなたも自分で書いたり人に勧めたりしてはどうだろう。ここでは、証明書を作成することの可能性について検討してみよう。

公開証明書

達成したことを聴衆と共有する一つの方法として、他者に示せる証明書を作成することができる。ジェシーのストーリーが好例だ。ナラティヴ・セラピストのスー・マン[*5]の話をここに記す。

ジェシーと私は8か月ほどミーティングを重ねていますが、最近彼女は、私のオフィスに着くと、調子が「よくなく」、新たなパニック発作が起きていると言いました。この「よくない」気分がいつ始まったかを探し始めると、彼女はあるストーリーを話してくれました。

つい先頃、ジェシーは、自分が子どもの頃に性的虐待を受けたことを知らない友人に話したのです。この会話でジェシーは、「神経過敏」でずっと苦労していると話しました。残念なことに、その友人は彼女にこう応えました。「自分で対処しなきゃね…結局あなたは（有給の労働者として）働いたこともなくずっとシェルター暮らしだったんだから」と。

私は愕然とし、それをジェシーに伝えると、彼女は、その友人の発言に強い怒りを覚えたと続けました。友人の発言を受けて、ジェシーは、「時間を無駄にしているのではないか」「大げさに言っているのではないか」、そして神経過敏で苦労しているのは自分が「注意を引きたいため」ではないのか、と思えてきました。

しかし、彼女は、友人の知らないところで働いていたのです。私たちがミーティングを重ねている間に彼女がどれほど懸命に働いていたか、私にはわかっていました。ジェシーが自分から話してくれたからです。彼女の努力が、彼女の友達の多くや、おそらく彼女の家族の目には見えず、認められてもいないことに気づき、私はショックを受けました。彼女にとっては、セラピーのセッションが、虐待の影響に取り組もうと彼女が注ぎ込んでいる努力と思慮深さが認められている数少ない場所だったのです。ジェシーの仕事や知識、そしてスキルを認めてくれる、より大きな聴衆を見つけるには、どうすればよいでしょうか。

私はジェシーに「シェルター暮らし」というフレーズと、そのフレーズが彼女に呼び起こしたことについて訊ねるところから始めました。ジェシーはシェルター暮らしがどういうものだったのかを雄弁に語りました。彼女は、シェルター暮らしというのは、一つには虐待されることのない生活だったと考えました。それは、彼女自身の子どもたちのように――子どもたちは母親に見守られて――子ども時代を送るということを意味していました。ジェシーは、子どもたちを守ろうと固く決意しており、決して子どもたちを誰にも預けなかったと話しました。そしてそのことが、有給の仕事についての彼女の考えにどう影響したかについても話しました。

ジェシーが他に話したのは、シェルターで暮らすというのは、（彼女が孫たちに言うように）「誰にもあなたの性器に触れさせてはダメ」と教えてくれる人がいるということでもありました。また、シェルターにいれば、虐待が起きていると母や姉に言っても信じてもらえました（二度）。彼女のところへ孫や子どもたちが言いに来ればそれを信じるように。

そこで私たちは、ジェシーがしてきたものの、他者の目には見えず、仕事としてリストに挙げられることもなかった仕事について詳しく話し合いました。

・子どもたちのために手を空けておく
・カウンセリングに行く
・一日に二回はリラックスできるテープを聞く
・パートナーに激しく当たることを「やってみる」
・パニック発作に、ミーティングへの参加を阻まれない
・友人を訪ねる
・孫たちをかわいがる

会話を続けるにつれ，私には，大学で勉強している人でも，ジェシーほど懸命に，ないしは決意を持って取り組んではいなかっただろうという考えが浮かびました。私はこのことを彼女と共有しました。「事実」と私は言いました。「この６か月間あなたが大学で勉強していたら，きっと今頃は卒業証書をもらっていると思うわ！」と。なぜ私がこう言ったのか，よくわかりません。もしかしたら，その当時，私の息子が試験勉強をしていたからかもしれません。理由はなんであれ，ジェシーの表情は驚きを表していました。「私がですって？」と彼女は訊ねました。

ジェシーからのこの反応に励まされて，私は，二人で証明書を作ってもいいわねと提案したのです。ジェシーは，このアイデアを意欲たっぷりに受け入れました。ジェシーは，読み書きを十分習得する前に学校をやめており，証明書の類は一枚ももらったことがありませんでした。私は，この賞が何を認証するものかをよく考えるよう彼女を誘いました。それは「どれだけ私が頑張ってきたか」を認証するものであり，「戦う神経過敏」に関する何かを認証するものであるべきだという明確な考えを彼女は持っていました。私は，次のセッションには証明書を用意することに合意しました。

次にジェシーに会うと，彼女はその賞を心待ちにしていました。私は文面を彼女に見せ，一緒に署名したいかと訊ねました。「まず読んでもらえるかしら？」彼女は言いました。「そのほうがいいわ」。そこで私は証明書の言葉を読み上げました。

これは，神経過敏との戦いにおいてジェシーによってなされた懸命な仕事を表彰するものである。また，人生を通じて，困難を前に自分の人生のために立ち上がり，愛する者たちを大切にしてきたジェシーのたゆまぬ努力を讃える。

そして私たちは署名しました。

次にジェシーに会ったとき、彼女があの後店に直行してフレームを買い、今では証明書がラウンジとダイニングルームの間の壁に飾られていると聞いても驚きませんでした。私が驚いたのは、おそらく驚くべきことでもなかったのですが、ジェシーが子どもたちにもその証明書を見せたということです。「子どもたちは私のことを本当に誇りに思ってくれています」と彼女は言いました。私たちが最後に会った後に、彼女は二人の「大親友」に、子どもの頃に性的虐待を受け、そのために神経過敏に苦しんでいるのだと知らせました。さらに、しばらく離れていた友達に連絡を取り、近況を伝えました。すると、ジェシーは、二人のうちの「姉のような存在」の方から返事をもらいました。ジェシーは「本当によくやった」と思うという返事がきました。友達からこうした反応をもらってどんな気分か訊ねると、彼女は言いました。「誇らしいわ。恥ずかしいとは感じない。私のせいじゃないものね」。

こうして、証明書は、ジェシーにとって重要な女性や子どもたちを巻き込んだ、認証というより広く公開された儀式の一部になりました。私たちのセラピーは、性的虐待の影響に取り組むジェシーの努力を認証する唯一の場所ではなくなりました。今では認証は友人との関係で起こり、彼女の家に飾られた証明書に誰かが気づくたびに起こります。今後の会話では、ジェシーの過去にいた人々や現在いる人々で、ジェシーが達成したことを認証してくれる人のことをもっと聞いてみたいと思っています。


証明書は子どもたちのためにも作成することができる。*6

この例は、いつもある子どもにおもらしをさせてしまう問題を徐々に克服した子どものための証明書（A）だ。その子はこの問題を「スニーキー・ウィー」*7と外在化した。また、大人のための証明書

〈A〉

スニーキー・ウィーをやっつけた証明書

この証明書はスニーキー・ウィーを正しい場所にしまうことに成功した＿＿＿＿＿＿＿＿に与えられる。

＿＿＿＿＿＿＿＿とスニーキー・ウィーの力関係は逆転した。スニーキー・ウィーは彼のもとを逃げ出そうとしている。今では，彼はスニーキー・ウィーを見捨てたのだ。スニーキー・ウィーにひたるかわりに，彼は栄光にひたっている。

＿＿＿月＿＿＿日に認定

署名＿＿＿＿＿＿＿＿＿＿＿＿
［セラピストの署名］

〈B〉

罪悪感からの脱出証明書

本証明書は，罪悪感に勝利したことを讃えて，＿＿＿＿＿＿＿＿に授けられる。

今や罪悪感は彼女の人生における最優先事項ではないため，彼女は人生において自分自身を優先することができる。今や彼女は罪悪感の人間ではないので，自分らしく自由である。

本証明書は，＿＿＿＿＿＿＿＿と他者に対して，彼女が他者の人生に過剰な責任をとるポジションから退き，自分たちのために生きてくれという誘いに揺らぐことも，自分自身の人生を脇に置くこともなくなったことを再認識していただくものである。

＿＿＿月＿＿＿日に認定

署名＿＿＿＿＿＿＿＿＿＿＿＿
［セラピストの署名］

の一例（B）も示す。

証明書を作る

あなたは、（大人でも子どもでもよいが）人生における問題や困難に立ち向かおうと歩み始めている人を知っているだろうか？ 個人かもしれないし、ある集団、ないしある家族でもいい。もし知っていたら、彼らのために証明書の下書きを作ってみよう。証明書にふさわしく問題が完全に「解決」されている必要はない。ジェシーのように、証明書は、その人が努力していることを認証することもできる。完成したら、その人とあなたの関係性によっては、その証明書を受け取りたいかどうか相手に訊ねるのがいい。渡すことになれば、授賞式を開催するのもよい。

自分自身の人生のある側面についての証明書を望む場合もあるだろう。自分でデザインするのもよいし、オンラインで無料のテンプレートを見つけてもよい。**証明書のテンプレート**を検索し、好みのデザインを選び、盛り込みたい語句を書こう。自分で自分に授与してもよいが、友達に頼んで授与してもらうこともできる。

再格付けの儀式

私たちの多くが、格下げの儀式――つまり、私たちは重要でない、役に立たない、あるいはより悪いとを感じさせるような儀式――を経験せざるを得ない。こうした格下げの儀式には繰り返し生じるものもある。たとえば、他人の人生や生活を気にも留めない労働者たちの行き交う場所で食糧配付券や生活保護費を受け取る列に並ぶことだ。さらに、性的暴行を受ける、逮捕される、精神科病院に強制入院させられるといった極端な格下げの儀式もある。格下げの儀式を経験するときにはいつでも、サバイバルを称え、私たちにとって重要なすべてのものを称える「再格付け」の儀式が重要になる。

ここに掲載するのは、再格付けの儀式にまつわる二つのストーリーだ。一つ目はジェニーのストーリー。彼女はミュージシャンで、舞台演出家で、瞑想家で、人生の一時期に敵意のある声（時にそれは統合失調症と言われる）を聞いた女性である。ジェニーは声を聞いたことのある人々のグループであるパワー・トゥ・アワ・ジャーニー（Power to Our Journey）のメンバーだった。支持的なワーカーたちと共に、彼女たちは再格付けの儀式のために集まった。

私たちにとって、儀式は、コミュニティを築き、出来事を祝福する上で強力な部分を占めてきました。労災補償に頼った人生とのお別れ会として、私たちは郊外の丘陵で、ある儀式を行いました。労災補償で生活していた頃、私には膨大な記録ファイルがありました。そこで、ケース記録に使われた大量の紙を補充しようと、私たちは地球に木を植えたのです。ペーパーワークのために浪費される木の代わりに、コアラのための木も植えました。それから焚火をして、私のリハビリのファイルを全部燃やしたのです！　あれはすごくよかった。私たちは会えばいつもいろいろなお祝いをしています。

重要なのは、愛に満ちた儀式を創造することです。心からの、そして力を貸してくれるような儀式を作ることです。そういう儀式は幸せな時を含んだ新しい人生を創造してくれるので、とても重要です。辛い時の終わりと、できればいい時の始まりを記念するために、儀式を利用します。意義深い儀式を創造することは、皆が集まるということでもあるでしょう。顔を合わせて、心温まるイベントを共有します。このクリスマスには、プロジェクトチームのメンバーの一人が私たち一人ひとりに手持ち花火とキャンドルの入った小包を持ってきてくれました。私は大晦日にキャンドルと手持ち花火を一本ずつ出して、火を灯しました。わかるでしょう、自分一人での儀式です。儀式を通じて、私たちは自分の強さを再確認し、友情を頼りにするのです。*8

再格付けの儀式にまつわるストーリーで最もインパクトのあるものの一つが、ケイトという若い女性のストーリーだ。ケイトは17歳の頃に見知らぬ男に暴行を受けレイプされた。凶器も絡んでいた。彼女は休日の日中に家族とビーチを歩いていたのだ。ケイトのストーリーはそれで終わりではなかった。彼女は暴行を生き延び、深刻なトラウマと格下げの儀式を経験した。そして、ケイトと彼女を大切に思う人々は、彼女の人生を取り戻すために一歩ずつ前進したのである。ここに掲載するのは、彼女自身が語ったストーリーの抜粋である。

●あるサバイバル・ストーリー

ストーリーを共有する

最初から、これは秘密にしたくないと思ってた。兄には、私たちが夜中の2時半になってようやく家に帰り着いてすぐに、両親が話したの。翌朝には、覚えているわよ、おばあちゃんが来て私を抱きしめてくれた。その時になってようやく私は泣いたの。話せる友達がいると感じられたことは幸運だったと思う。自分のことが大嫌いで、親とも一緒に暮らしてなくて、話せる人は誰もいないなんて思う13歳じゃなかったの。それに、私のことを信じてもらえないだろうと思うような悪い評判もなかった。性的に虐待されてた子どもが、親や誰かに言っても信じてもらえないって、よくある話よね。私にはそのどれも当てはまらなかった。もしそんなことがあったら、すごくやりづらかったはず。

人にちゃんと話すって、思ってたほど簡単じゃなかったわ。私が一度話したか、ママから電話で聞いた親族は、次に会ったとき、私に何も言ってくれないのよ。あれは、ものすごくやりづらかった。私がそのことを話したくないだろうって思ったのかもしれないけど。

でも、私は人に話し続けたの。アンディっていうその時つき合っていたボーイフレンドは、素晴らしかった。アンディはすべてを聴いてくれたの。彼を守ってあげる必要はなかった。ただ事実をありのままに話したの。その一週間後、レイプされたことを親友全員に言ったわ。全員ショックを受けて、動揺して、泣き出しちゃった。最初はそれでよかったけど、時間が経つとなんて言えばいいか誰もわからないから、私はものすごく腹が立って怒ったの。「ちょっと、それでも私の親友なの？　どうして私に何も言ってくれないの?」って思った。だから私は、彼女たちをカウンセリングに引っ張って行ったの。それがとてもよかった。私のカウンセラーはいくつか質問をしてくれて、皆で話し合うのがとても楽になったから。彼女たちはただなんて言えばいいかわからなかっただけだった。カウンセリングの会話から、すごく素敵なことも飛び出したのよ。一人の友達がこう言ったの。「あなたじゃなくて私に起こればよかったのに」って。その時、私はすごく感動したの。後になって知ったことだけど、彼女は10歳の頃父親にレイプされていたの。そんなことが彼女の身に起こっていたなんて。なのに私よりも自分にそれが起こればよかったって言ってくれた。信じられなかった。本当に心を動かされたわ。彼女がその話をしたのは私が初めてだったの。ある意味、私にあんなことが起こって、私がそれについて話したことが、初めて人に話せる力強さを彼女にあげたのかもしれない。

夜を取り戻そう

私たちはとても若かった。当時は、友達の何人かに対してもっとうまくできるでしょって思ってたんだけど、私たちはまだ17歳だったのよ。それに女友達に関して言えば、あれはあまりにも身近な事件だった。こんなことが起こるなんてありえないと思ってたから、実際に起こってしまったときには、女友達の誰にも起こりうることなんだ、って思ってしまったの。そのせいでとても話しづらくなった。私たちはとても親しかったから、それが起こってしまったことがただ耐え難かった。彼女たちはそのことをあまり考えたくなかったのね。辛すぎることだったから。

それについて話す方法が見つけられないときには、何かを一緒にするのがよかったわ。「夜を取り戻そう」(毎年恒例のフェミニストのデモ行進)がやってきたときには、完璧なチャンスだと思った。みんなで行きたい気分だったわ。私たちはグループでいろいろなことをしていたし、何も言わなくても私のことを助けられるいい方法だって思うみんなが一緒に参加することはとても重要だと思ったの。私の友達はほとんど全員が参加したわ。すごくいい経験だった。クリスティンやアンディのお母さんも参加してくれた。そこに出かけていって、笛を鳴らしたり手を叩いたりする支持者と一緒に行進して、違いを生むっていうことがすばらしかった。友達と団結するにはとてもいい方法だった。その夜の終わりに、私はママに電話して、迎えに来てとお願いしたの。暗い中、家までのバスをつかまえるのがいやだったから。用心していたけど、ちょっと変な気分でもあったかしら。その夜は私にとってすごく大きな意味があった。

サバイバルを記念する

レイプから1年が経とうとしていた頃、記念に何かしなければと感じていたの。「見て、私ちゃんとここにいるのよ。あのことは忘れてないし、どこへも行ってくれないけど、私は生き延びたわよ」って言うために。レイプされたことを恥じて、レイプのことは忘れて、屈辱と恥のストーリーを克服して、焼き捨てて、正常に戻らなければならないって感じている被害者として女性を見るのが、レイプの優勢な見方よね。一方で、サバイバルのストーリーを伝えるんだと信じると、それは常に前へ進んでいて、続いていくものなの。忘れることはない、でも、進んでいく。だからレイプの一周年に、私は友達をディナーに誘ったの。これを最初に提案したときにはちょっとドキドキしたわ。招待のしかたが悪くてちょっと混乱させちゃったと思うけど。こんな感じで言ったの。「ほら、1月15日は私の一周年でしょ。一緒にディナーに出かけてお祝いしたいのよ」って。そうしたら友達は「どういうこと？　レイプされたのを祝うって？」と思ったみたい。だからこう説明したわ。「そうじゃなくて、私が生き延びたことを祝って、ってこと」。サバイバルについて話すことには慣れていないから、時には混乱を招くわね。友達は、その晩家にいてじっとビデオを観ていることは被害者の役割にはまることだってすぐ理解してくれた。ストリートから離れて、家にこもって、起きたことを嘆くというのがそれ。それよりも外へ出て、そこに根付いて、「私はちゃんとここにいる」って言えたほうがいい。そういうわけで、私たちは一緒にディナーに出かけたの。

食事の後には、アンディが友情の大切さについてスピーチをしてくれた。彼は私の勇気についても話してくれたけど、それ以上に、友情がいかにサバイバルのプロセスを助けたかということを強調したかったの。次にそこにいた男の子の一人が、私は彼の知る限り最も強い女性の一人だと思うってことと、このこと全部が彼のいろいろな物事への態度をいかに変えたかってことを言ってくれたの。以前は容認していた性的なジョークやその手のものを全く許容できなくなったと彼は話した。昔だったら半笑いしてやりすごしたかもしれないことが、今では我慢ならないって。どうしても耐えられなくなったと。彼がそう言ってくれてすごくうれしかったわ。別の友達で、デモ行進には来なかった子も、とても助けになることを言ってくれた。私はダヴォ（これはケイトがレイプ犯につけた名前だ）が罪を逃れたことをくどくどと話していたんだけど、彼女は、ダヴォのことを考えるのに時間を使ったりしなかったって言ったの。そんなの意味がないって。彼女は「奴のことなんて少しも考えなかった。だって私には重要じゃないんだもの。私にとって重要なのはあなたよ。あなたがどう対処しているか。彼はどんな注目にも値しないの」と言った。その言葉はすごく役に立った。それを聞いて、私が通っていたカウンセリングのグループにいたある女性のことを考えたの。その女性をレイプした男が判決を受けたとき、私たちは裁判所の外にいて、そこで彼女は自作の詩を読み上げたの。彼女自身のサバイバルを詩にしたものよ。その場には大勢の人がいて、メディアもいた。彼女は、加害者への注目を取り除こうと覚悟を決めたの。加害者ばかりがいつもものすごく注目を浴びていた。彼女はサバイバーとサバイバルのストーリーのほうにも着目してほしかったのね。あれはとても気分がよかったわ。

また別の友達のフィオナは、物静かでディナーのときにも何も話さなかった子なんだけど、後になって私のところに来てくれたの。彼女はこう言った。「私は信仰心が厚いわけでもないんだけど、あなたのためにずっと祈っているし、あなたのことを思っているわ」ってね。フィオナは口数が少なくて、内に秘めるタイプ。だから彼女が何か言うときは、耳を傾ける価値があるのよ。ポールという友達は、しばらくたってから私のところへ来て、あまり助けになれなかったことを謝っていたわ。彼は、「ごめん、実は自分自身苦しい年だったんだ。両親に僕がゲイだってことを伝えたばかりでね、そのことで手一杯だった」と言ったの。ともかくも、私たちは互いの信頼を築き上げたのよ。こういう友情は私にとって特別なものなの。私たちはこんなにも豊かな歴史を分かち合った。
みんなが私のサバイバルストーリーのとても大きな部分を占めているの。

独自の儀式を創造する

ケイトのように困難なときを生き延びた人や、労災保障頼みの人生に別れを告げようとしているジェニーのように移り変わろうとしている人を知っていたら、おそらく私たちはその人たちと共に儀式を開発するのに一役買うことができるだろう。人々のスキルや知識、そしてサバイバルを讃える、あらためて格付けする儀式だ。

代わりに、私たちは独自の儀式を計画することもできる。最も適切な場所や、そこで流す音楽、招待する人やペットを選ぶ。すでに亡くなっていても、この儀式で思い出を呼び起こしたい人がいるかどうかも考えよう。文書、手紙、ないし証明書の授与も行われることだろう。

振り返り、先を見る

本章で、私たちはストーリーのための聴衆を見つけることと、他者のストーリーの聴衆ないし立会人になることについて考えてきた。文書、証明書、そして儀式の活用についても探求した。証明書を

＊注

＊1　アレックスのストーリーは囚人レイプ被害者支援パッケージ（Denborough & Preventing Prisoner Rape Project, 2005）に登場する。
＊2　ケン・スチュアートとマイケル・ホワイトのインタビューは White（1995b／邦訳 2000 pp.221-224）に初出。
＊3　ナラティヴ・セラピーにおいて、マイケル・ホワイトは認証的な聴衆の反応を「アウトサイダー・ウィットネス」と呼んでいる（White, 2007／邦訳 2009）。
＊4　ステファン・マディガンは手紙書き運動について述べている（Madigan, 2011）。
＊5　スー・マンの著作は Mann（2000）が初出。
＊6　事実、ナラティヴ・セラピストに聴衆の重要性を最初に教えたのは子どもたちだった。マイケル・ホワイト（White, 2007／邦訳 2009 pp.151-152）は次のように説明する。

　1980年代に私は、友人であるデイヴィッド・エプストンと共に、家族との面接に聴衆を積極的に関わらせることを始めた。これは、子どもたちの多くが自分たちの人生における好ましい展開に向けていかに自発的に聴衆を集めるかという観察結果によって、後押しされていた。たとえば、家族面接の文脈において、子どもが、ややこしい問題から人生を取り戻す努力をして、その結果重要な達成を得たことを認証する証明書を授与されたとしよう。すると決まって、子どもたちは、その証明書を誰か（たいてい、きょうだいやいとこ、友達、ないしクラスメイトなど）に見せる。そんなものを見せられると、「聴衆」たちはたいてい、質問をしたくなる。そうなれば、子どもたちは、証明書に記された功績について説明するばかりか、時には、その優れた能力を実際に見せることにもなる。「聴衆」からのこうした質問や受け答えは、子どもたちの人生における好ましい展開の認証や、そうした展開の持続への貢献、それにさらなる発展においてあきらかに影響力を持つのである。（p.178／邦訳 p.151-152）

＊７　本章の証明書はWhite & Epston（1990／邦訳 1992）に基づいている。オーストラリアの子どもたちは、アメリカでは「ピー」と呼ぶところを「ウィー」と呼ぶのだ！

＊８　パワー・トゥ・アワ・ジャーニーとのジェニーの儀式のストーリーは、Brigitte, Sue, Mem & Veronika（1997）に初出。

第4章 チームワーク――私たちにとって大切な人を思い出す

私たちの人生とアイデンティティについて考える方法は数々ある。その一つは、私たちの人生をクラブや協会、ないしチームと考えてみることだ。このメタファーは、私たちの人生のクラブメンバーは誰なのかを自分たち自身で考えることを可能にする。ここでいう「メンバー」は、生きている人でも、そうでない人でもいい。普段会う人やペットかもしれないし、思い出や頭の中にいる人やヒーローかもしれない。

本章では、私たちがチームの「メンバー」として誰を指名したいかを考えていこう。その過程で、もしかしたらあるメンバーシップを他のメンバーシップより重視することにするかもしれない。さらには、私たちが問題に取り組み、目的を達成するためにチーム・アプローチをとることもできるようになる。

私たちの「人生チーム」に誰を含めたいかを慎重に決断するには、「リ・メンバリング」という特殊な想起が必要になる。それについて初めて描写したのが人類学者のバーバラ・マイアホッフ（Myerhoff, 1982）だ。

この特殊な想起を示すには，**リ・メンバリング**という用語を用いるのがよいだろう。その人の歴史の一員である人物たちの再集合に注意を向けさせるからだ…（p.111）。

これを説明するには，次のストーリーを紹介するのがベストだ。ルイーズがマイケル・ホワイトに相談に来たとき，二人は，彼女が自分の人生とアイデンティティにおいて誰を重要「メンバー」にしたいかについて話した。この会話の中で，彼女はリ・メンバリングの儀式を執り行うことに決めた。[*1]

ルイーズは，幼少期から10代にかけて父親と隣人（二軒隣に住んでいた男性）から受けた虐待の「後遺症」を治療してほしくて相談にやってきた。彼女は，10年以上もかけて，虐待の影響から人生を取り戻すべく多くのステップを踏み出していた。彼女がこれまで相談してきた二人のセラピストは，彼女の計画を大いに助け，今や彼女の人生はわりとうまくいっていた。それでも時には，自分のアイデンティティを否定的に考えたり，それが嵩じて自己非難にまでなっていた。彼女は，そのマイナス思考を振り払い自己非難から抜け出る手段を手にしていたし，マイナス思考や自己非難によって今の良い人生が妨げられることはないとわかっていたのだが，そのような経験を人生から根絶やしにするために何かできないものかと願っていた。

彼女の思考や自己非難の経験について本人と話し合う中で，ルイーズは，時にあたかも本当に父親や隣人の声が聞こえる感覚があると話した。その声が彼女のマイナス思考や自己非難に結びついていることとは別に，その声の存在は，彼女のアイデンティティに関する他人からの肯定的意見を受け入れ難くしていた。私はルイーズに、彼女の懸念についての私の理解を確かめるため、次のような質問をした。「あなたのアイデンティティについて、父親と隣人が特別な発言権を要求しているのですね？しかし、虐待の影響から人生を取り戻す手段を講じてきたので、今ではよほどストレスが大きくなければ彼らの要求にまいることはないのですね？」

「はい、本当にそのとおりです」と彼女は答えた。

「そして、そのような状況でも父親と隣人からいっさい口出しされないように、何らかの対処をしておきたいのですね？」。

ルイーズはこれも肯定した。

会話のこの時点で、私は、人生をクラブにたとえるメタファーのことを考えていた。そこで私はルイーズに、彼女の人生を会員制のクラブと考え、父親と隣人が彼女の人生のメンバーとして高い地位を要求していると考えるとわかりやすい、と話してみた。

「なるほどと思います」とルイーズは言った。

そこで私は、「このような場合、リ・メンバリングの儀式が役立つかもしれません」と言い、その説明に入った。「今までに、綱領か規約を持つクラブに入ったことはありますか？」と私は訊ねた。

ルイーズは「19歳のときテニスクラブに入っていました」と答えた。

「そのクラブの会則のコピーを手に入れることはできますか？」。

ルイーズは、手に入れるよう努力してみると言ったが、そのクラブがまだ存続しているかどうかも知らなかった。「どうしてその書類が必要なのですか？」とルイーズが質問した。

私は、リ・メンバリングの儀式を計画する上で、それらの書類が基準になることを説明した。その儀式において、父親と隣人の会員身分を降格または無効にすることができるし、他の会員身分を昇格させたり栄誉を授与することができる。「おそらく、そのような儀式を行うと、あなたの人生のどのメンバーがあなたのアイデンティティについての権威を与えられるべきか、あなたには言い分がもっとたくさんあることに気づくでしょう」。私がリ・メンバリングの儀式の計画を説明すると、ルイーズは是非やってみたいと言った。

ルイーズは次の面接に会則を持参した。彼女はすでに、会員資格の停止、取り消し、栄誉の授与に関する部分に印をつけていた。私たちは、関連条項を一緒に読み、それらの条項を書き直し、彼女の人生の会員身分を見直す儀式に利用できるようにした。ルイーズは、彼女の人生クラブからその隣人を除名することは決めていたが、父親については決めかねていた。彼女の意向はむしろ、父親の会員資格を大幅に降格することにより、彼女のアイデンティティに関する父親の声に耳を貸さないことだった。

ルイーズが書き改めた関連条項は、かなり格式ばったものになった。

あなたは、ルイーズ人生クラブの会員に適用する規約に違反した行為により、以下の責務（下記参照）を通告される。それらの責務は、倫理委員会によって9月7日に審理される予定である。あなたには、それらの責務に関して具申する選択の自由がある。如何なる申し出も、9月1日を越えてはならない。その際には三通作成し書留郵便にて送付しなければならない。

既得権は侵害されない。

最高経営責任者　ルイーズ

ルイーズは、彼女の人生会員の中で誰を昇格させるかも決心していた。友達のパット、叔母のヘレン、カウンセラーの一人でありルイーズが虐待の影響から人生を取り戻す上で多大な援助をしたジェーン、そして精神科看護師でありルイーズが特に困難だった時を乗り切る支えとなってくれたポーリーンである。

父親と隣人に対する通告書は、ルイーズを強力に元気づけた。彼女は、責務一覧表を添付した通告書を郵送するかどうか慎重に考えたが、結局、それはやめることにした。その後、パット、ヘレン、ジェーン、そしてポーリーンに送るための通知書の準備に取りかかった。その通知書は、ルイーズの人生における虐待の声に挑んだ貢献を称え、彼女たちにルイーズ人生クラブの名誉ある終身会員の資格が授与されるという内容だった。郵送する前に、ルイーズは、彼女たちに電話で事情を説明し、「倫理委員会」のメンバーとして儀式に参加してもらえるかどうかを訊ね、そのセレモニーでは彼女の父親と隣人に対して責務が読みあげられる予定だと伝えた。また彼女は、自分の人生における虐待の声への解毒剤的貢献についてセレモニーの中で表彰したら快く受けてもらえるか、そしてセレモニー後の祝賀会に参加してもらえるかどうかも打診した。

ルイーズは三人全員からの快諾を受け、三週間後、リ・メンバリングの儀式に皆が集まることとなった。儀式の第一部でルイーズは、私にいくつか質問を受ける形で、セレモニーの趣旨、つまり父親と隣人を自分の人生にまつわるすべてのことから排除する決意を発表した。

それから、ルイーズは声に出して責務を読み上げ、それに対する決定を下すのに倫理委員会に参加してくれるよう依頼した。ルイーズの父親と隣人は、ルイーズ人生クラブの会員規則の多くに違反した、と正式に認められた。全会一致で、隣人はルイーズ人生クラブから追放されること、そして父親は会員資格を降格されて条件付きの準会員となることが決定された。

それに続いてルイーズは、自分が受けた虐待の影響から人生を取り戻すために、出席者全員が大きな貢献をしてくれたと発表した。その中では，彼女の人生における虐待の声の権威に対して，パット，ヘレン，ジェーン，ポーリーンがどれほど強く異議を申し立ててくれたかについて，感謝の意が表されていた。そして彼女たちは，それまでに聞いたことを語り直す作業に再び取り組むこととなった。その語り直しの中で，彼女たちは「どのようにしてあなたがたは，ルイーズにこのような援助をできるようになったのですか？」「このような不正に抵抗するようあなたがたを向かわせるものは，何ですか？」「ルイーズがこのようにあなたを人生の中に含めたことを知って，どのように感じますか？」「虐待の声があなたがたの声を封じることができなかったのは，どういうことを意味するでしょう？」といった，いくつかの質問に答えた。

これらの質問に答えるうちに，パット，ヘレン，ジェーン，ポーリーンは，自分たちの人生ストーリーの中で，ルイーズのストーリーと結びつくようなものを共有し，そこで，共有された価値観や心配，それに主題があきらかになった。たとえば，ジェーンは，不正に対する気づきが生まれたのには両親の貢献があったこと，そしてそのおかげでルイーズが虐待の影響から人生を取り戻す計画に参加することができたのだと話した。ルイーズは，このようにして彼女たちの人生に結びつけられていることが自分にとってどんな意味があるのかを語り，彼女たちに対してルイーズ人生クラブの終身会員になってもらいたいと申し出た。終身会員の申し出は二つ返事で受け入れられた。そして私たちは，儀式の祝賀会の部分へと移った。

この儀式は，ルイーズが経験していた虐待の声に対して，強い影響を及ぼした。このとき以来，ストレスのある状況でも，それらの声はささやき程度にしか聞こえなくなった。そして，そのような場合でも，彼女の人生クラブの終身会員たちの声によって，虐待の声はただちに追い払われていた。また，リ・メンバリングの儀式の直接的な成果として新たな展開も生まれた。たとえば，ルイーズはジェーンの両親との結びつきを深め、自分の母親との関係を改善するためのステップを踏み出したのである。

協会ないしクラブとしての人生

あなたの人生を会員制の協会と考えてみた場合、それはどのような構成になるだろう? 誰がその会員だろうか? 人やペット、ヒーロー、想像上の友達、スポーツチーム、聖職者など、あなたの「人生クラブ」に入ってもらいたい方々のリストを作ろう。特別な賞や終身会員の地位を与えたい人がいれば、記しておこう。一方、会員資格を停止ないし降格したい人がいれば、完全な会員資格への復帰(もしそれがありうるならば)のための手続きも含めて、何らかの方法で示しておこう。

スポーツのメタファー

スポーツを楽しむ人なら、人生をスポーツチームのように考えてみるのも有効だ。この意義を、私は戦争を経験した若い男性たちから学んだ。数年前に私は、かつて少年兵だった人々との仕事方法を開発するチームの一員だった。ウガンダを訪れたとき、私はどれほど多くの若い男性の人生に「フットボール」(サッカー)が重要かを教えてもらった。難民キャンプ訪問の様子をここに描かせてほしい。

こんなことを想像してほしい。私たちはスーダンの国境付近にいる。ある暑い朝、私たちが若い男性たちのグループに会えるよう、ホストは気前よくさらに国境に近いところまで車を走らせてくれた。この若い男性たちは難民であり、かつての少年兵だ。到着すると、彼らはフットボールのフィールドにいる。彼らのいる方から歓声が聞こえてくる。近づいていくと、私たちは巧みな動きを目の当たりにする――それは、ほとんどダンスだ――二十五人にものぼる参加者が即興的に編成するダンス。試合にはいくつもの目的があり、ゴールを決めることはその一つでしかないようだ。一定の間隔で、誰かが重力に逆らいボールを片足や頭に乗せて数秒間キープする。チームメイトは祝福し、笑い、仲間意識を強める機会を定期的に生み出しているのだ。若い男性たちは身体で芸術性を表現している。痛ましい記憶を抱えながらも、彼らは喜びや楽しみで結ばれている。私たちはこの上に何かを築くことができるだろうか？　トラウマに対処する私たちのアプローチは、若者たちがフットボールのフィールドで見せてくれるスキルと知識を足がかりにすることができるだろうか？

若者たちと、リ・メンバリング実践に刺激を受け、私たちは「チーム・オブ・ライフ」[*2]と呼ぶアプローチを用いるようになった。これは、私たちが人生を考えるもう一つの方法だ。チームでプレーするスポーツの知識が多少でもあれば役立つが、チーム・オブ・ライフは、誰にでも使えるアプローチだ。スポーツを全く知らないという場合、おそらくスポーツを知っていて、あなたと一緒にこのエクササイズをしてくれる若い方が周りにいるだろう。そういう人に頼んで、まずはプロセスを手助けしてもらうのもよい。その人たちも自分のチーム・シートを作ってみたくなるかもしれない。

第一段階は、あなたの「チーム・シート」を描くことだ。チーム・シートは千差万別だ。正しい、ないし誤った方法はない。また、どのスポーツをベースにしてもよい。図4・1は、フットボールが

図 4.1　ナラティヴ・セラピストのニハヤ・アブ - レイヤンがファシリテートして作成されたパレスチナ人女性のチーム・シート

好きなパレスチナ人女性、サルマによるアラビア語のチーム・シートである。*3

一方、ドゥウェインはアメリカン・フットボールのファンだ。彼はチーム・オブ・ライフに誰を入れることにしたのかを、次のように描写する。*4

「セーフティ」、つまり僕に目配りをし、チームを守ってくれるのは母。

「ディフェンス」、つまり僕の夢と、僕にとって大事なことを守ってくれるのは祖父。

「オフェンス」、つまり僕が得点し、人生において達成するのを後押ししてくれるのは母。

「コーチ」、つまり僕がたいていのことを学んだのはゴッドブラザー。たとえば、辛抱する方法や、「年相応に振舞って幼稚な行いをしない」方法、それから決してあきらめない方法、そういうことは全部彼が教えてくれたこと。

「補欠」、つまり、僕のチームに入ることもあれば、そうではないこともある人。それが伯父。

「陣地」、つまり僕がもっともくつろげる場所は僕の寝室。

スタンドにいる観客やファン、サポーターは僕の友達と家族。

チームスポンサーはナイキ。

そしてチームのモットーは「気合いを入れるぞ！」だ。


ジュリーアンはニューヨークに住み、バスケットボールが好きだ。彼女のチーム・オブ・ライフについて、彼女はこう言った。「私はオフェンスで、妹がディフェンス、姉がガードよ。継父はセンターで、母がコーチね[*5]」。

チーム・シートを作ろう

あなた自身のチーム・シートを作る上で、以下の質問が役立つかもしれない。どのスポーツをベースにするかによって質問を多少変更する必要があるだろう。

第一部：チーム・シートを作成する

〈ゴールキーパー、セーフティ、センター〉

・最も信頼のおける人、あなたを気にかけ、あなたのゴールを守ってくれる人を挙げるとしたら誰になるだろう？　人の場合もあるが、グループや、組織かもしれない。

〈ディフェンス〉

・他に、あなたの夢を守るのを手伝ってくれるのは誰だろう？　あなたにとって大切なものを守ってくれる人は？

〈コーチ〉

・あなたは人生で誰から最も多くを学んだだろうか？　コーチは複数いるかもしれない。また、今生きている人、そうでない人、両方の可能性がある。その人たちがあなたに教えてくれたのはどんなことだろうか？

〈オフェンス〉

・あなたをアシストしてあなたが得点するのを後押ししてくれるのは誰だろう？

〈他のチームメイト〉

・あなたの人生において他には誰がチームメイトなのだろう？　遊び相手は？　一緒にいて楽しい人は？

〈あなたのポジション〉

・このチームでのあなたのポジションは何だろう？　あなたは自分をどこに配置するだろうか？

〈補欠〉

・チームにいたり、いなかったりするのは誰だろう？　時には非常に助けになるけれど、時には全く助けにならない人は？　その人たちが助けになるのはどんなときだろう？　助けにならないのはどんなときだろう？　その違いをあなたはどう学んだのだろう？

〈スタンドにいる観客、ファン、サポーター〉

・ホームグラウンドにいるときに、スタンドにいるサポーターは誰だろう？　あなたがうまくやることを望んでいるのはどういう人たち（存命でもそうでなくても）だろう？

〈あなたが守っている重要な価値観〉

・あなたのチームの重要な価値観は何だろう？　このチームは何を支持しているのだろうか？（それをゴールの後ろに置こう）。どんな価値観をあなたたちは守っているのだろう？　それらにはどのような歴史があるのだろう？　それらの価値観は長い間あなたのチームの一部だったのだろうか？

〈ホームコート／フィールド〉

・あなたのホームグラウンドはどこだろう？　あなたが最もくつろげるのはどこ？　一か所とは限らない。一つの国の中にあるとも限らない。定期的に行くどこかかもしれないし、今のところ記憶の中で、あるいは夢の中でしか訪れたことのない場所かもしれない。

〈チームソング〉

・あなたにとって特別な意味のある歌はあるだろうか？　今、あなたの人生の「テーマソング」と言えるものはあるだろうか？　あるとしたら、それは何だろう？　なぜそれがあなたにとって重要なのだろう？

〈応急処置用品〉

・あなたのチームが困難に直面したら（負傷、選手がダウンする）、あなたは何に頼るだろうか？困難なときにあなたのチームを支えてくれるのは何だろう？　あなたの応急処置用品は何？

〈その他のテーマ〉

・あなたのチームのエンブレムは？
・あなたのチームのモットーは？
・あなたのチームのマスコットは？

・あなたのチームのスポンサーは？
・あなたのチームのマネージャーは？

チーム・シートに多くの人を入れるとは限らない。私たちにとって重要な人たちだけを挙げよう。図4・2はトニーという若い男性のチーム・シートだ。彼は難民で、単身でオーストラリアへやって来た。[*6] 彼は「ママ」と「神様」をゴールキーパーに指名した。

最も有意義だったと思われるのは、トニーが、チームは何を支持しているのかを名付けようとしていたときのことだ。チー

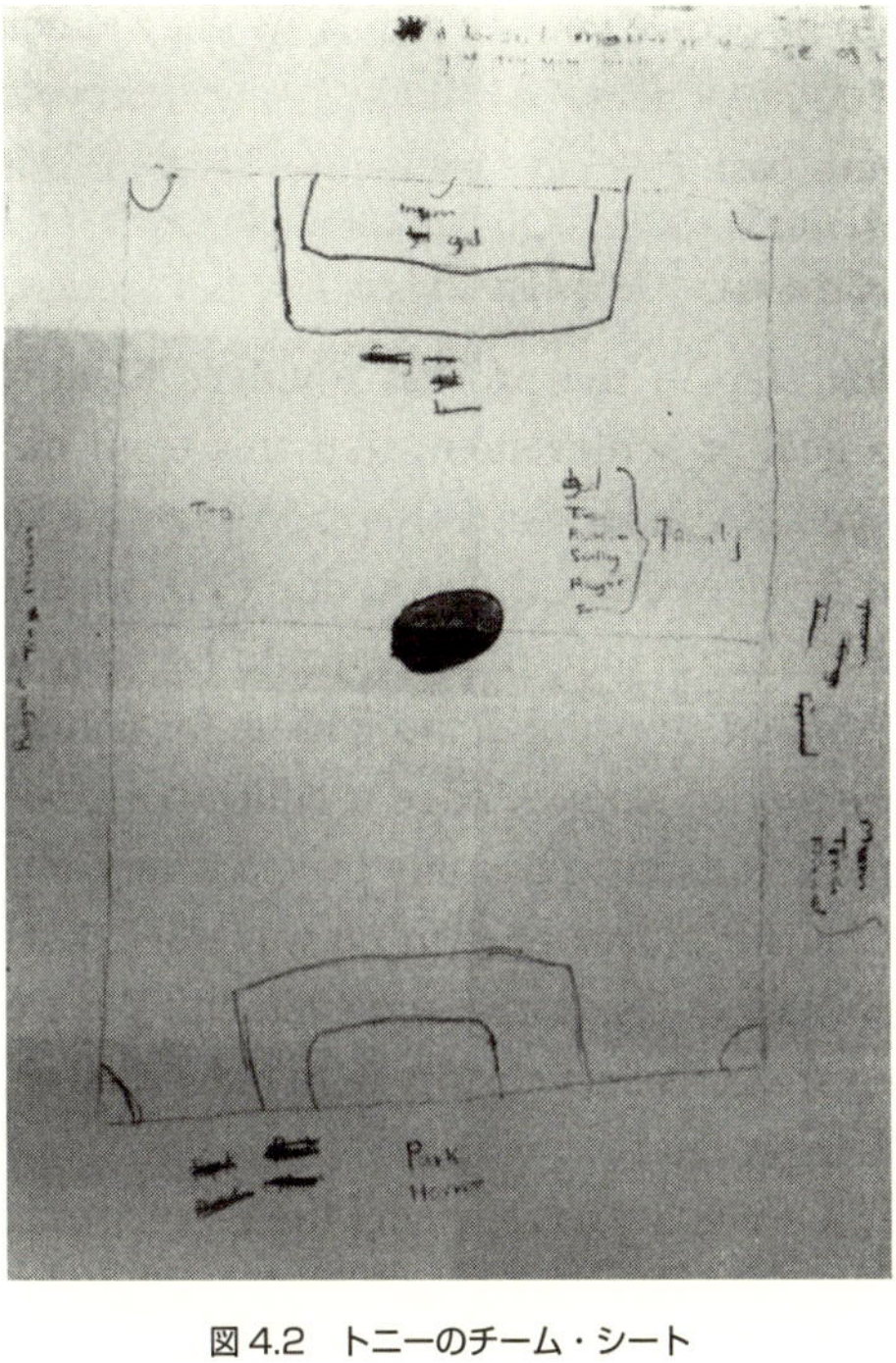

図4.2　トニーのチーム・シート

ムは何を守ろうとしているのか。彼はこの質問をとても深刻に受け取った。しばらく沈黙してから、彼はこう言った。「負けてもいい、ベストを尽くしている限り」。これがトニーのチームの指針となる哲学だった。チーム・シートの一番上に記入したいかどうかを訊ねると、彼はためらっているように見えた。英語で書くことがまず難題だったので、私は彼の横に座り、書くことが孤独な行為にならないようにした。私たちは一緒にその作業の中にいた。時折彼は説明を求めた。長いプロセスだった。トニーはおそらく10分近くかけてチームの哲学を記入したのだ。書き切ったときには喝采を送りたい気分だった。

あなたが若者と一緒に、あるいは自分一人でやってみることにしたなら、幅広く考えるようにしてほしい。チーム・シートに含める人は、よく会う人でなくてもいい。亡くなった人かもしれない。宗教的な人物や、過去にいた人を入れることにするかもしれない。ペットもチームに入ることがあるだろう。

第二部：ゴール・マップを作成する

次のステップは、このチームがこれまでに全員で得たゴールないし達成を特定することだ。もし若者と一緒にこのプロセスに取り組んでいるのなら、彼らが個人的に達成したゴールのことは訊ねないのがとても重要だ。とても難しい質問になる上に、失敗の余地を多く残すことになる。それよりも、私たちは集団でのゴールを認証しよう。もしかすると、若者がこのゴールの達成に果たした役割は、とても小さなものでしかなかったかもしれない。しかし、それは、チームとして達成したことの重要性を少しも損ねはしない。実際、私たちはこのチーム・オブ・ライフのプロセスの中で、個人の栄光より反射する栄光のほうに興味があるのだ！

あなたが自分自身の人生に関してこのプロセスを行うときにも同じことが言える。**チーム**がすでに得点を入れた「ゴール」を一つ考えよう。たとえば、「困難なときに寄り添った」「新しい友達を作った」「厳しい年を乗り切った」「高校を卒業した」「再びいい子になった」などだ。

達成した過去のゴールを考えたら、それを描いてみよう！

・このゴール達成のために人々がさまざまな貢献をしてくれたことを示すゴール・マップを作ろう。このゴールを「得点する」（達成する）のに誰が絡んでいるのか説明できるだろうか？　それは単独の得点だろうか？　それともあなたのチームメンバーが協力してくれただろうか？　どんなふうに？　あなたのコーチは作戦を立てて力づけてくれただろうか？
・この時にそれぞれがどの役を果たしただろう？　各テーマ（ホームグラウンド、ゴールキーパー、ディフェンス、アタック、チームメイトなど）について検討しよう。
・このゴールを決めるために、あなたや他のメンバーはどのようなスキルや知識、価値観を用いただろう？
・それらのスキル／知識／価値観はどこから来たものだろうか？
・このゴールを決めることを可能にするために、あなたや他のメンバーはどのようなトレーニングを行っただろうか？　トレーニングの頻度は？　毎日だろうか、それとも週一回だろうか？　トレーニング場所は？　このトレーニング方法はどのようにして学んだだろうか？　誰かがどうすればいいかを示してくれたのだろうか？

・ゴール・マップの一角にスコアボードを書き、このゴールを記録しよう！

図4・3は、難民としてオーストラリアへやって来た別の若者が作成したゴールマップだ。

図4・4はトニー（先述した若者）と、妹、母親、親戚、そして友達が共同で「困難なときに寄り添った」ことを示している。このゴール・マップに描かれた人のうち一人は亡くなっていることを私は見つけたが、トニーは彼らの貢献を称え続けている。

第三部：ゴールを祝福する

祝福はスポーツ文化における極めて重要な要素である。チームスポーツでは、全員でゴールを勝ち取り、全員で祝福する。どのメンバーが得点したかは問題で

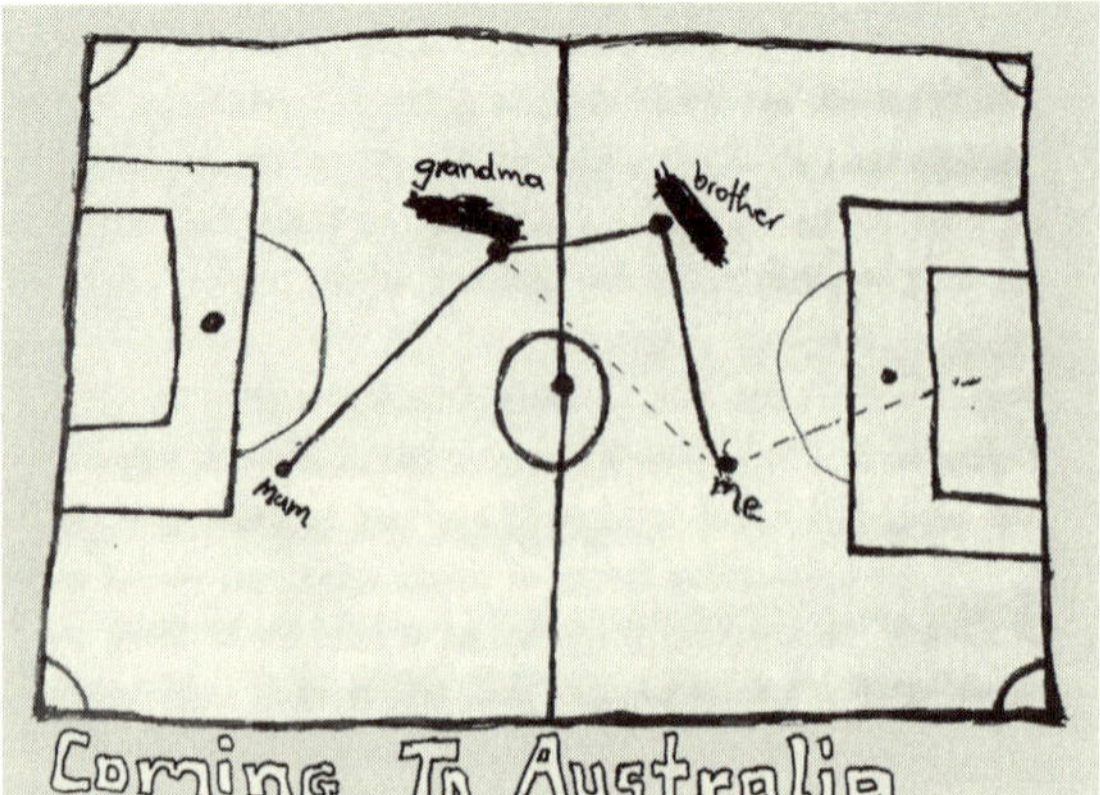

図4.3　ゴール・マップ：オーストラリアへの移住

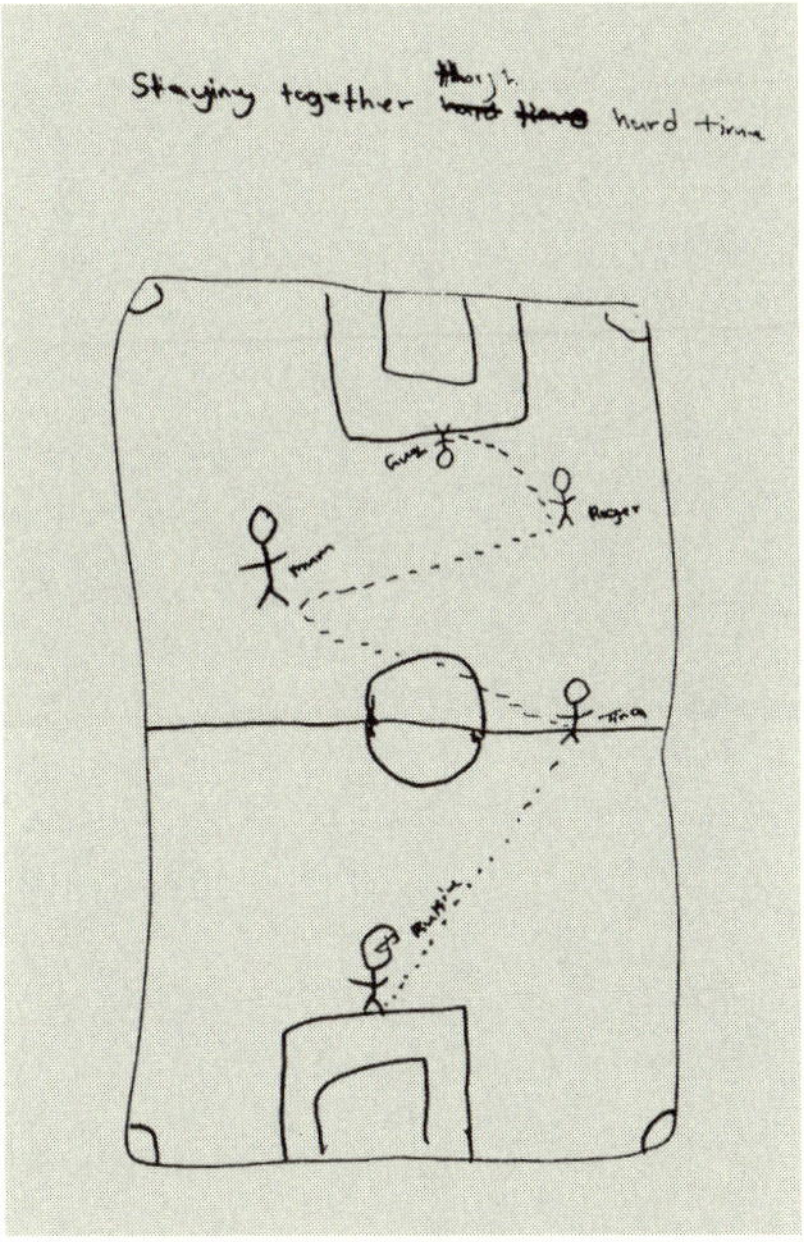

図4.4　ゴールマップ：困難なときに寄り添う

はなく、全員が祝福する。しかしながら、一般的に人生においては、逆境にもかかわらず成し遂げられた多くの重要なことが認められることはなく、ましてや祝福されることもない。したがって、チーム・オブ・ライフでは、これまでの達成についてゴール・マップを作成した時点で、スポーツで行われるゴールの多様な祝福の形について話をする。

図4・5のリストは、サッカーをよく知るオーストラリアへの若い難民たちが実施したゴールの祝福の形である。そのうちのどれがあなたのゴールを祝福するのに最もふさわしいだろう？

あるいはあなたの好みの祝福

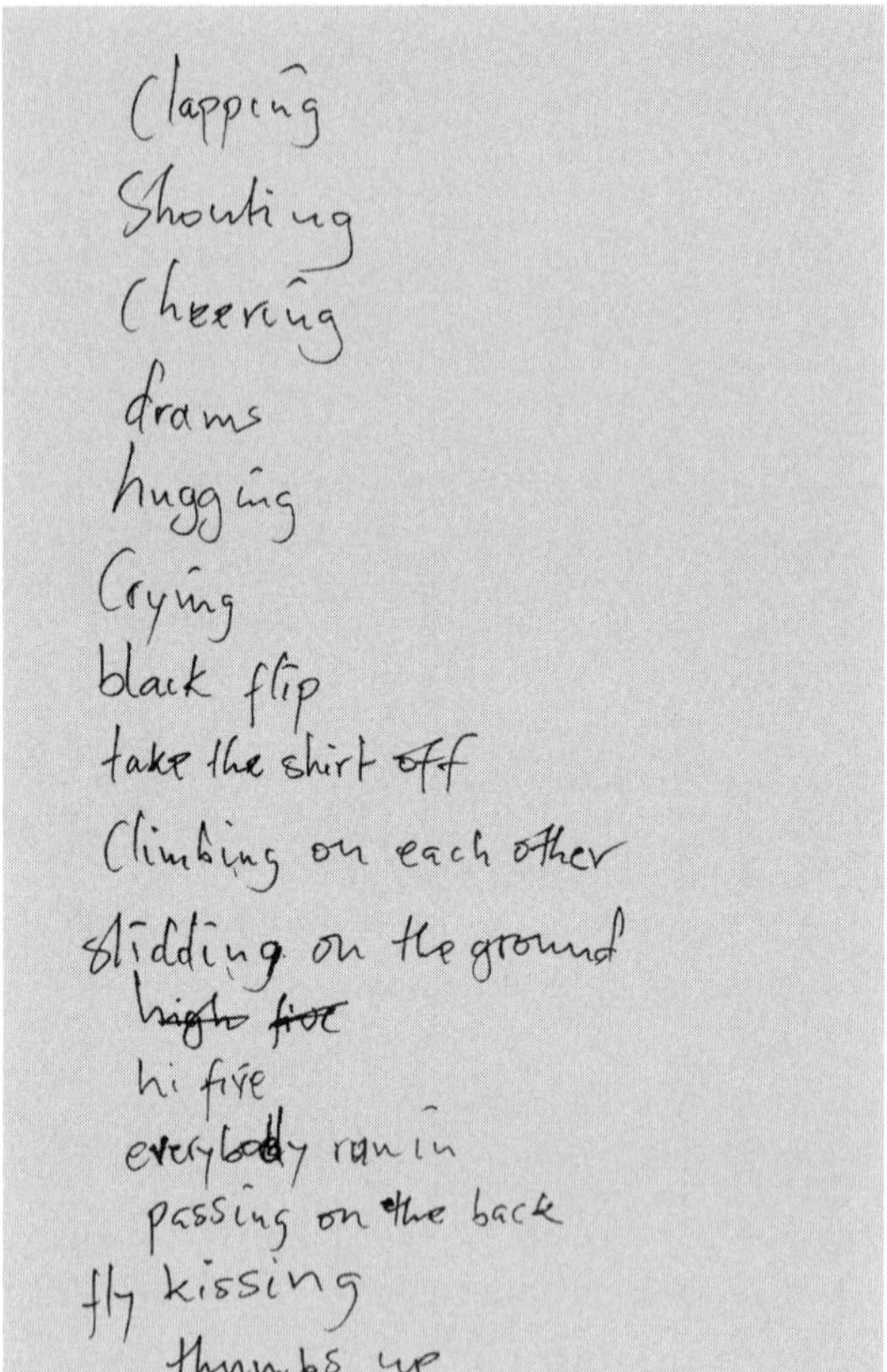

図 4.5　多様な祝福の形

【邦訳】（上から順に）

拍手，シャウトする，歓声を上げる，ドラムを鳴らす，抱き合う，泣く，バク転をする，シャツを脱ぐ，互いの体によじ登る，グラウンドにスライディングする，ハイタッチ，全員がグラウンドになだれ込む，バックパスする，投げキッス，サムズアップ方法が他にあるだろうか？　理想を言えば、祝福は社会的なものがよい。そのため、若者と一緒にこのプロセスに取り組んでいるなら、そのゴールを祝福するのに適切な場も検討することができる。誰がそこにいるべきか？　どのような音楽が流されるべきか？
音楽について言えば、ゴールを祝福する際、私たちはチームの「テーマソング」を演奏することもある。テーマソングを作ることさえある。たとえばトニーは、以下の詞を書いて自分のチームを表現した。

世界は愛することで
よりよくできるはず
世界中の
たくさんの人が
僕らの助けと愛を求めてる[*7]

第四部：将来に目を向ける

共同でゴールしたことを振り返り、祝福した後なら、将来に目を向け、以下の質問を検討することは、より容易になる。

・あなたが達成計画中の次のゴールは何だろう？

・このチームは、直面している逆境や問題をどうやって克服しようとしているだろうか?
・どんな戦略やチームワーク形式を使うだろう?
・どんなトレーニングが必要だろう?
・コーチはどんなアドバイスをくれるだろう?

ここでも、図4・6で示したように、スポーツのメタファーやイメージが役に立つ。

チーム・オブ・ライフのメタファーを用いると、人生について考えるのはより容易になるかもしれない。このプロセスを通じて多くの深い会話が生まれてきた。かつてはなんの言葉もなかったところで、人々は人生において大事なことを

図4.6　将来のゴールに目を向ける

言葉にし始める。たとえば、中央オーストラリアのあるアボリジニのコミュニティでは、ネリッサ・メネリという女性が、ソフトボールのチーム・オブ・ライフに「愛が目の前に現れたら、キャッチしよう」と名付けた。

最近私はいろいろなことを訓練しています。子どものいる姉が、私や他のきょうだいに、子どもの育て方を訓練してくれます。私が最年少なのですが、いつか一人か二人養子をもらうことになったら、彼女と同じように子どもたちを世話していきたいので、彼女の育て方を実地で学んでいるんです。父と母がお酒を飲んでいたときには、若い叔父と叔母が私たちを世話してくれました。二人はどうやって愛情を示し、互いを思いやるかを訓練してくれました。ソフトボールでは、ボールを順番に投げて練習します。外野手たち――つまり母、いとこ、きょうだいたち――も同じです。人生で愛が目の前に現れたら、キャッチしてください。きょうだいがあなたに愛情を投げてきたら、あなたはそれをキャッチして、あなたの心にしまいます。

その他のメタファー

もしも「クラブ」や「チーム」というメタファーがしっくりこなければ、他にも使えるメタファーはいろいろある。人生を「バンド」や「オーケストラ」と考えるのが好きな人もいるだろう。「人生の旅」を誰と共に歩きたいかと考える人もいる（第5章を参照）。

良き判断に触れる

私たちの歴史上の重要な人物についてのリ・メンバリングする会話は、メタファーを使わずに行うことも可能だ。誰の人生にも、自分自身にできるはずの良き判断に反して行動してしまうときがある。誰しも、後から後悔しそうなことをすることがある。そうしたとき、リ・メンバリング実践は、そのときに戻って私たちの良き判断に触れることを援助する。以下のストーリーで示す通り、ジェームズ・ジョンソンがマイケル・ホワイトに会ったときもそうだった。*8

ジェームズとエレーンのジョンソン夫妻は、三人の子どもたちの通う小学校の教師の紹介で、子どもたちと一緒に私のところを訪れた。教師の心配のたねは、上の二人の行動にあった。両親と子どもたちの間、とりわけジェームズと長男のパトリックの間に見られる相互作用が、その心配を大きくしていた。教師らの見解では、彼らが目にしていたのは情緒的虐待であり、それは子どもたちの健康のためにただちに対処が必要だった。協議や交渉の末、両親は私のところへ面接に行くことに同意した。「試しに行ってきます」と。

面接前のごく限られた情報からも、ジェームズがここへ来るのをかなり渋っているらしいことはわかっていた。そして、その理解は出会った瞬間に強固なものになった。私が待合室で自己紹介すると、エレーンは私に会えて嬉しそうだったが、子どもたちは私の存在を気にもとめず、ジェームズはあきらかに素っ気ない態度を示した。皆で二階の面接室へ行く途中、私は、どんなふうにしたら、ジェームズを会話に引き込みながら，面接についての各自の思い込みに取り組めるだろうかと考えていた。

面接室へ入ると，ジェームズとエレーンは椅子に座ったが，三人の子どもたちはたくさんのぬいぐるみと一緒に遊び始めた。私は，この面接の目的が何であるか，お互いに意見の相違があるのではないかとジェームズとエレーンに水を向けたが，ジェームズはすぐに会話から外れてしまった。子どもたちがぬいぐるみをめぐって言い合いをしていたので，ジェームズは大きな声で彼らを叱りつけた。特に，パトリックに対しては卑しめるような言い方で罵り続けた。すると，エレーンも私との会話から外れ出し，ジェームズと一緒になって子どもたちをどなり始めた。二人の子どもたちは泣き出した。このような展開では先が思いやられると思いながらも，私は，ジェームズとエレーンにこれまでの子育ての経験について質問を始める隙間を見つけた。

私は，二人がこの困難な課題のことで，気がついてみると自分自身がいくらかストレスをためていたり，途方にくれていたことがあったかどうかを知りたいと思った。二人がこの質問に答える前に，これまでの私の経験では，このような質問に対し「ノー」と答えた親は一人もいないが，あなたがたが初めてそう答えたとしても一向にかまわないということも付け加えた。二人はお互いをちらっと見た。そして，エレーンが質問に対して肯定的に答え，そのすぐ後に，ジェームズも同様に答えた。

「そのような大変な時期に」と私は訊ねた。「お二人とも，お子さんたちとの関わりの中で，気がつくとご自身の良き判断に反するようなことを何か言ったりやったりしていたことは，ありませんか？ご自分たちの分別を危うくするようなこととか，お子さんたちとの関わりの中でこうあるべきだと考えていたことに反するようなことは，ありませんでしたか？」。

このときも，彼らが質問に答える前に，私は，この質問に対して「ノー」と答えた親はまだ一度も見たことがないが，もしもあなたがたがそうであっても一向にかまわないと伝えた。少し間があって，エレーンが肯定的に答え、すぐにジェームズもそれに続いた。

このようなやりとりによって、エレーンとジェームズにこの良き判断について聞き出す機会が与えられた。良き判断とは、子どもたちとの関わりの中で物事がうまくいかないときや一筋縄でいかないときにはエレーンとジェームズから一時的に切り離されてしまう子育ての知恵のことである。良き判断についての考えを表現してみるよう彼らを励ましながら、私は、それが子どもたちとの相互作用を形作るのに有効だったときにはどんな様子だったかを知りたいと思っていた。エレーンは率先してそれらの質問に答えていたが、ジェームズの助けが必要だった。一、二度、私はパトリックに、両親の「良き判断」について意見を聞いてみることができた。「君と両親が緊張状態に突入したとき、二人が話してくれている良き判断に従って問題を解決するほうが良いのか、それは無視したほうがうまくいくのか?」。この質問についてもう少し説明を加えてやると、パトリックは即座に、しかもはっきりと答えた。どんな子どもでもそうするように、彼は良き判断に賛成した。面接が進むにつれて、良き判断はより重要なこととして記述されていったにもかかわらず、ジェームズにとってはまだわずかな手がかりでしかないようだった。そのため、彼と子どもたちの間の相互作用に影響を及ぼすほどではないと私は思った。

面接の終わりが近づいたところで、私はジェームズとエレーンに、良き判断の歴史について訊ねた。子育ての知恵とは何かということについて、二人はどのようにして結論を得たのか? 彼らの子育ての経験と自分たちが育てられたときの経験が、子どもたちとの相互作用における良き判断を明確化するのに役立ったのだろうか? もしそうならば、それはどのような経験だったのか? もしそうでないならば、他のどんな経験が手がかりとなったのか? 彼らが子どもたちとの関係においてあるべきと考えることとあるべきでないと考えることを区別する際の理解は、他のどんな経験から得られたのだろうか？　エレーンとジェームズは二人とも、またここへ来ることに乗り気の様子であったため、私たちは次回の面接日時を決めた。私は先述したような質問をリストにし、それを持ち帰ってもらい、次の面接までの間よく考えてもらうことにした。

第二回面接には、エレーンとジェームズは子どもたちを連れて来なかった。初回面接の最後で渡された質問リストについて話すには、騒がしくない空間がいると判断したのだ。エレーンがまず、良き判断に関係するような自分の歴史について話し始めた。そこには、今回の面接までの間に得られたいくつかの「発見」や、子どもたちとの関係において、その発見がもたらす意味についての彼女の考えも、含まれていた。ジェームズは、彼女の説明が進んでいくのを静かに座って聞いていた。そして彼の番になった。彼は、あまり話すことはないと言った。両親から虐待を受けていたので、楽しく育てられた経験は思い出せなかったのである。何年にもわたりエレーンからいくらか教えられたとはいえ、エレーンと比べると、子どもたちといるときには良き判断を「見失う」し、良き判断に忠実にいるのが難しいと言った。

ジェームズは今、良き判断から外れた子育て実践に反対の立場をとっているにもかかわらず、「あまり話すことはない」という姿勢でいることによって、子どもたちとの関係における良き判断の探求が制限されてしまうことが私は心配だった。子育てに関するこのオルタナティヴな説明は薄いままかもしれない、父親としての彼の行為に影響を及ぼすものにはならないかもしれない。この心配のため、私は、子育てにおける良き判断という概念が突然生まれてくるとは思えないと彼に伝え、私が彼の良き判断の歴史についてさらに質問しながら、彼と一緒にそれを探求していってもいいかどうか訊ねた。ジェームズが私のその提案を快諾してくれたため、面接の残り時間は探求のための会話に費やされた。それはさらに、次の面接にも及ぶこととなり、彼は一人で来ることを選んだ。

こうした探究する会話によって、二つの非常に重要な知見が得られた。一つは、良き判断の表現をジェームズが選択する際のエレーンの貢献が、明確に認識され、感謝されていたことである。もう一つは、ジェームズが、今まで誰にも話したことがなく自分でも忘れかけていたような自分史的エピソードを思い出したことである。彼は次のように話してくれた。子どもの頃、学校がある日はできるだけ早く家を出た。なぜなら、当時彼の家庭は居心地の良い場所ではなかったからである。登校途中、彼は級友のフランクの家の前まで来ると、言ったり来たりしながら、フランク家の人々が起きて、服を着て、朝食を食べ始めるのがわかるまで、門の外で待っていた。この時点で、そこに立っているのを見つけてもらえなかったら、ジェームズは門の中まで入って扉を叩くことにしていた。しかしいつでも彼は、フランクの両親であるジョルジオ夫妻によって見つけられ、朝食の席へ招き入れられた。ジョルジオ氏はいつも、彼にスイカをくれた。それは彼にとって、ごちそうだった。

私はジェームズに、なぜこの話をしてくれたのかと訊ねた。この経験の何が彼にとって重要だったのか？　彼は、子育て実践における良き判断の歴史についての私の質問に対して、何らかの答えになるのではないかと言った。もしかすると、自分にとって子育ての新たな可能性を見出すきっかけになるのではないか、と。私はジェームズから、当時ジョルジオ夫妻から示された子育ての方法はどんなものだったか、そしてなぜジェームズがその方法にとてもなじんだのか、訊ねたくなった。ジェームズは言葉につまってしまった。その方法の名前がわからなかったのである。それで、私は彼に、ジョルジオ夫妻と彼との交流やジョルジオ夫妻とその子どもたちとの交流について、もっといろいろ話してくれるよう頼んだ。その話を私はメモした。そして、そのメモをジェームズと一緒に見直し、ジョルジオ夫妻が行った子育ての方法をどう名付けるかに思いをめぐらせた。「理解」「敬意」「寛容」「親切」、それに「与えること」がジェームズの思いついた名前の例である。

「あなたが表したい意味をもっと汲み取れるといいですね」と私はジェームズに言った。

「そうですね，自分が表したい意味をもっと汲み取れるといいです」という答えが返ってきた。

子育て実践について彼が表したい意味をもっと汲み取ることがなぜ重要なのか，ジェームズと話し合った後，私は，彼がこのことにさらに馴染んでいくことが彼の役に立つのではないかと考えた。彼もそう思うと言った。そのためにできそうなことを話し合う中で，私は，少し唐突に聞こえるかもしれないけれど，一つのアイデアを提案したいと言った。「フランクと彼の両親に連絡を取るのはどうだろう？　そうすれば，あなたの琴線に触れた子育て実践について，本人たちから直接学ぶことができると思うのだけど」。ジェームズは，これを聞いてはじめはあっけにとられたが，面接が終わりに近づくにつれて，徐々にその考えに惹かれていった。帰りしなに彼は，フランクとその両親に連絡をとってみると言った。しかし，「測り知れないほどの年月フランクと会っていない」ので彼らの所在を探し当てることができるかどうかはわからない，とも付け加えた。

３日後，ジェームズから電話が入った。フランクの所在がわかったという。ジョルジオ氏は６年前に心臓発作で亡くなっていたが，ジョルジオ夫人の電話番号が手に入ったのである。ジェームズはその番号を私に書き留めるよう言った。

「どうして？」と私は訊ねた。

「電話してほしいからです」

「どうして私が？」

「自分で連絡がとれるかどうか自信がないんです」とジェームズは返答した。

「本当に私に連絡を取ってほしいの？」と私は訊ねた。

「ええ」

「本当に?」

「はい」

「わかりました。では彼女に何と伝えたらいいですか?」

「彼女にすべて話してください。何もかもです。彼女のファースト・ネームはメアリーです」

それだけでは十分とは思えなかったので、メアリーが知って役に立ちそうなことをジェームズと一緒に検討した。彼の了解を得て、その日の午後、私は彼女に電話をした。メアリー・ジョルジオがジェームズのことを覚えていただけでなく、彼はどうしているだろうかとしばしば気にかけていたと言ってくれたので、私はほっとした。学校の日の朝早くに、彼がメアリーの家を訪れていたことを、彼女は鮮明に記憶していたのだ。

メアリーは少しの間思い出にふけり、ジェームズの全く知らないことを私に話してくれた。メアリーは、ジェームズが家で虐待を受けているのではないかと考え、どう対処するべきか、学校や近所の人に相談していたのだった。しかし、それは20年以上前のことであり、虐待という沈黙の共謀が暴露される以前の時代であった。そのため、誰かに相談しても、何もしないようすすめられるだけだった。「これをあきらかにするだけでは十分ではありません。もしもそのことで行動を起こせば、ジェームズがもっと面倒なことに巻き込まれるだけです。フランクとは友達でいられなくなり、あなたの家に行くことも決して許されなくなるでしょう」と。メアリーと夫のボブは苦悩した。彼らに何ができただろう? 唯一彼らにできそうだったことは、限られた機会の中でできる限りの療育をジェームズに施すことだった。メアリーはスイカのことも覚えていた。ボブがいつも気前よくスイカなどのごちそうでジェームズをもてなすようになったのは、偶然などではなかったのである。

ジェームズの知らないことは、それだけではなかった。彼が朝早く門のところで発見されるのも、偶然ではなかったのである。メアリーとボブは責任を持って彼を見つけようとし，新聞を取りに行ったり庭にホースで水をまくときに，「偶然」彼を発見するようにしていた。二人はジェームズに，外で待たずにすぐ中へ入ってドアをノックするように言ったが，ジェームズは決してそうしなかった。そのため，ボブとメアリーは外に出て彼を発見することになったのである。私はメアリーにジェームズの子育てをめぐる計画を伝え，メアリーとボブがその話し合いの中ではいかに有名人なのかを教えた。そして，ここへきて私たちの面接に加わってもらえないか頼んでみた。彼女は答えた。「喜んで」と。

私はすぐに，ジェームズに電話した。メアリーとの会話の内容を詳しく伝えると，彼の気持ちはかなり高ぶっていった。そして，彼の知らなかった部分，つまり，メアリーとボブはジェームズがどんな目にあっていたか気づいていたこと，それを知った彼らの苦しみ，彼らの対処法，スイカのこと，そして朝の発見に話が及ぶと，ジェームズはすすり泣いた。とても話すことなどできず，彼は電話を切った。私も泣いていた。その後の35分間に，彼は四回電話をかけてきた。それでようやく気持ちがおさまり，彼はエレーンにすべてを話した。

メアリーを招いて面接が行われることとなった。彼女のいる前で，私は，ジェームズが着手しようとしている子育ての計画について彼にいくつか質問する機会を得た。つまり，子育てにおいて彼が支持することをもっとよく理解することと，子どもたちとの関係においてそのような理解になるべく忠実でいることとである。また，良き判断の歴史を探求する中で，メアリーとボブのジョルジオ夫妻の貢献という事実にたどり着いた経緯を振り返った。メアリーは，ジェームズの話に感激していた。ジェームズが話し終えたとき，私はメアリーに，彼の語りをどのように経験したか話してくれるよう頼んだ。それは，「彼女にとってすばらしいこと」だった。そして，彼女とボブがジェームズの苦境と自分たちの苦しみに呼応する形で行ったことが「何かの役に立った」ことを知り，彼女はとても安心した。彼女は、ボブもこの面接に参加できたら良かったのに、と言った。なぜなら、彼にとっても非常に意味のあることだったであろうから。

メアリーは次のようにも言った。ジェームズが子どもたちとの関係をどのようにしていきたいのかすべてわかったわけではないが、彼が、子育てについての新たな理解を自分の人生の中に取り入れたことは、彼の子どもの頃の経験を考えれば、並外れたことである、と。それを聞いてジェームズが励まされたのは、あきらかだった。私はメアリーに、いくつか質問してもいいかどうか訊ねた。彼女とボブが子育ての中で支持していたことは何か、二人が用いた親としてのノウハウ、そして二人の人生におけるそのような子育ての歴史について。最後の質問については、メアリーは彼女たちの個人史の中のさまざまな人物について話したが、特に母方の祖母マリアのイメージを引き合いに出した。マリアは公平と敬意について一家言持つ人だった。

私は彼に、物事が悪い状況になったときにも良き判断に基づいて子どもたちに対応するための提案書を練り上げるようにすすめた。ジェームズとメアリーと私は、エレーンと子どもたちに会って進展を報告し、提案書の実行可能性について相談した。彼女たちの反応は、ジェームズの提案を強化するものだったが、エレーンと子どもたちにとってどの提案が最も望ましい結果を生みそうかという点も明確化した。私は、ストレスの多い状況でもジェームズがこれらの提案を忘れないでいるにはどうしたらよいか、と皆に訊ねた。さまざまな意見が出された。メアリーは、そんなときは自分に連絡するのがよいと述べた。ジェームズはそうすることにした。

フォローアップにより、ジョンソン家ではあらゆる物事がとてもうまくいっていることが判明した。困難なときがなかったというわけではないが、ジェームズとエレーンが一緒になって困難に耐え、敬意に満ちた子育て実践から離れないようにした。ジェームズは時々、子どもたちの学校の教師に彼の計画の成果を報告し、教師たちは彼の試みを支援していた。また教師たちは、子どもたちがストレスをあまり感じなくなったせいか教室や校庭でも以前より自信を見せていると伝えた。ジョンソン家は、ジョルジオ家の拡大家族のようになった。ジェームズとフランクは友情を復活させ、まるで本当の兄弟のようになっていった。

あなた自身の良き判断と再び結びつく

誰の人生においても、自分自身の「良き判断」とのつながりを失うことがあるものだ。

・あなたが自分自身の「良き判断」とのつながりを失うのはどんなとき、あるいはどんな文脈においてだろう？（子育てのことでなくてもよい。友人との関係、仕事、その他人生のあらゆる側面のことかもしれない）。
・あなたの良き判断にはどんな歴史があるだろうか？　良き判断にあなたを最初に引き合わせたのは誰だったのか？　その人たちはどうやってあなたを良き判断に引き合わせたのだろう？　あなたが今良き判断とのつながりを保つ方法についてその人たちはどんなことを提案しただろうか？
・良き判断の歴史とそれを誰があなたに紹介したかを考えると、あなたは今のあなたの人生にどのような行動案を据えられそうか？
・こうした行動案を据えるなら、それはあなたにとって、そしてあなたの人生における他者にとってどのようなことを意味するだろう？　また、それはあなたを良き判断に引き合わせた人にとってどのようなことを意味するだろう？　その人たちが実際に存在しているなら、このことについてあなたに何と言うだろうか？　あなたがこの良き判断の伝統を継承するためにできることをするとしたら、それは彼らにとってどのようなことを意味するだろうか？

実際に、ジェームズのストーリーと、ジョンソン家、ジョルジオ家のストーリーが他者の人生における良き判断を強化するとしたら、それはジェームズにとってどんな意味を持つだろう？

振り返り、先を見る

本書ではこれまで、私たちの人生のストーリーが私たちは何者であり、何者になろうとしているかということにいかに影響を及ぼしているかを考えてきた。アイデンティティに関する問題のストーリー（「孤独な少年」「役立たず」）と、好みのストーリー（「世界の頂点に立つソングライター」「私の知る限り最も親切な人」）について議論してきた。人が問題なのではなく、問題が問題であるとはどういうことなのかを考えてきた。また、私たちはどのようにして自分のストーリーのための良い聴衆を集めるのかも検討してきた。本章では、人生をチームやクラブと考えて、私たちは誰をチームメイトにするかを探索した。そして、私たちは自分の良き判断に触れ、誰がそれを紹介してくれたのかを思い出そうとしてきた。さて、旅に出る準備をするときがきた。人生のストーリーを書き直すことは探検に出かけるようなものなのだから。

＊注

＊1　ルイーズのストーリーは『セラピストの人生という物語』（White, 1997／邦訳 2004）から引用されている。オリジナルに若干の編集を加え，許可を得て再掲している。

＊2　チーム・オブ・ライフはウガンダ訪問時に開発された。ダルウィッチ・センターのチームメンバーは，シェリル・ホワイト，マイケル・ホワイト，エイリーン・ハーレー，そしてデイヴィッド・デンボロウ。私たちは REPSSI からウガンダへの招待を受けた（www.repssi.org 参照）。チーム・オブ・ライフの詳細は，Denborough（2008, 2012b）ないし www.dulwichcentre.com.au/team-of-life.html を参考にしてほしい。

＊3　アラビア語のチーム・シートはニハヤ・アブ - レイヤンのワークで開発されたもの。

＊4　ドゥウェインのチーム・オブ・ライフはエイリーン・ハーレーがファシリテートしたもので，掲載許諾済み。ドゥウェインは仮名。

＊5　ジュリーアンのチーム・オブ・ライフはエイリーン・ハーレーがファシリテートしたもので掲載許諾済み。ジュリーアンは仮名。

＊6　トニー他，オーストラリアへの若い難民のチーム・シートは，Families SA が難民向けのサービスとして組織したアデレードでの会合で作成された。ナギタ・カグワはとりわけ影響力があった。チーム・シートは掲載許諾済み。

＊7　著作権（2010）はトニー・カマラ（Tony Kamara）にある。

＊8　ジェームズのストーリーはマイケル・ホワイト（White, 1997／邦訳 2004）の『セラピストの人生という物語』からの引用。オリジナルに若干の編集を加え，許可を得て再掲している。

第5章 旅としての人生——アイデンティティの移動

人生は旅になぞらえることができる。予想もしていなかった行き先へ舵を切ることもあれば、苦痛がないとは限らない方向へ航海することも珍しくない。いつだって人生という旅は、私たちを旅に出たときとは違う自分になるよう導くものだ。

第3章で述べたパワー・トゥ・アワ・ジャーニーは、敵対する声（時にそれは統合失調症の幻聴と称される）から人生を取り戻したいと願う人々で構成されるグループである。グループのロゴはキリマンジャロ山だ。

ずいぶん前のことだが、私たちのメンバーの一人であるスーはこの山のてっぺんに登った。ある日のミーティングで彼女は、敵対する声から人生を取り戻すことは、キリマンジャロの頂上に登るのに似ていなくもないと述べた。「困難な作業だけど」と、彼女は言った。「適切な準備と食糧、その土地の詳しい地図、いくらか先の天候を予測する情報、さらに緊急事態に備える救助隊の手配があれば、登山は実現可能なの！」と。その哲学に異論の余地はない。私たちもそんな道具を装備して、ジャーニーの手立てとなるサポートシステムを追求していきたい（Brigitte, Sue, Mem & Veronika,1997, p.209／邦訳 2000 pp.231-232）。

人生のストーリーを書き直し始めると、そこには必ず良い時も悪い時もある。しばらく身近にあった問題は、勝手に終わったりどこかへ行ってはくれない。だから旅の準備をすることが本当に重要なのだ。

相手の男性に虐待される関係から去り、以来そのような関係から距離を置き続けている女性たちの経験を少し考えてみよう。このプロセスは、とりわけ困難な旅になりうる。

女性がそうした関係から離れるのを困難にするものについて考えを深めるのに大切なポイントは、たくさんある。…経済的なことに絡んだポイントがあり、代わりの住まいの選択肢がほとんどないことや、親族や友人からサポートを得られないこと、相手の男性からの脅しや嫌がらせといったことも関連している。しかし、ここで議論すべきもう一つの重要なポイントがある…それは、たいてい、別離の時点で、そして／あるいはそれに向けた期間において、男性パートナーから虐待されている女性は、期待の高まりを経験するということだ。それは、一連の行為、つまり、別離によって、彼女たちの日常の大部分を占めている恐怖や絶望から抜け出せるかもしれないという期待、気がついてみたら自分が幸福になっているかもしれないという期待である。しかし、別離のときまで、そしてその後しばらくは経験される期待の高まりにもかかわらず、この旅の初期には、相も変わらぬ暴力状態へと逆戻りする危険性が十分にある。それは、別離の後に彼女たちがどこにいようとも、つまり、もともとの住まいにいようと、避難所ないし友人や親族の家にいようと、同様なのだ。極めて高い確率で彼女たちは、実際に、逆戻りする。

実にしばしば見受けられるのは、暴力的な男性のもとを去った直後に、女性たちが、自分たちおよび子どもたちの人生には新たな選択肢や可能性があるという希望はもちろん、逃げてきた安堵感をも喪失し始めることだ。そして気がつけば、また絶望の中に沈んでいる。すぐに、自分たちが「谷」にいるのがわかる。それは、混乱、まごつき、ひどい不安定さ、そして個人的失敗に特徴づけられる状態のことだ。女性にとってこの谷の経験はとても強烈であるため、彼女たちはいつの間にか虐待する男性のもとを離れる前よりもひどい気持ちを味わう羽目になる。この展開は、しばしば、「私は、以前より悪い状態にある」と読まれる。そしてこの読みは、多くの女性たちが、関係者の警告や抗議を引き起こしながらも、相も変わらぬ暴力状態へと舞い戻る決定を形成するのに重要な役割を果たすことになるのだ（White, 1995a, p.98／邦訳 2000 pp.160-161)。

しかしながら、この「谷のような」経験を理解する方法には、前進をより可能にするものもある。暴力にさらされる関係から逃れ、その外に留まろうとする努力は、「アイデンティティの移動」と見なすことができるのだ。

女性が虐待から逃れようと歩み始めるとき、彼女たちは、進行中のトラウマから逃れるよりも、なじみの社会的ネットワークを断ち切るよりも、結婚生活の安定を揺るがすよりも、はるかに大変なことをしているのだ。それらはいずれか一つであっても人生の対処義務としては十分すぎるものだ。この時、女性は、アイデンティティの移動に乗り出してもいる。…そして、いかなる移動にも、混乱とまごつきが統治する「中途半端な」時期があり、その時期には、何事も全く手に負えないように思え、子どもとの関係すらどうにもならない気がしてくる。女性が、全くの不全感や個人的失敗に傷つきやすく、自暴自棄になったり、深く絶望しやすいのも、この時期なのだ（White, 1995a, pp.99-100／邦訳 2000 pp.162-163）。

重要な旅に乗り出すならば、その地帯の進み方を示す地図を持ち、直面すると思われる浮き沈みのいくつかを予測しておくことが不可欠だ。したがって、アイデンティティの移動を行うには、その旅をマッピングすることが重要になる。

もしも女性たちが混乱とまごつきという谷へ下りていく経験をマッピングする機会を持つなら、つまり、もしも彼女たちがそれを後退として解釈するよりも現在進行中の旅の一部としてマッピングする機会を持つなら、彼女たちが相も変わらぬ暴力状況へ舞い戻る危険性は減る。もしも女性たちが自分たちの経験をアイデンティティ移動の産物として理解できるなら、まごつきや混乱にもめげずに彼女たちが旅を耐え忍ぶことがもっと可能になる。そうしたマッピング行為は、女性たちが自らの困難を進歩の文脈の中に置くことや、自分たちの将来はこれまでとは違ったものになるという考えに立ち、それを手放さないこと、そして希望を捨てず、より良き人生を期待し、別世界が広がっていることをいつも視野に入れておくことを援助してくれる（White, 1995a, p.100／邦訳 2000 pp.163-164）。

図5・1はベティという女性が自身のアイデンティティの移動を示すために作成したグラフである。[*1]

ベティのグラフを見ると、アイデンティティの移動に11か月を要したことがわかる。こうしたプロセスには時間がかかる。実際に、マイケル・ホワイトは、こうしたアイデンティティの移動には最低でも9か月はかかると女性たちに説明していた。ベティのグラフからは、

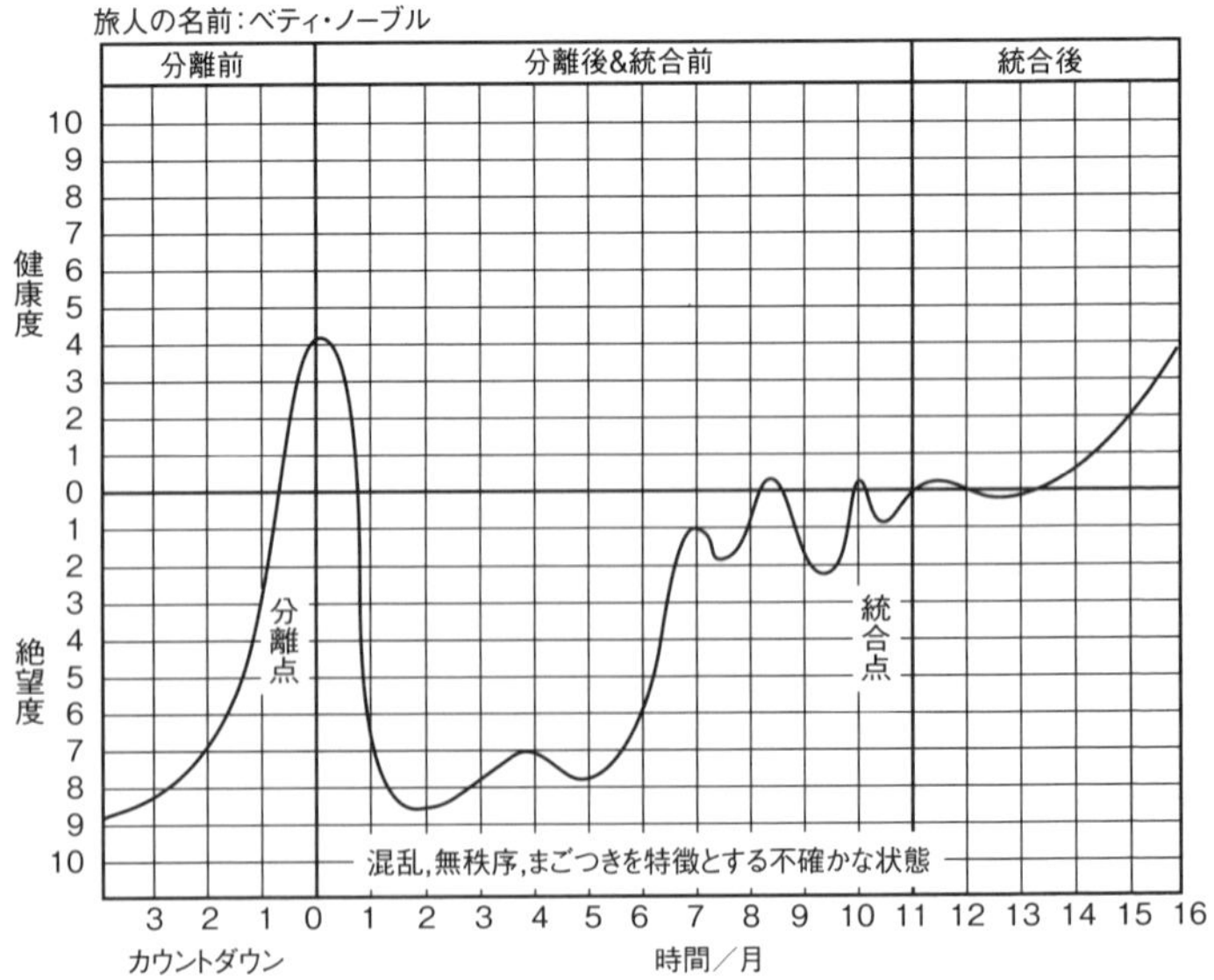

図 5.1　ベティ・ノーブルのアイデンティティの移動

最初の数か月にある混乱や、当惑、まごつきといった感情は、後退ではなく実際には進歩を示すものだということも読みとれる。このようなアイデンティティの移動地図ないしグラフを作成すると、私たちは強い絶望感の影響を受けにくくなる。混乱していると感じるときには、その混乱は長期にわたる移動の一部なのだと思える。さらに、心の底からまごつく時期がくると予測することも、それが旅の一部であることを理解することになる。

こうした移動を描いてみると、女性たちは互いの経験を共有しやすくなり、それぞれがどこまで移動しているのかを比較しやすくなる。「ねぇ、ベティは3か月のときここにいるわ。私も今3か月になるのだけど、このグラフのどこにいるかしら？　私の現時点のポジションはどこにしようかしら？」。それに対してこう答えるかもしれない。「そうね、現時点では、ベティが感じていたよりもっと悪い状態にあると感じているわ」「現時点では、ベティほど打ちのめされている感じはしないわ」。いずれにしても、こうした比較はそれぞれが自身の進歩を描き、移動グラフを作成するのを助けてくれる。

虐待関係から離れようとしてアイデンティティの移動を経験している女性たちは、移動を経た他者にインタビューすることもできる。

それは、彼女たち自身の移動に似たものだけでなく、その他の移動、たとえば、地理的な移動であってもかまわない。オーストラリアでは、移住をした人を一人も知らないというようなことは極めて稀で、ほとんどの人々は、移動過程の困難さを思い知らされた人を思い浮かべられるものだ。それは、もう少しで逃げ帰りそうな難しい状況にあった人たちや、できるものなら逃げ帰りたいと願った人たちのことだ。移動経験について他の人々にインタビューする中で、女性たちは、何が自分たちを元気づけたのかを同定できるようになり、根気強さを発揮するのに最も好ましい状況についての知識を身につけられるようになる。さらに、移動に関連した不安定さや混乱、それにまごつきを断ち切りつつあるという気持ちになるまでは、いかに遠い道のりが待っているのかということに、以前よりセンシティヴになるものだ。旅の終わりの到着点でお祝いをする計画を練るのも、そうした状況の確立を援助することになる。この計画は、招待者リストを一緒に作ったり、場合によっては招待の用意をしたりするところまで拡大していくことができる（White, 1995a, pp.103-104／邦訳 2000 p.169）。

あなたのアイデンティティ移動地図

あなたもアイデンティティの移動に関わっているだろうか？　ある生き方から離れ、新しいライフスタイルを受け入れようとしているだろうか？　そうだとすれば、図5・2のグリッド上にそれをマッピングしてみよう。ベティ・ノーブルの地図を再度確認してから自分自身の地図を作成しよう。すでに経験してきた浮き沈みを含めること。そして、おそらく鉛筆を使うのがよいと思うが、将来起こりうる浮き沈みの類もマッピングしてみよう。これから9か月ほどの間、あなたは地図を改訂していくことができる。

他国からの移住を経験したことのある人を知っているなら、その人たちが移住のプロセスをどのように経験したかをマッピングしてもらうのもよいだろう。そうして、あなたの「旅」と比較対照してみよう。

図５・３はアイデンティティの移動地図[*2]のもう一例である。これは、アマルという、当時出所したばかりだったパレスチナ人女性のものだ。彼女のナラティヴ・セラピストだったニハヤ・アブ‐レイヤンは、季節（春夏秋冬）のメタファーを用いて刑務所での経験段階を示そうとした。人生の大きな変化は、季節の移り変わりを経験するのと似ていることがある。

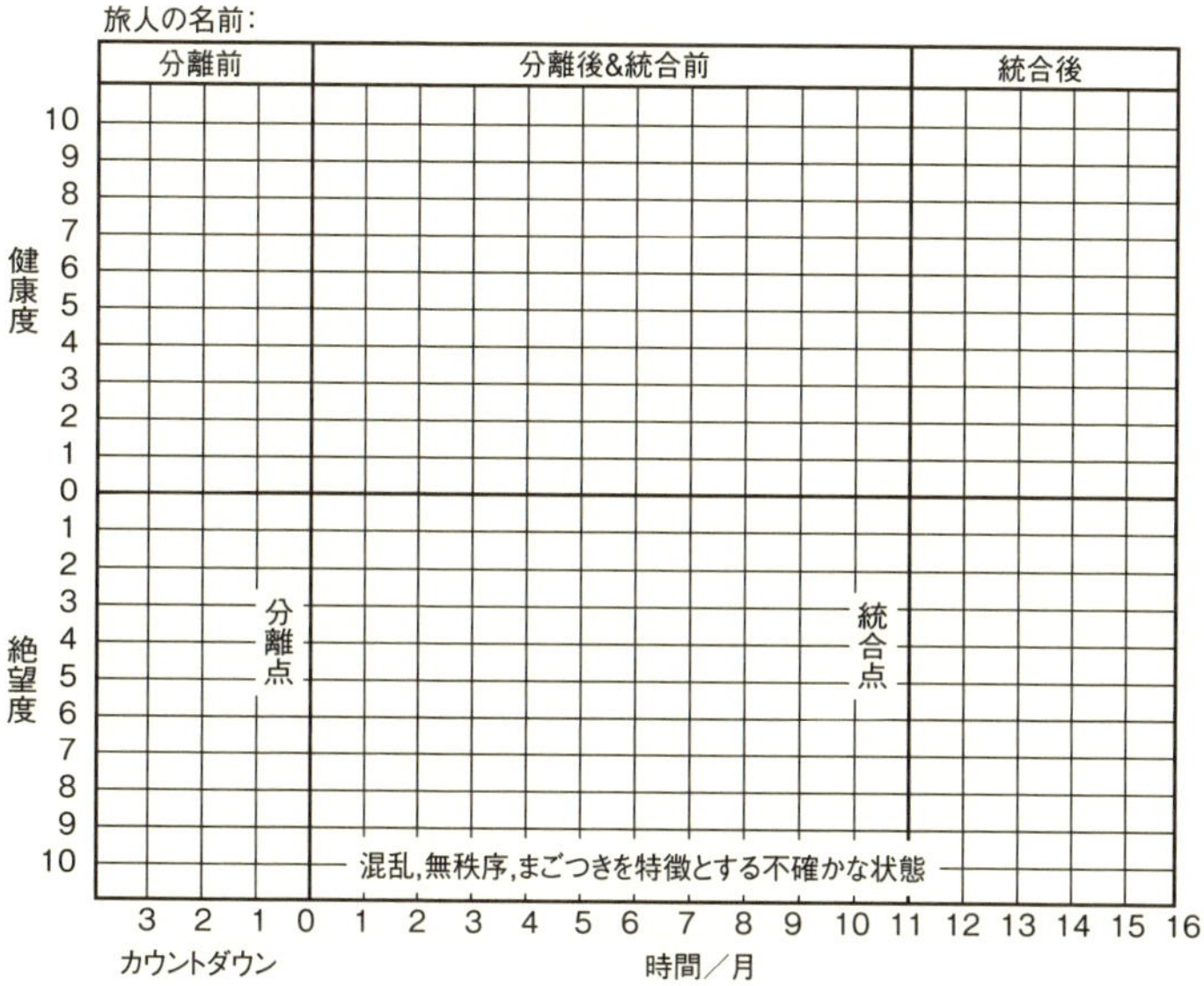

図 5.2　あなた自身のアイデンティティ移動地図を作成してみよう

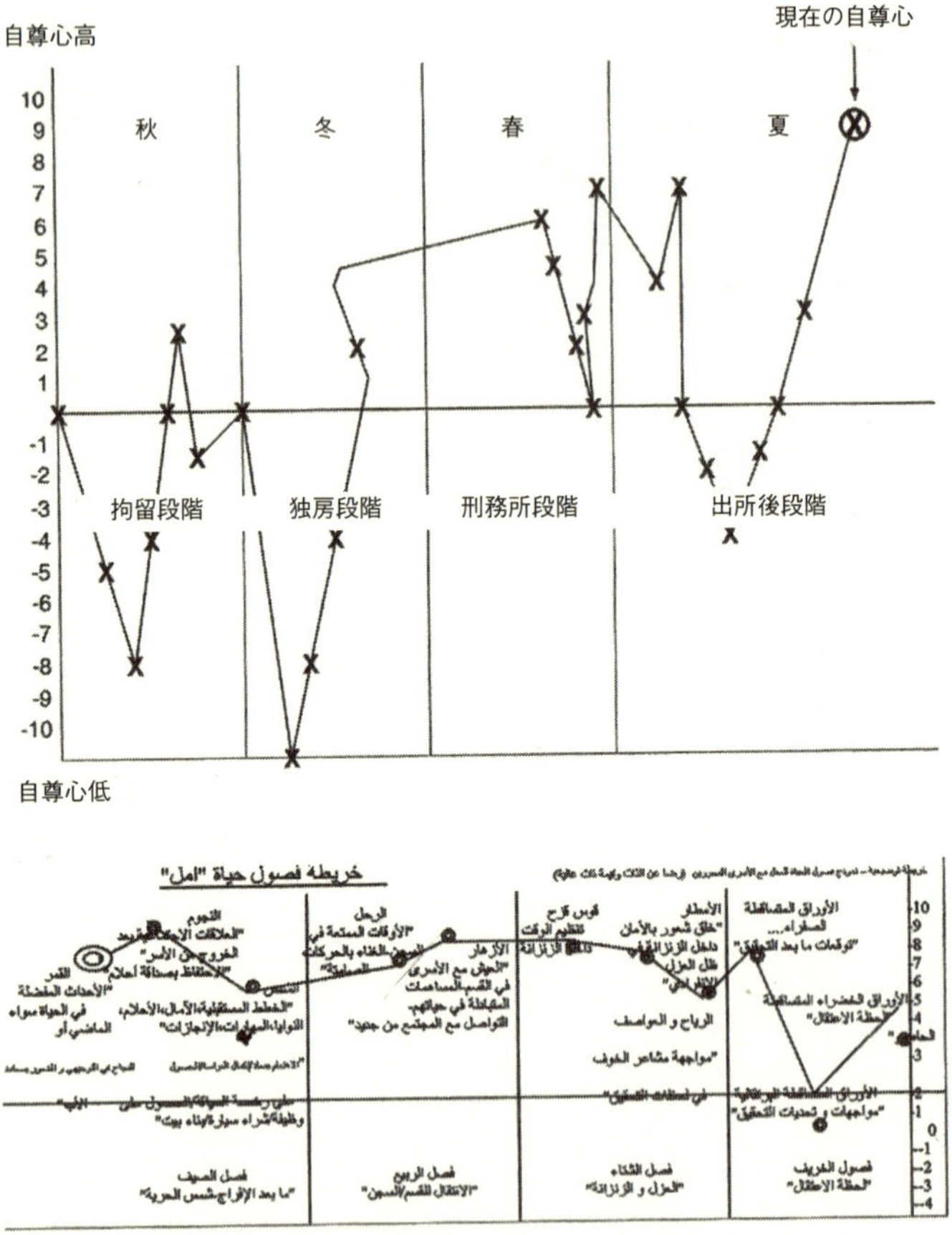

図5.3　人生の四季にわたるアマルの移動

反動を予測する

旅には、急に後退したとか、振り出しに戻ってしまったと感じる瞬間があると予測しておくことは、とりわけ重要だ。そのような瞬間があると予測しておかなければ、私たちは失敗者のように感じてしまう。

マリアという、子ども時代に性的虐待を受けた成人サバイバーは、そのような時を予測しておくことの重要性を次のように説明している。

アイデンティティの移動が進むにつれ、多くのことが明確になっていきます。その一つが反動であり、困難なときがやってくることや、それにどう対処できそうかを予測しておくことがいかに重要かということです。虐待の罠に気づいていることは私に測り知れない違いをもたらしました。私はかつて「虐待の声」が真実を語っていると思っていました。それは私の頭の中を流れる実況放送のようでした。しかし、それを「虐待の声」と名付けると、あらゆる違いがもたらされました。それによって、私は声と自分自身とを分けられるようになったのです。私にとって何が本当なのかについて自分自身の理解にたどり着くこともできました。驚くべき発見でした。これは支配の逆転に関わります。過去の出来事はもう私を支配することがなくなりました。逆に私は、さまざまな方法でそれらをもっと制御できるようになったのです。[*3]

注目してほしいのは、マリアがどのように「虐待の声」を外在化したのか、そしてそれがその罠を認識し、反動のリスクがピークに達したときを知る上でいかに役立ったかということである。この反動という概念は非常に有効だ。間違いなく、あなたが耐えている問題の影響からあなたが人生を取り戻そうとするいかなる場合でも、反動はつきものである。つまり、問題が復活を果たす時があるのだ。そうした時を予測し、前もって計画を立てておくことが、あらゆる面で違いをもたらす。

これについてはパワー・トゥ・アワ・ジャーニーのメンバーが専門家だ。統合失調症の敵対する声と視覚の影響から人生を取り戻すという重要な旅に乗り出すためには、反動に備える必要があることを知っている。マイケル・ホワイトの援助を得て、メンバーは以下の文書を作成した。[*4]

反動をありのままに名付ける——スー、メム、ヴェロニカ、ブリジット

いろいろな意味で、声の行為というのは極めて予測可能なものだ。私たちが人生において新たな一歩を踏み出すとき、自らをプレッシャーにさらすとき、あるいは私たちが美しい音楽を奏で自分のことを誇らしく思うなど、本当に素晴らしい時間を過ごしているとき、声は決まって動揺する。事実、私たちが自分自身の存在をこの世界でほんの少しだけ大きくすることに関わると、声を深く動揺させることになる。手押し車に積まれたりんごをひっくり返すように、私たちが声の計画を台無しにすると、声は必死になって私たちの人生に権力を行使し、私たちを引き返させようとする。

声が中傷合戦に足を踏み入れ、いちいち干渉してくるとき、声が従事しているのは、反動としか言いようがない。声がこの反動に関わるのは、私たちを黙らせるためであり、私たちをこの世界であまり人目につかないようにするためであり、私たちが自分の人生を傷つけ他者とのつながりを破壊するよう誘うためである。このような努力において、声はでたらめなことを言うのだが、それでもなお強い説得力を持つことがある。

私たちにとって重要なのは、反動をありのままに認識することだ。反動経験は、失敗ではない。反動は、私たちの成功がいかに声を揺るがすのかについて、より多くを語る。反動は、私たちが人生において踏み出している一歩一歩が成功している証なのだ。そして、反動をありのままに名付けることが、それを出し抜くことになる。

今、私たちは皆、こうした反動を予測する能力の開発をより一層進めており、こうした予測こそが特に重要であることも判明している。反動が来る前にそれを予測できれば、私たちは心構えをしておくことができる。友人のサポート体制を整え、自分のためになることを欠かさず行うよう計画し、食べたいものや飲みたいものをストックし、自分がいくらかでも気ままに過ごすことにつながるようなことをいろいろと行うことができる。また、声が私たちを罰するためにとるであろう戦略を他者と一緒に復習しておくことで、それに備えることもできる。

事実、反動の予測は欠かせないものだ。心構えがないと、反動は、声の望む通りの影響力を持ちやすい。そうなれば有害だ。５つのけたたましいラジオ、４つのテレビ局に同時にチャンネルを合わせた10台のテレビ、延々と流されているビデオレコーダー2台、大音量の6つの交響楽団、そしてそのいずれにも周波数を合わせることができないという状態にさらされるのは、いかがなものだろう？

私たちが人生を一歩ずつ進むことによって、確かに反動の影響を受けやすくなるが、あと智恵であれ、その一歩一歩が、声の力に挑戦し、結局は声の力を小さくすることを私たちは知っている。「小さなことから大きなことが生まれる」ことを知っているのだ。

私たちは一緒に、そしておのおので、こうした反動の力を弱める仕事を非常に創造力豊かに行ってきた。たとえば、私たちのグループの一人は、声というのは面倒なことがあって八つ当たりする人のようだという事実を理解し、その認識を展開させようとしてきた。別のメンバーは、声には腕も足もないのだから自分を本当に捕まえることなどできないと考えた。さらに別のメンバーは、イニシアティヴを発揮して声を探しに出かけ、食事まで用意してやったが、声は一度も姿を見せなかった。私たちは皆、ユーモアを解毒剤として用い、それはそのつど、非常に有効だった。

私たちは、反動に対処するために必要な知識を持っていることをここに宣言し、人生を取り戻すという継続的な仕事において、私たちは今後も反動を予測し、それらをありのままに名付けることに関与していくだろう。

反動に備えて計画する

以下のスペースに、あなたの人生に最も反動が訪れそうなときについて書き留めておくと役立つかもしれない。

「　　　　　　　　　　」

そうしたら、次に、あなたに希望を捨てさせ、逆戻りさせようとする反動の影響力が弱くなるように、反動に先立って準備しておけることを書き留めてみよう。

「　　　　　　　　　　」

人生の旅をマッピングする

より広域となる「人生の旅（Journey of Life）[*5]」の地図を作成するのが役立ったと感じる人もいる（図５・４を参照）。大きな紙を用意し、曲がりくねった道を描くところから始めよう。道の中間地点に円を一つ描く。この円の左側の道は「すでに旅してきた道」だ。右側は「これから旅する道」である。これらの語句をちょうどよい場所に記入しよう。あるいは、以下のテンプレートを使ってもよい。

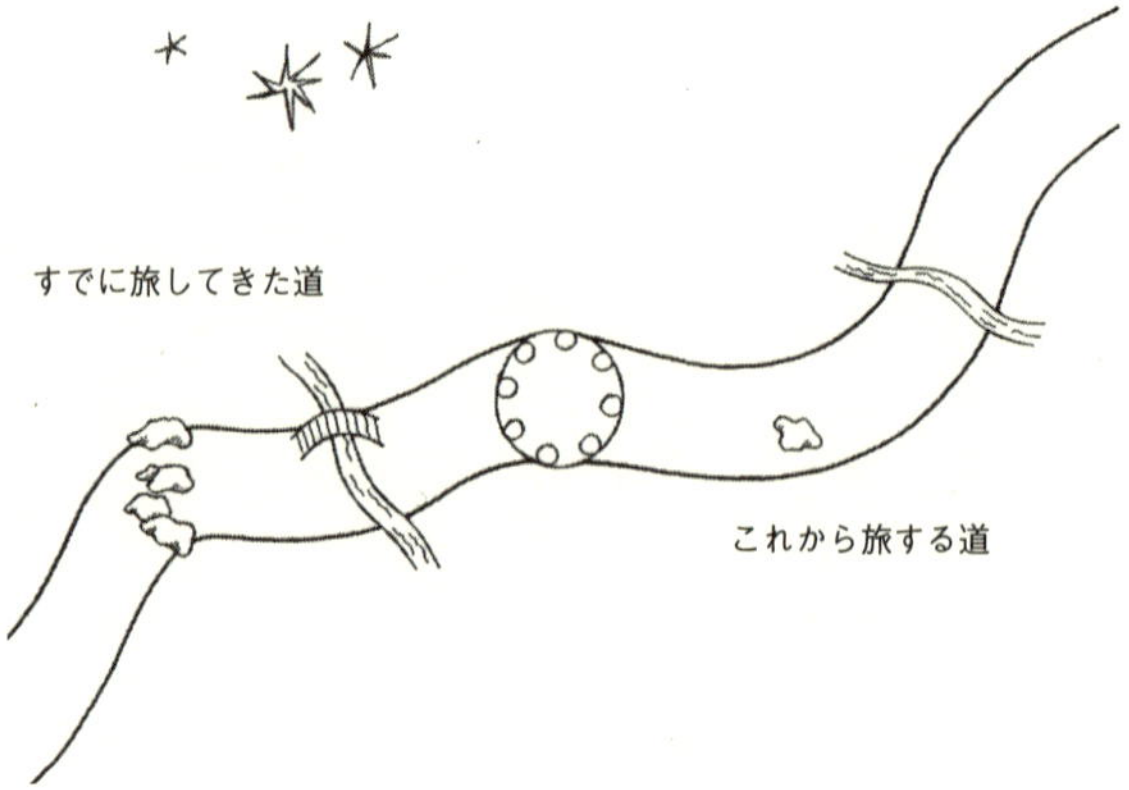

図 5.4　人生の旅をマッピングする

第1部：振り返る

1. あなたはどこから来たのか

道の始点に、あなたがどこからやってきたかを書き入れよう。場所、先祖、文化、言語、そして／あるいはスピリチュアリティなどを含める。これらは「人生の木」（第1章）でのルーツと似たものだ。以下の問いについて考え、道の始まりのどこかに答えを記録しておこう。

・あなたがこの旅に出ることができたのは、誰が最初にこの旅をしたからだろう？
・あなたの旅の持ち物で、その人たちが与えてくれた物は何だろう？

2. サポートの輪

旅仲間（生きている人ないし心の中の人）は誰だろう？個人かもしれないし、集団やコミュニティ、ないし組織かもしれない。異なる世代の人々も含めよう。スピリチュアルな人物、目に見えない友達、ペットも含めることができる。あなたの人生のチームないしクラブ（第4章）

のメンバーも含まれるだろう。最初に道の中間地点に描かれた円には、あなたが選んだ人たち全員の名前を記入しよう。好みによっては、写真を貼るのも絵を描くのもよい。これがあなたの「サポートの輪」だ。

3．価値、信念、指針

サポートの輪の周辺には、あなたを人生の旅において導いてくれる重要な価値や信念、指針をいくつか記入しよう。それらはコンパスのようなものだ。私たちの旅の案内をしてくれる。それらはどこから、ないし誰からもたらされたものだろう？

4．好みの場所

すでに旅してきた道沿いに、これまでの旅で気に入った場所をいくつか描くか、リストにしてみよう。

5．里程標

すでに旅してきた道のりにある、この旅においてあなたが達成した重要なことは何だろう？　そのうちの二つを書き入れよう。それらはどのように達成されたのだろう。一役買ったのは誰だろう？

6．克服した障壁と渡った川

すでに旅してきた道に、岩石（ないし一つの山）と一本の川を描き入れよう。それらはあなた（ないしあなたとあなたのサポートの輪）が人生の旅においてすでに克服した二つの障壁を象徴するものだ。その障壁をあなたがどう克服し、回避し、ないしは迂回したか、そしてどう川を渡ったのかを示そう。あなたはどうやったのだろう？　そして誰が助けてくれたのだろう？

7．サバイバル・キット

紙面の上部に、あなたのサバイバル・キットを描こう。その中には、困難なときにあなたの助けとなったものを記入しよう。あなたはどんなものに力強さを求めて頼ってきたのだろうか？　価値観やスキル、人々、習慣、信念、格言、歌といったものかもしれない。第2章で書いたサバイバル・スキルをここに含めてもよい。

第2部：先を見る

ここからは未来、つまり「これから旅する道」を見るときだ。

8．あなたが向かおうとしている場所

「これから旅する道」の方向へ、あなたの希望、夢、そして願いを記入しよう。それらはあなた自身のものかもしれないし、友人やあなたのコミュニティ、ないし次の世代のものかもしれない。「人生の木」（第1章）の枝について述べたいかもしれない。これらの希望、夢、ないし願いを抱いてからどれくらい経つのだろう？　どのようにしてそれらを抱き続けたのだろう？　誰が助けてくれたのだろう？

9．あなたが見たい場所

これから旅する道の終わりに，残りの人生の旅においてあなた（ないしあなたのサポートの輪の人々）が見たい場所をいくつか挙げよう。それらはあなたが他の人々に見せたい場所の場合もある。

10．実現したいと願うもの

すでに達成した里程標を振り返ってから，これから旅する道に沿って，あなたとあなたのサポートの輪が目指している未来の里程標を三つ示そう。それらは達成可能なもので，つまりあなたが実現したいと願うものだ。一つはあなた自身の人生に関するもの，一つはあなたのコミュニティに関するもの，そして一つは次の世代に関するものにしよう。

11．他者に与えたい贈り物

あなたに与えられた贈り物を振り返ってから，未来の道にあなたが他者に与えるか，他者と分かち合いたい贈り物をいくつか記入しよう。あるいは，あなたには人生において与えられなかったもので，あなたが他者へと伝えたいものもあるかもしれない。大人たちに贈りたいものと子どもたちに贈りたいものを盛り込もう。

12. 克服すべき障壁と渡るべき川

これから旅する道に沿って、あなた（ないしあなたの大切な人々）が将来直面するかもしれない障壁を象徴する一つの岩ないし山と、あなたが渡らなければならないかもしれない川を描こう。これらの困難がやってきたときあなたはそれをどうやって知るだろうか？ あなたとあなたのサポートの輪の人々はこれらの困難をどのようにして回避し、迂回し、あるいは克服するだろうか？ これから旅する道にある障壁と川の隣に、あなたの応答を書き込もう。

これらのトラブルに直面したら、あなたはどのようにして強くいられるだろうか？ サバイバル・キットを振り返ろう。似たような道具を用いるのか、それとも何か異なるものを用いるのか。もし異なる道具を用いるなら、それらもサバイバル・キットに追加しよう。

13. 旅の歌

あなたが旅を進めるときに、あなたのサポートの輪の人々は何の歌を歌う、ないし演奏するだろうか？ あなたが旅の友にする歌を路肩に記入しよう。なぜそれらの歌がよいのだろう？ それらはあなたにとって何を意味するのだろう？ 録音が一つでもあるなら、それを聞きながら「人生の旅」のエクササイズ第3部へ進もう。

第3部：旅を見下ろす（鷹のように）

14. 良き思い出

あなたがこれから旅する道を進む際に、あなたが未来へと持って行きたい良き思い出は何だろう？　それらを星にして、あなたの旅に沿って描こう。

それらの良き思い出を描写しよう。ざわめき、風景、味、感触、ないしにおいも、良き思い出と関連しているなら盛り込もう。それらの思い出に登場し一役買っていたのは誰だろう？　そうした時のことをあなたはどのように、そしていつ思い出すのだろうか？

それらの思い出はそれぞれ、なぜあなたにとって重要なのだろう？　それはあなたとあなたのサポートの輪に何を与えてくれるのだろう？　それがこの先も与え続けるものは何だろう？　これらの問いに対するあなたの答えを星の中か横に記入しよう。

15．あなたの旅を名付ける

この「人生の旅」のあなたにとっての意味を象徴するような名前を道に名付けよう。

16．他者へのメッセージ

あなたが話をしてきたことすべてを振り返ってみよう。あなたがメッセージや格言、ストーリー、ないし歌を、旅を始めたばかりの若者と分かち合おうとするなら、それはどんなものだろう？　あなたが学んだ教訓で、他者に伝えたいのは何だろう？

ルイーズの旅

図5・5はルイーズの旅を示している。第4章にある、リ・メンバリングの儀式を開催したストーリーの女性だ。ルイーズの旅の名前は、「子どもたちにとってより安全な世界を作る」だ。[*6]

〈サポートの輪〉 友人のパット、ヘレンおばさん、カウンセラーのジェーン、最悪の時にずっと寄り添ってくれた精神科の看護師ポーリーン。色つきの二つは私と母を示しています。

〈私を導いた価値〉 友情、保護、害を与えないこと、そして決してあきらめないこと。私のコンパスにはこの四つの方位があって、道案内してくれます。ヘレンおばさんとパットは、私がこのコンパスを握っていられるよう助けてくれます。

〈サバイバル・キット／バスケット〉 冷酷という山を登っていたとき、私を進ませてくれたのは、他者（特にパットとポーリーン）の私への信頼でした。そして必死で孤独という川を渡っていたとき、相手になってくれたのは、音楽と自然の美しさでした。

〈私はどこへ向かおうとしているか〉 すべての子どもたちが安全な場所…そこにたどり着くにはしばらくかかりそうです！

〈見てみたい場所〉 ニューヨーク・シティ！

〈克服すべき障壁と渡るべき川〉 虐待が行われている家族とのソーシャルワークを始めたら、すごく辛くなるでしょう。でもそれが私のやりたいことです。

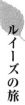

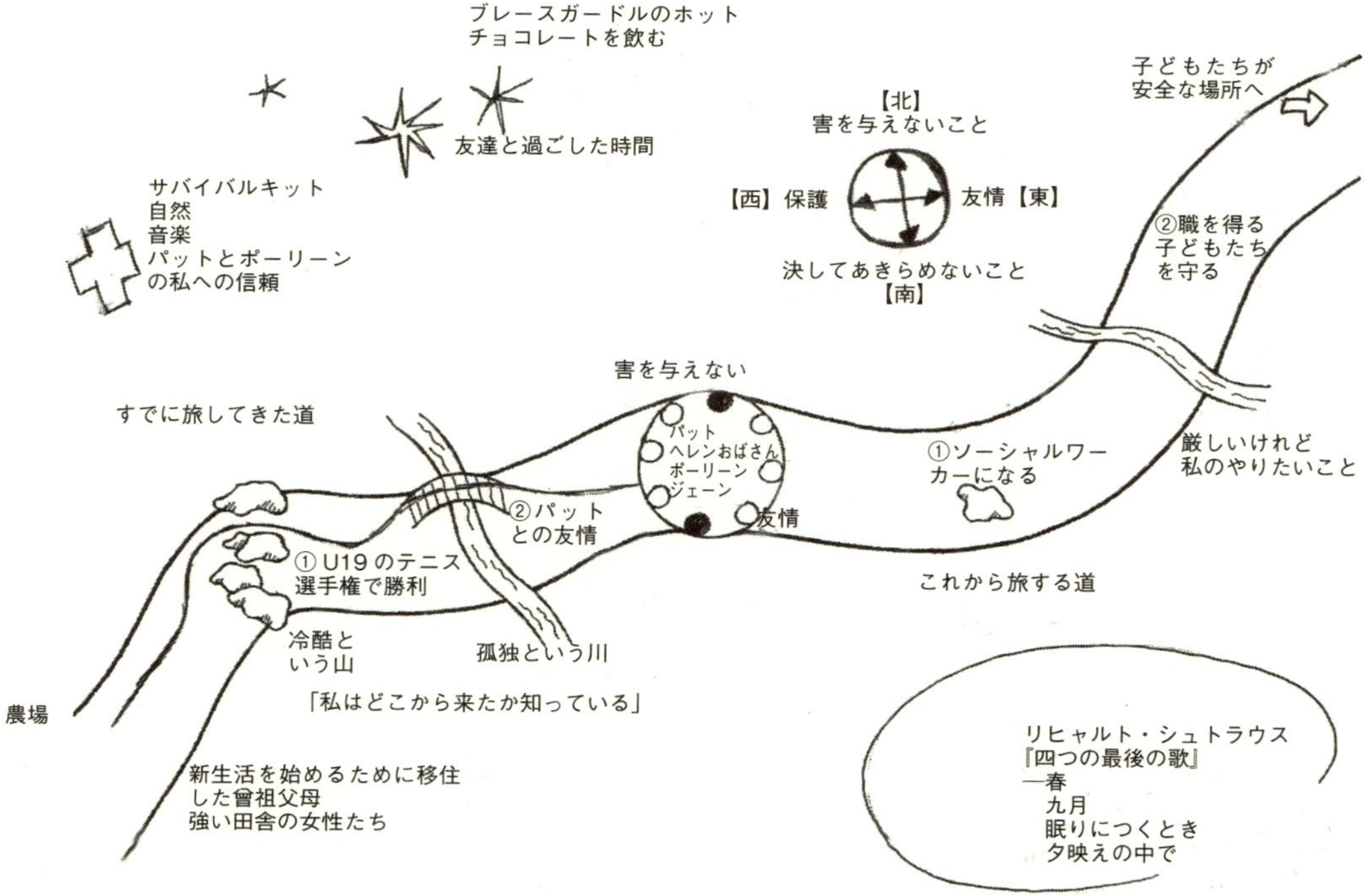

5.5　ルイーズの旅：子どもたちにとってより安全な世界を作る

〈旅の歌〉リヒャルト・シュトラウスの『四つの最後の歌』は、聞くといつも穏やかな気分をもたらしてくれます。

〈若い女性たちへのメッセージ〉若い女性が旅への一歩を踏み出す前にメッセージを送るとしたら、こう言います。「親愛なる妹へ、旅には困難がつきもの。途中には必ず幸運と不運があるの。どんな困難に直面しても、自分を責めることはやめてね。ただベストを尽くして、道の途中にいる人と話をすればいいの。あきらめないで…その道の少し先にいて、あなたを待っているわね」。

〈良き思い出〉それは私が人の助けになれたとき、そして友達と過ごした時間。私が家を出たときにパットと行った旅行のことを特に考えています。それらが私の旅を照らしてくれる星です。

あなたの人生の旅を作成しよう

自分の「人生の旅」を作成する場合、あなたは単に自分自身の基準点として記録しておきたいかもしれない。本書の各章に取り組んでいくうちに、書き足していきたくなるかもしれない。あるいは、友人と一緒に作成することを選ぶかもしれない。その場合、互いに問いかけながら進めることができる。最後には、これから旅する道への希望はもちろんのこと、あなたが人生の旅で見てきたあらゆることを讃えるための除幕式を行うこともできるだろう。

航海者の言葉

本章を締めくくるのにふさわしいのは、アイデンティティの移動を行うことについて多くを知っている人々の言葉だろう。以下は、サイレント・トゥ・ロングという、全メンバーが子ども時代に受けた性的虐待のサバイバーであるグループについて、ジュシー・ヴァーコが説明したものだ。*7

アイデンティティについての考えを、否定的なものからより肯定的なものへと移動するのは、長い時間のかかる、山あり谷ありのプロセスです。あなたがアイデンティティに関する否定的な考えから抜け出して、新しい、そしてより肯定的な自己感覚を生み出すには、既知から未知への移動が不可欠です。女性たちがひとたび自己非難や自己嫌悪から解き放たれ、再び肯定的なアイデンティティの感覚を土台にして生きるようになるまでには、素晴らしい面と恐ろしい面の両面を持つ中途半端な段階を経験します。彼女たちが知っていると思っていたすべてのことは疑問視されます。自分は何者であるかについての新しい理解へと足を踏み入れると、それまではいつも応じていたさまざまなことを断れるようになる、と多くの女性たちが私たちに教えてくれました。つまり、この過程で、友人や、時には家族とのつながりさえも失ってしまうことがあるわけです。

私たちの経験上、このアイデンティティの移動をマッピングすることは大きな助けになりえます。女性たちには「虐待の声」が反撃してくることもあれば、より強い気持ちでいられることや、自分自身についての良い考えとより強く結びついていることもある、ということを私たちが予測していることが重要だと思うのです。困難なときを予測することにより、女性たちは、実際に困難が生じたときに気が変になるわけではなく、振り出しに戻るわけでもなく、そのような事態のために見出しておいた考え方や戦略を思い出せることに気づくのです。このことは、女性たちを、自分自身を大切にするという女性たち自身に備わっている能力と結びつけてくれます。

女性たちがこの癒しの過程を進んでいくと、自分で予測し、見通しを立て、その先の旅路を描くようになります。各セッションの終わりに、私たちは女性たちに地図を手渡し、アイデンティティの移動という観点で、今自分がどの地点にいると思うかを、家に持ち帰って描いてもらうようにしています。そうすると、こうした地図は、参照し、見直し、修正を重ねることが可能になります。

性的虐待の影響に関連したアイデンティティの移動は長い旅になる可能性があります。それにもかかわらず、長年にわたり、女性たちはどうすればこうした移動が果たされるのかを繰り返し示してくれました。その過程の中にいて助けてくれる人を得ること、困難なときに備えること、そして一人の尊敬すべき仲間として正当な憤りを覚えること、これらすべてが性的虐待の影響から人生を取り戻す過程を大幅に成し遂げやすくしてくれます。

その過程において、多くのサバイバーたちが、他の女性たちをサポートし、子ども時代の性的虐待という問題への認識を高める上で重要な貢献をします。こうした癒しの旅には、すべての子どもたちの安全保障を目指した、慎重で、創造的で、勇気ある行為が伴うのが常です。こうした行為はしばしば、女性たちが怒りや憤りを覚えた結果として生まれるものです。憤りがこれ以上有効に活用される方法が他にあるでしょうか？

振り返り、先を見る

私たちは本書の中間地点に来た。ここまでに、あなたは人生について考える新しい方法の数々を手にしていることだろう。

・アイデンティティのストーリーラインについての考え方
・あなたとは離れたところにある問題を名付ける方法
・あなたの好みのストーリーのために聴衆を見つける方法
・文書の作成方法、手紙と証明書の書き方
・再格付けの儀式の作り方
・あなたの人生をクラブないしチームと考える方法
・あなたの人生を旅と考える方法

さて、私たちがこれまでに触れてきたところと、各章の問いかけに応じてあなたの人生について書いたものを振り返るときが来たのではないだろうか。おそらく、あなたが以前に書いたものを振り返ると新たな気づきがあるだろう。あなたの人生のストーリーの書き直しと語り直しのプロセスはすでに始まっているのかもしれない。

準備ができたら、先へ進もうではないか。

＊注

＊1　ＤＶサバイバーの女性たちとのマイケル・ホワイトの仕事とベティ・ノーブルのアイデンティティの移動地図はWhite（1995a）に初出。
＊2　ニハヤ・アブ・レイヤンの地図はAbu-Ryyan（2009, p.38）から引用した。
＊3　アイデンティティの移動に関するマリアの言葉は、Silent Too Long（2000）から引用した。
＊4　文書「反動をありのままに名付ける」を含むパワー・トゥ・アワ・ジャーニーの仕事は、Brigitte, Sue, Mem & Veronika（1997）に初出。
＊5　旅のメタファーはナラティヴ・セラピーにおいて長年使われてきた（White, 2002a を参照）。私が初めて本バージョンの「人生の旅」を共有したのはＲＥＰＳＳＩ（www.repssi.org）の職員らだった。児童保護について南アフリカと東アフリカのコミュニティと会話するためにこのメタファーをさまざまなバージョンで用いてきた。
＊6　このジャーニーの絵はルイーズのストーリーを再構成したものである。ルイーズは合成された人物。
＊7　ジュシー・ヴァーコの抜粋はVerco（2002）より引用。

PART 2

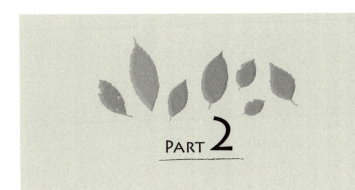

第6章 正常さを疑うことと、失敗から逃げること

これまでに自分を人間失格と感じたことはありますか？　私たちの時代と文化の基準に照らして「正常な」人になれていないと。もしもそう感じたことがあるなら、あなたとはうまくやれそうだ。

個人的失敗という現象は、近年、指数関数的に増大している。人々が、今ほど、適切な人間になり損ねたという感覚を持ちやすかったことはないし、今ほど、それが日常的にいとわず分配されたこともない（White, 2002b, p.35/ 邦訳 2007 p.154）。

この章では、失敗から逃げることを取り上げよう。あなたが人生の物語を改訂したいなら、「正常さ」というものを疑い、失敗経験からの逃げ道を見つけないといけない。ここからは、精神的葛藤を経験した人たちの視点を紹介していく。そのような話によって私たちは、正常だと考えられていることの外で生きる方法についての特別な知識を与えられる。彼らの言葉や行動は、「失敗からの逃走」を祝い、正常さを疑い、そして多様な生き方を賞賛する選択肢を提供してくれるだろう。

デニスは、失敗から逃げることができた24歳の女性だ。デニスと彼女の両親がマイケル・ホワイトと交わした会話をここで共有しよう。[*1] そのあとで、もしも私たちが自分たちの文化において正常だと考えられていることに挑戦し始めるなら、それが人生にどんな違いを生むのか振り返ることにしたい。もしも正常さに照らし合わせて自分自身や他者を判断することから逃れるなら。もしも自分の人生や他者の人生の多様性を賞賛し始めるなら。そして、もしも人生において他人とは異なる経験ないし苦難から得た特別な知識を肯定的に評価し始めるなら。

では、デニスと両親の話に入ろう。

私は、デニスと彼女の両親であるキャサリンとゴードンに、待合室で自己紹介をした。3人とも心配気で、デニスとキャサリンがそれまで泣いていたのはあきらかだった。デニスの動きはゆっくりだったので、面接室への道のりは長く思えた。席に着くと、両親は、デニスが面接には乗り気ではないかららと、彼女に対する自分たちの心配について話し始めた。これに応えて私は、今回の予約と面接に訪れた状況について本人に訊ねた。彼女は言葉少なに、面接には期待していないが、むりやりというわけでもないので、両親の気持ちを思って参加したのだと言った。

私はデニスに、彼女に対する心配について両親に聞いたほうがよいか、両親の抱える心配についてデニスの口から聞くのがよいかと訊ねた。また、さらなる二者択一として、私は、彼女が面接のテーマを決めてしゃべってもいいし、たとえば、彼女が両親に対して抱いている心配を話してもよいのだと口にした。それに対して、またもや言葉を節約しながら、デニスは、両親がしゃべるのが一番だと言った。

続く10分間に、私は、デニスが一連の精神病的エピソードの後、統合失調症と診断されたことを知らされた。何種類かの異なる抗精神病薬を試され、五、六回、入院加療されてもいた。デニスは今も薬を飲んでおり、それによって精神病的経験からくる困難はいくらか和らいではいたが、彼女の全般的QOL（生活の質）は低下していた。彼女はまったく孤立して引きこもり、しばしば絶望し、時に捨て鉢になって、未来は展望のないものになっていた。私がデニスに、両親の説明は正しいかと問うと、彼女は頷いた。

キャサリンとゴードンは、デニスの最近の自殺未遂の後で、面接予約を入れた。二人の知る限りでは、これが五回目であり、生命に最も危険のあるものだった。デニスは回復後、自分が想像し得る限り、人として失敗していると感じていることや、二度と立ち直れはしないと信じていることを、両親に対して認めた。

ゴードン　それで、予約を入れたんです、マイケル。何か他にできることがあるはずなのです。

キャサリン　そうですとも。デニスの人生はあまりうまくいっていません。そうよね？（今や涙を流しているデニスの方を向く）。彼女は失敗したと感じているけど、私はそうは思いません。それに、私たちは彼女を愛しています。

デニス　（しくしく泣く）

キャサリン　あなたはここへ来たくないのに、私たちのために来てくれたのね。（マイケルの方を向いて）娘をベッドから引きずり出すのは、いつでも大変なんですよ。

マイケル　（デニスに向き直って）ご両親は、どんなことが心配なのか教えてくれました。私は一所懸命それをチェックしました。あなたの反応からすると、ご両親の心配はほとんど正確なようです。ここで、いくつか質問してもいいですか？

デニス　（頷く）

マイケル　ご両親の言われた、あなたが失敗者だと感じているという話は、同意できますか？

デニス　（肩をすくめ、頷く）

マイケル　それについて話せますか？

デニス　（相変わらずしくしく泣きながら）できるとは思えません。

マイケル　あなたにとってそれがどんなものか、ご両親のお考えを聞いてもいいですか？

デニス　ええ。

マイケル　（キャサリンとゴードンの方を向いて）デニスにとってこれがどんなものだと理解なさっているのか、もう少し話してもらえませんか？

ゴードン　何度もデニスは何かしようとしましたが、そのたびにつぶれて、中途半端に終わるんです。結局、それで娘は、自分が人として失敗したと確信するわけです。

キャサリン　期待が砕かれるたびに、私たちは胸が張り裂けそうになります。私たちは娘を元気づけようとして、大丈夫だよ、明日があるさと言いますが、それももうまくいきません。彼女の気持ちを立て直すのに、私たちにできることは、何もないのです（キャサリンとデニスの目が合い、共に涙を流す）。

マイケル　期待とおっしゃいましたね。デニスが失敗したと感じる期待とは、何ですか？

キャサリン　ごく普通のことです。落ち着いて、人生を取り戻すことです。

マイケル　どのような人生に対する期待ですか？

キャサリン　自立するとか、目標を達成するとか、そういうことです。社会的にうまくやるというように、社会的状況の中で彼女が自らを律することができるということです。人間関係が持てて、できれば仕事にも就いてほしい。そういうことです。

ゴードン　ええ、能力を出し切ってほしいんです。

マイケル　そうした期待は、どこからやってくるのですか？

キャサリン　よくぞ聞いてくれました。なぜなら、それは私たちだけの意見ではないからです。そうよね、ゴードン。

ゴードン　私たちは、こうした期待をいつも耳にします。人々はいつも私たちに、デニスにとって何がよいのかという意見をくれるのです。彼女に何ができるのか、私たちに何ができるのか。もしもデニスが彼らの子どもだったら、自分たちは何をするか、デニスは何をするか。それは、いつまでも続きます。たいてい微かなもので、たいていは推論です。どこでも起こることなので、デニスもそのとばっちりをくらいます。

キャサリン　どこでも起こります。それに加担しないようにはしましたが、自分たちでもそうしてきたのです。私たちも、デニスに期待をかけてきたということです。（デニスの方を向いて）そうよね？

デニス　（母親の話をしっかり聞いていて、頷く）

キャサリン　私たちは、期待をかけることが役に立たないと知ってはいても、あなたに期待している以上、そうしないのは、とても辛いの。

マイケル　ゴードンとあなたにとって、それはどんなものですか？　こうした期待は、両親としてのあなたがたの自己イメージにどのような影響を与えていますか？　こうした期待は、

キャサリン　デニスの両親としての、あなたがた自身についての意見に、影響を与えていますか？　それがあまり良くないのはわかっています。ゴードンもそう感じています。私たちは、自分たちが両親として失敗者だとは認めたくないし、そうしないよう努力していますが、ついそう考えてしまうのです。（デニスの方を向いて）これは言ってもいいわよね、あなたを動揺させないと思うけど、失敗者であるという感覚は、デニス一人が抱いているものではないのよ。私たちもそうなの。でも、ないふりをしているだけなの。

マイケル　ゴードンは？

ゴードン　（ため息をついて）ええ、本当です。それをどこへ向けたらいいのかわからないんです。確かなのは、このことについて他の親御さんたちには話せないということです。彼らは皆、見事にやっているようですから（再び、ため息）。

マイケル　人生に対する期待や見通しに失敗した多くの人に私が会ってきたと聞いても、驚かれないでしょうね。実際、失敗はあまりに多かったので、いつの頃からか、ありそうな失敗についての説明の収集に興味を持ちました。あなたがたとの会話において、あなたがたが失敗したと感じている期待や見込みをリストにしたら、役に立つと思います。新しい説明が、あるかもしれません！

ゴードン　（微笑んで）私も、それに参加しましょう。

キャサリン　（同様に微笑んで）私も。

マイケル　デニスは？

デニス　ええ、私も手助けできるでしょうね。

マイケル　すばらしい！　では、始めましょう。

その後の30分間、デニスとキャサリン、そしてゴードンは、自分たちが達成に失敗したと感じている人生や人間関係に対する期待や見込みのリスト作りを手伝ってくれた。私たちはまた、こうした期待や見込みを生み出す源泉のいくつかを同定し、それらを、日常的な意見、判断、結論、態度、視点、推論、評価、そして人生に関するあたり前の仮説の中に発見した。ゴードンとキャサリン、そしてデニスは、それらすべてが余計なお節介だと結論した。

その後、私は、彼らの人生や人間関係に対する期待の影響や、いかに期待が彼ら自身のアイデンティティを形作ったかをインタビューした。この会話には、デニスも積極的になった。こうした期待は、何にも増して彼女を不安な気持ちにさせていたのである。こうした期待によってデニスが絶えず仕向けられていたのは、自分の思考や行為が現実的かどうか査定し、自分が考えたりしたことのほとんどを信用せず、自分の人生のすべてを疑問視し、そして自分が冷静な人になっているかどうか気にかけることであった。一方、期待がキャサリンに命じた恒常的仕事は、皆のために事態を改善する努力をすること、自分を母親としても一人の女性としてもネガティヴに判断すること、常に自分の言葉と行為を値踏みし重みづけをし、そして一日の終わりに自分の行動について考えることである。さらに期待は、ゴードンに対して、自分の言葉や行為の適切さを査定すること（それらはふさわしいか否か）に注意深くなるよう求め、友人や同僚からも完全に孤立させていた。

二回目の面接で、私たちは、初回面接で作った「満たされなかった期待」リストと、私が何年かかけて編纂してきたマスターリスト*2とを比較してみた。すると、リスト上の満たされなかった期待のほとんどが、マスターリストの中にすでにあることが判明した。また、マスターリスト上の亜変種の二つが、一致してもいた。一方、キャサリン、ゴードン、そしてデニスが服従していてもよさそうな期待もたくさんあることが、判明した。そこで私は、なぜ彼らの人生をその期待に捧げなかったのかとか、自らに課すこともできた辛い時間をなぜ課さなかったのかと、訊ねた。ゴードン、デニス、そしてキャサリンは私の質問を面白がり、自分たちはただこれ以上の期待を思いつかなかっただけなのだと教えてくれ（ちなみに、これ以上思いついていたら、人生そのものを失っていただろうと教えてくれたが）、他にも期待は思いついたけれどバカらしいので却下したと語った。

この振り返りは、私たちの会話に劇的な効果をもたらした。デニスは突然、すごく元気になり、マスターリスト上のたくさんの期待に影響されないだけではなく、これまで影響力のあった期待からはもう「降りる」と宣言した。それは、より生産的な人になれという期待だった。彼女は、その期待を満たす方法はないと判断し、もはやそれで不快感を経験することは、なくなった。「結局」とデニスは言った。「私にもリラックスしたり、楽しんだりする権利はあるのよ」。

マイケル　どうやって期待から距離を置いたんですか？
デニス　ただやったのよ。
マイケル　ただやったというのは、大きいと思いますよ。ただやったことについて、もう少し話してくれませんか？
デニス　ええ…それは…私の心を使うわけ。
マイケル　何があなたの心をそのように使えるようにしたの？
デニス　つまり、こんなふうにね、期待に対して「ノー」と言うために、時々なら心を使えることとは、理解していたの。わかったのよ。でも、わかるって、どういうことなんだろう？
キャサリン　意志の力みたいなもの？　強い意志を持つみたいな。
デニス　ええ。そう思います。でも、それをなくしたんです。

キャサリン　娘はいつも、それを誇りにしていましたね。

マイケル　（デニスに向かって）意志の力の使い方をあなたにガイドするのは、何ですか？

デニス　わからないわ。わからない。うーん。確かにあるはずなんだけど、お母さん、どう思う？

キャサリン　いろんな点で、あなたはとても受容的な人だと思うわ。それに、理解を大切にする。それは前に何度も認められたの。決して変えない原則があるみたい。ずっと昔を思い出してみても、あなたは、他の人たちみたいに、期待通りに、他人の話に反応しなかったことが、たくさんあるわね。頑張って、何が起こっているのか聴き続けるの。頑張りすぎてあなたが傷ついて、私たちが同情しているようなときでも、あなたは、人々に何が起こったのか理解しようとし続けるの。

マイケル　デニスの受容と理解の仕方について話してくれましたが、そこには原則があるのですね。

キャサリン　そうです。原則と呼べますね。（デニスの方を向いて）あなたには、受容と理解の原則がある。傷つくんじゃないかと私たちが心配しているときでも、あなたはそれを変えない。私たちが自分たちの心配をなんとか脇に置こうとするときはいつでも、あなたのやり方を見ることでいつもリフレッシュしてきたの。違うのよね。ゴードンもそう言ってたでしょ？

ゴードン　キャサリンの言う通りだよ。私もそれを何回も見てきた。デニスが小さいときでさえ、その受容と理解は、おじいさんにとってかけがえのないものだった。おじいさんは、脳の変性疾患のせいで道に迷うような人だったから、デニスほど、おじいさんのことを我慢できる人間はいなかったね。

マイケル　デニス、このことをどう思いますか？　原則についてのお母さんとお父さんの話につい

デニス　ていけますか？

マイケル　そのことについては、あまり考えたことがありませんでした。

デニス　今は、考えていますか？　それとも他のことを考えているの？

マイケル　それについて考えています。ええと…。はい。正しいと思います。

デニス　その場合、私の理解では、あなたは期待から自由になるために意志の力を使っています。そして、理解と受容の原則があなたをガイドしている。これをどう思いますか？

マイケル　ちょっといいですね。

デニス　なぜちょっといいって言うのですか？

マイケル　そう考えると、少しはましに感じられるからです。

デニス　あなたに意志の力が使えるときや、それがあなたの大切なものによってガイドされているとき、あなたの人生がどんなふうか、話してもいいですか？

キャサリン　ええ。でも、お母さんとお父さんが助けてくれる。そうよね？(両親の方をチラッと見て)ええ、まずはじめに、すべてがうまくいっているときには、彼女は、私たちのように時間がないと言ってイライラしたりしません。それに、彼女の周りの人たちは、人生がうまくいっていないときでも、それほど気負い立つ必要がないようです。彼らは、無頓着になれるのです。そんなに神経質でなくてもいいのです。おそらく、デニスが他の人々の厄介事や気まぐれに受容的なので、そうしたことを受容できるのです。

ゴードン　物事がうまく運んでいるとき、デニスは、他の人々に安息地を提供する力があります。でも、それが安らぎだとわかった人は、ごく少数しか思いつきませんけどね。

マイケル　安息地！　それは、強力なイメージですね。デニス、ご両親の言葉を聴いているうちに、

デニス　あなたの人生についてどんな構図が浮かびましたか?

マイケル　いいもの。ええ…言うのは難しいけど。好ましいものです。

デニス　もしもこうした構図があなたのもとにあったり、それが増えたら、助けになると思いますか?

マイケル　ええ。

デニス　なぜそれが助けになると思うのですか?

マイケル　そういう構図は、自分自身を少しはましに感じさせてくれます。それは、大きな違いになります。

デニス　どんな違いですか?

マイケル　心配しなくなったり、神経質にならなくなるでしょうね。

デニス　あなたの人生についての構図について、もっと語ってくれませんか? 私たちのために、もっと描き出してくれませんか?

キャサリン　いいですよ。

マイケル　これは、デニスにとってとても肯定的だと思います。それに、現実認識も豊かになります。特に、失敗感覚に対して、役に立つでしょう。娘がそれから自由になるよう助けるつもりです。家族全員のためにも。

ゴードン　ゴードンは?

マイケル　ええ、このことについて、もっと話すべきですね。それについて考えるとき、十分くつろいでそれを考えるとき、私たちの娘が本当にひとりのオリジナルだということに気づくのです。本当のオリジナルなんですよ。そして、娘がそれをよく知っていることは、素晴らしいことです。

キャサリン、ゴードン、デニス、そしてホワイト（全員が、デニスの中心的特性に関する素晴らしい記述、「ひとりのオリジナル」という言葉に、深く、見るからに感動している）

マイケル　ひとりのオリジナル！　それは本当に大したものですよ！

12か月の間に私は、デニス、キャサリン、そしてゴードンとさらに八回の面接を行った。そして、その12か月後にさらに三回の面接をした。これらの面接での会話は、以下のことがらについての豊かな記述に貢献した。

1．デニスの意志の力の表現をガイドした生活原理。
2．すべての人の期待に沿わずにいる存在様式。もちろん、デニスがチャンピオンである。
3．このような存在様式と関連した生活技術。
4．デニス独自の人生願望。それはもはや、「正常」な人生とか「生産的」な人生ではなく、ゴードンが第三回面接で言った「名誉ある生き方」を求めるのである。

時が経つにつれて、こうした会話はデニスに、新しい自己や人間関係の形成基盤を提供した。彼女は概して、ストレスの低い生活を送るようになり、より誇り高く、昔なら彼女を動揺させていた敵意に満ちた声（幻聴）の餌食にさせる不安に対しても、脆弱さが低くなった。こうしたＱＯＬの改善によって、彼女は、社会的により大胆になった。絶望は、人生が開けてゆく感覚に、置き換わったのだった。

こうした面接の結果、ゴードンとキャサリンも、自分たちの一般的なストレス・レベルが驚くほど低下したと報告した。二人とも、これまで捉えどころのなかった自分自身の「着実さ」を経験しており、他者の意見や期待に対する脆弱性が低下し、もはや「70％の時間をやきもき」することはなくなった。彼らは、動揺さえも処理できるようになり、自分たちの言動に対する相手の反応を「深読み」することも少なくなった。

この家族との会話の説明においては、私たちが統合失調症（それが何であれ）に対して直接働きかけていると匂わせてはいない点を強調した。また、私たちの共同作業は、生物化学的理解や薬物使用を含む他のアプローチには置き換えられないことも強調しておきたかった。しかしながら、（規範的基準に照らして）本物になる努力において、統合失調症と診断された人々を類稀なる心理的体操に引き込み、ストレスの高い生活の基礎を作るのは、（私たちの文化で大切にされてきた理想に照らして）一人の人になり損ねた惨めな失敗感覚だと思われる。これによって、人々は、急性期のエピソードや人生がこじれていくことに対して脆弱化するのである。面接を続ける中、デニスは、こうした体操と規格化する判断からずいぶん自由になった。「潜在能力を実現」したり、それに伴う規範的処方をしたりする代わりに、彼女は「名誉ある人生」を採択した（White, 2002b／邦訳 2007 pp.198-206）。

もっと大きな構図

どんな文化でも、価値のある人とはどんな人なのかについて、支配的な信念体系なり「ストーリー」がある。西洋文化における歴史的現時点ということで言えば、この信念体系は、冷静で控え目な人であることと、生産的で役に立つ人生を送っていることを強調している。そこでは、コミュニティと引き換えに個人性が、結びつきと引き換えに自立性が価値を与えられている。それらは文化的に特異な価値観なのに、求めるべき「普遍的で」、「健康で」、「人間的な」属性だとされている。

私たちの中には、こうした文化的規範をそこそこ上手に満たす者もいる。私たちはかなりうまくいっているし、それなりに自立しているし、生産的な人生を送ることだってほとんどできているという印象を他人に与えることも、お手の物だ。こんなイメージを他人に首尾良く投影できる能力のおかげで、人々は私たちを「正常な」人間の仲間に入れてくれるし、私たちも自分に価値があると感じることができる。

でも、これはいつでもそう簡単というわけにはいかない。今日の文化において「本当の人」なるものになろうとする努力において、私たちは、あまりに多くの基準や規範に照らし合わせて自分を評価し測定し続けるよう励まされている。自分がいかに正常ないし異常なのか、どのくらい健康ないし不健康なのか、どのくらい適格ないし不適格なのか、どのくらい有能ないし無能なのか、エトセトラ。私たちは自立の度合いだって計ることができる。近代において、私たちが自分自身や他人を測定するための一覧表や連続体は増え続けた。これが、ここ数十年の間で急速に個人的失敗という現象が増大した理由であり、私たちが自分自身を人間失格と経験する機会が増えた理由である。

私たちは誰でも気がつくと、そんな連続体の間違った終点にいるか、成績表の末席を不甲斐なくも汚す瞬間にいる！　そんな連続体の間違った終点にいることに気づいたら、私たちの多くは一生懸命、望ましいと期待されるか考えられているものに自分の人生を一致させるべく働くことになる。デニス

表6.1

期待	はい	いいえ
1. いつも感情を抑えている		
2. 生活全般にわたって自立している		
3. どんな社会的場面でも自信を持って対処できる		
4. 職業的展開を意識する		
5. 組織においてより責任ある地位に移動していく		
6. 再生産する（子どもをつくる）		
7. 長期にわたる性的関係を維持する		
8. 誰か一人の人との性的関係に幸せを見出す		
9. 裕福である		
10. 隣人／友人／同僚／同級生よりもうまくやる，あるいは（それが何であれ）よりよい人生を送る		
11. 自分の感情をいつもコントロールしている		
12. 生産的である；何かを作る		
13. 明確な計画に基づいて人生の目標を満たす		
14. 他者の人生における達成に照らして自分自身を判断する		
15. ６つに割れた腹筋を持つ		
16. 仕事で成功する		
17. いつもきちんとした髪型を維持する		
18. 財産を持つ，特に家と車		
19. 人生の方向性を正確に把握している		
20. プレッシャーの下でも実績を上げることができる		
21. キャリアと人間関係，それに家族のバランスを取り，スリムで健康を維持し，年老いた両親を世話し，庭の水まきをする。これらすべての実践において微笑みを絶やさない		
22. 時間に正確であること		
23. 大勢の前で話すことも難なくこなす		
24. パートナーにとって最高の恋人であること		
25. 自宅やオフィスはいつも清潔で整頓されている		
26. 税金の支払いを怠らない		
27. 他者を優先すること		
28. Facebookには190人（以上）の友だちがいること		
29. 筋骨隆々の騎士ないしグラマーなお姫様を見つけること（あるいは筋骨隆々の騎士ないしグラマーなお姫様になること）		

が話してくれたように、そんな探求は実に人を消耗させるだろう。

自分自身をそれに沿って測定すべき文化的期待には、事欠かない。まずは、こんな表（表6・1）を考えてみた。あなたが自分自身を測定している期待と、測定していない（ないしは以前はそうしていたけれど今はもう止めた）期待をチェックしてみてほしい。他に項目を追加してもよい。

この手の期待によって動かされる人生を生きようとすることは、かなり消耗することだろう。特にあなたが、ここには以下のような倫理的ないし道徳的配慮がないと感じるようなときには。

・他者を傷つけない
・私たちによくしてくれた人を賞賛する
・よい友達でいること
…などなど。

特別な人生

それでも、こうした消耗からの出口は、ある。正常さから脇道に逸れることや多様な生き方を賞賛することについての特別な知識を展開したに違いない人々に、もう一度、目を向けてみよう。重い精神的葛藤を経験した人々や、障害を持って生きている人々のことだ。何年か前、私は、精神的葛藤を抱える人々のナラティヴな集会に出席した。[*3] 私の役割は、その重要なイベントにおいて話されたことを、言葉と歌で記録することだった。集会の間、参加者は次の質問について考えていた。

・あなたが異なる人生を生きたがために、今では価値を見出しているもの、あるいは大切に考えているものがありますか？

・この頃あなたの求めている人生について考えるとき、それを何と呼びますか？　それが自分の求めている人生であることは、どのようにして学んだのですか？

・異なる人生を生きるときに身に付けたスキルの中で、あなたが誇りに思うものがありますか？　それはどういうことですか？　どのようにしてそのスキルを磨いたのですか？　毎日の生活において、どのようにそれを使っているのですか？

グループは、私たちの社会であたり前とされた生き方や考え方を超越していくことに興奮し、好奇心を抱いた。実際、これはちょっとした冒険になった。私たちは互いに質問し合い、人生において支持しているものについて訊ね合った。そして順応ないし正常さという概念を越えて、一人ひとりが何らかの価値観を支持していることを発見した。私たち一人ひとりが、倫理的ないしよい人生を生きるとはどういうことかについて、特別な考えを持っていた。私たち一人ひとりが、何らかの鍵となる原理でもって連帯した人生を送ることを望んでいた。「私たちが生きている人生は普通じゃない」。以下に、人々がそこで共有した反応やストーリーを提示しよう。

私たちが生きている人生は普通じゃない

私たちの多くは普通の外側にある人生を生きている。人とは異なる私たちの経験はとても辛いものであったが、その異なることを受け入れるようにもなってきた。人生についてしっかり疑った結果、興味深い結論に達する。以前なら価値を見出さなかったことに価値を見出すようになったわけだ。この頃では、異なる刺激もあって、成功した人生というものについても異なる考え方をしている。

私たちは、人生に何を求めるのか、何が大切だと考えるのかといったことについて異なる考えを抱いている。よい聞き手になった人もいる。お互いをサポートして、精神保健問題についてよい理解を得ている。中には、臨機応変にしたり、他人に寛容であるにはどうしたらいいのかを学んだ人もいる。判断を含まない人生というものを愛おしむようになった人もいる。あるいは、精神保健問題において人々の権利擁護に回る人もいる。人権擁護や政治的活動に乗り出す人もいて、反人種差別キャンペーンに何年も取り組んでいたりする。こういったことが、私たちが何がしかの誇りを抱くことのできるものだ。

さらに言えば、私たちは以前、落ちこぼれだったかもしれないけど、落ちこぼれグループに入ることで仲間を見つけた。私たちはお互いの達成を祝福し合う。誰かが小さな一歩を踏み出すのを見るのはいいものだ。誰かが、自分の食べた食器を洗ってもらうんじゃなくて、自分で洗うのを見ることとかね。こういった瞬間が祝福の理由になる。私たちは、ささやかだけど大切な、人生の瞬間を賞賛することに、前よりずっと意識的なんだ。

人間関係

私の価値観は確かに変わりました。人間関係を重視することを学んだのです。若い頃は、世の中で言われている成功というものに関心がありました。よく勉強して、いい大学へ入り、よい仕事に就くことです。こうしたことはすべて、時と場合によって大切ですが、もしもそれを追求することで自分が孤独を味わったり自分自身の価値観とは違うことをしていたとしたら、その目的を果たす意味はありません。今は、私にとって、私が愛し私を愛してくれる友人関係以上に大切なものは何もありません。それが支えです。以前は、大人になるということは一匹狼になることでした。闘い抜き、独力で何でもできるんだと証明すること。でも今では、相互支援コミュニティの一部でいられることでずっと幸せです。私たちは、お互いなくして何もできないことをよく知っています。

誠実さ

病気のおかげか、私は前より誠実な人生を生きるようになった。誰に心を開くべきかという選択においてずっと慎重になった。私が結びついている人々は、前向きな関わりを持つ人たちだ。今では、純粋な友情にしか興味はない。表面的な友達関係に我慢してきたけれど、もうそういったことに注ぐエネルギーも興味もない。私は前より人を選ぶけれど、前より誠実な人生を送っている。それを大切にするし、尊重している。

ささやかなこと

私には、空の色、葉っぱの色、それに絵画の色がわかります。自分を支えてくれるささやかなものを頼りに、たいそうなことが人生を変えてくれると待ちわびることを止めたのです。子どもたちが私に訊ねたことがあります。大変なことが次々起こったのに、どうして幸せでいられるのかと。私は、それでもまだ大切なものが残っているからよと答えました。私は、指の間に残ったトマトの種の匂いが好きです。4歳になる孫が好きです。私のことを可愛くて、柔らかくて、水っぽいと言ってくれます。彼のうなじの後れ毛が好きです。こんなささやかなことが、私の大切なものです。

自立

自分の自立に価値がある。いつだったか家を追い出されて、うろつき回った挙げ句、収まるところに収まった。半年前に新天地を見つけた。今や、自分の服は自分で洗い、料理もする。正気でいることがこれほど大切で価値のあることだと思ったことは今まで一度もなかった。

人生の道

いろいろ経験したおかげで、自分が進むべき人生の道がはっきりしてきたと思う。それは、脇道に逸れないようにいつも注意しているという道ではなくて、帰って来るべき道なの。この頃、最も大切な道は、「道徳観念のしっかりした愛情」です。この倫理に沿って人生を送りたいのです。

手放すこと

キャリアと成功を追い求めることはもう止めた。私に大切なのは友達、料理、洗濯、そして友達とコーヒーを飲みに行くこと。ルームウォーカーはもう止めた。くつろげる、静かな場所で過ごすことにずっと興味があるんだ。

今を生きる

私たちの中には、その日一日を生きるということを学んだ人たちがいます。あまり先のことを考えないことです。自分が持っているものとその日に起こったことに新しい価値を見出すのです。友達とコーヒーを飲みにいくこと、シャワーを浴びること、こういったことが、明日への目くらましなどではなくて、価値を見出し感謝すべき経験になったのです。私は今、大学で勉強していますが、いつ卒業するんだと訊かれます。私の答えはシンプルです。「さあ」。これが私のしていることです。

集会の間に私たちは歌も書いた。歌詞を紹介しよう。

これは普通の人生じゃない

一緒にいれば安全だよ
プレッシャーのない場所
無理することもないし
たどり着ける　痛み経由でもね
その日の美しさは　結びつき

最悪のときだって
近くにペットがいて
妹や友達もいる
悲しみを越えた仲間
何が役立ち、何が癒すか　わかる

やすらぎの場所
歩き出すべきときはわかる
もしも駄目なら
気むずかしさしか　ないかもね
これは普通の人生じゃないんだ
ぼくらの生きているのは
輝ける瞬間に誇りを
やっと手に入れた　スキルを
親切がどんなことか　わかるかい

正常さから退く

人々の中には、正常さや余計な期待から退き、代わりに自分自身や他者、そして世界を気遣う行為にエネルギーを注ぐことにした者がいる。

たとえば、ハリーは、自分自身を人間失格だと長らく経験した歴史の後で、マイケル・ホワイトに相談に来た。[*4] ハリーは紛れもない精神障害者だとされていて、たいてい急性期エピソードと呼ばれる事態に引き続く入院治療が何度か繰り返されていた。ハリーには、統合失調症から双極性障害に至るいくつかの診断も付いていた。しかし、その時、ハリーは重要なステップを踏み出していて、マイケル・ホワイトがそれをインタビューで次のように語っている（White, 1994／邦訳 2000 pp.56-58）。

自分の属するコミュニティにおいて道徳的価値のある人間として認めてもらおうとして、彼はずっと自分の思想、自分のからだ、自分のライフスタイル、自分の魂といったものを操作してきたのです。彼はそれらすべてを、冷静さ、自制心、自己自立といった名のもとに行ってきたのですが、なんのことはありません。私たちの文化において設定されている人柄の具体化に合わせてきたのです。それで、彼はそれらを止めるわけです。彼は突然それらから撤退し、その代わりに、その手の必要条件すべてに抵抗することに価値を認め、誇りに思い始めたのです。その結果、彼を打ちのめしストレスをかけ、しかも「急性心因反応」に対する脆弱性に一役買っていた野望や期待は、すぐさま反故にされたのです。誰に謝罪するわけでもなく、誰に言い訳するでもなく。

それは素晴らしく愉快な瞬間でした。私たちは一緒になって大笑いし、一緒にワーワー泣いたのです。そこに加わることができて、とても光栄でした。この結果として、ハリーの記憶によると初めて、彼は人生がポジティヴに進んだことを経験し、しばらくして、彼は、自分の達成をコミュニティの他のです。それは、「穏やかな分別」でした。しばらくして、彼は、自分の達成をコミュニティの他の人にも紹介する計画を練り、相手をリストアップする段にまで到達しました。そうすれば、不適切な期待に向けて彼を主体化しようとする他の人々の士気を下げ、ひいては、彼の人生のストレスを軽減し、人生の質も向上させられると信じたのです。私が示唆したのは、彼の計画を詳細に話し、それに加わるように他の人々を誘うことによって、その計画は最もうまく達成されるだろうということでした。ですから、ハリーにいくつかの質問をした後、私たちは以下の文書を一緒につくったのです。

期待と私の人生

1　私は、期待について、そして期待が人々に要求することがらについて多くのことを学んできました。
2　期待というものは、私の人生において、そして他の人々の人生においても、とても破壊的な影響を持ちえます。
3　期待は、私自身について悪しき気持ちを抱かせ、私自身を役に立たない方向へ向かうようプレッシャーをかけてきます。
4　もしもあなたが私の人生において私を援助してやろうと思われるのであれば、どうか私にプレッシャーをかけないでください。そして、あなたがたの期待するような人物に私がなれるとは思わないでいただきたい。ここには、健康についての期待も含まれています。私は、罪悪感に悩む人になりたくありません。
5　あなたがたに関心がおありでしたら、期待が私の人生に与えた影響について、そして過去において期待が私の人生に対してしてきたことについて、さらにもっと十分な理解を提供いたします。
6　お手間を取らせて申し訳ありません。

ハリーは、この文書30部にサインして配り、彼のアイデンティティについて他の人々と協議し直す努力をし、自分の選んだ「穏やかな分別」というライフスタイルを理解してもらうことに成功しました。

正常さの期待と連帯行為を交換すること

正常さから退くことについては、もう一つ言及すべき重要な側面がある。それは、私の頭の中で反響している父の言葉におそらく集約されるだろう。「救うべき世界と打破すべきものごとがあるとき、人生はあまりに短く、大勢が無理強いすることを気にしてはいられない」。

「正常な」世界というのは、ひどい不正の場でもある。随分多くの家庭において毎日深刻な暴力がふるわれている。経済の「正常な」形は、世界の環境を荒廃させている。「正常な」ジェンダーと性的関係は、女性にとって、そしてレズビアン、ゲイ、バイセクシャル、クエア、トランス、そしてインターセックスの人々にとって、不正であり続けている。正常な大勢文化を不正だと考えるがゆえに自分たちをそこから分離させたいと願うような側面が、正

図 6.1　私の父，マイケル・デンボロウ博士が，国際武器貿易フェアの外での抗議行動において警官によって連行されているところ

常な大勢文化には多い。

では、ここで、デニスとハリーに刺激されて、あなた（ないしあなたとあなたの友達）が退こうとするであろう正常さの期待を書き出してみたらどうだろう。

1 「　　　」
2 「　　　」
3 「　　　」

さらに、その退却によってあなたが得るであろうエネルギーと時間で、どんな連帯行為を優先するのがいいか、書き出してみよう。連帯行為には、あなた自身、他者、ないし自然界に対する正しい行為ないし気遣う行為が含まれる。

1 「　　　」
2 「　　　」
3 「　　　」

チェックリスト

ちょっとした皮肉でもって、この章をチェックリストないし質問紙で締めくくろう。*5 先に書いたように、最近、私たちが「正常」に合致しているかどうか自分自身を評価する方法は、山ほどある。多くの人気雑誌には、質問表があって、性的生活、フィットネス・メニュー、ライフスタイルといったものに関して自分自身を評価できるようになっている。さあ、ここでは、ユーモラスかつ控え目に、私たちがどのくらい正常さを疑い、失敗から逃避しているのかを見つめるためのオルタナティヴな質問表を用意した。

このチェックリスト（表6・2）は、一人でもできるし誰かと一緒にやってもいい。これが役に立つだろうと思うような友達がいれば、紹介してあげてもいい。

ここからがお楽しみだ。表6・2の右の欄にチェックしたマークを数えてみてほしい。もしも合計点が10ないしそれ以上なら、おめでとう！　そんなあなたには次の証明書を進呈しよう。

この証明書にあなたの名前（あるいは、もしもあなたが彼らとこの読書を深めたいと思うなら、友達、きょうだい、同僚、子どもなどの名前）を書き込んで、授賞式を取り仕切ったらどうだろう。他の人たち、ペット、ないしお気に入りの音楽を選んでみてもいいだろう。（文字通りであれ比喩的にであれ）招待するのは、一番驚きそうにない、あなたが正常さから逃げる努力を一番支持してくれた人がいいだろう。自分で証明書にサインしてもいいし、ネコの足跡か誰かのサインを入れてもいい。それとも、

表6.2　失敗から逃げること／正常さを疑うことのチェックリスト

あなたの人生において達成している（ないし過去において達成した）ことがらについて右欄にチェックしてください。	はい
1. 社会生活において，仲間意識ないし社会的能力の欠如と考えられる日常的単純ミスをする	
2. 個人的発達課題（およびその変更）に関して望ましい目的を達成することに失敗する	
3. 人生目標からはずれる（あるいは別の目標を偶然見つけてしまう）	
4. 真実の信頼への道において不安を覚える	
5. あなた本来の人間となる努力に関して欠陥を見つける	
6. 自己修養の選択肢を見落としても気づかない	
7. あなたの最大の潜在能力を理解するための機会を知らずに逃す	
8. あなた／彼らが「正常」／「適切」な生き方を満たすにあたり自分自身and/or 他者を判断するために，あなたに手に入る機会を獲得するのをないがしろにする	
9. 発達，健康，そして正常さの成績表ないし連続体で自分自身 and/or 他者をランク付ける機会を逃す	
10. さらに上位の地位達成のための刺激をがんこに拒絶する	
11. 人々の人生の分類に強い意志で抵抗する	
12. 主流たる異性愛カップル／核家族を超えた人間関係の形に関心を抱く（ここには，見えない友だちへの忠誠心，地球や全生物への配慮，友情にロマンティックな絆と同程度の価値を見出すこと，多様な家族形態に価値を見出すことなども含まれる）	
13. 正常というものが文化，階級，ジェンダー，そして歴史においていかに異なるかに関心を抱く	
14. 他者（友人，家族，あるいはあなたが現在ないし過去において尊敬した人々）の通常とは異なる，「規範」の外での生き方をあきらかにする	
15. 主流たる期待よりも（他者を傷つけない限り）自分たちにフィットする人生を追求するよう他者を励ます	
16. 相手が主流たる「標準」を満たすことに失敗したと気づいたときに，他者に親切 and/or 連帯の行為を示す	
17.「正常さ」の期待を超えても，（自分自身，他者，そして地球のための）正義の行為とケアの倫理に価値を見出す	
18. たとえ正常さから逃れることに関するものであっても，質問紙に答えることは挑戦的に拒否する	

私の父親の名前、マイケル・アントニー・デンボロウ（Michael Antony Denborough）を入れてもらってもいい。もしも彼が出席できるなら授賞式で「ブラボー」って歓声を上げることは、私が請け合おう。

私たちの文化を研究する

もしも私たちが正常さを疑い始めたなら、自分自身の生活の中で文化人類学者になるみたいだ。ここに、自分自身の文化を研究する手助けとなるエクササイズがある。一人でもいいし、友達と一緒でもいい。紙を用意して、線を二本引いて、三つの欄を作ろう。ペンか鉛筆も一緒に一週間、この紙を携帯すること。

左の欄には、人生に関わることなら何であれ、それについての意見、判断、結論、態度、視点、推測、評価、ないしあたり前の前提をあなたが見たり、聞いたり、読んだりしたときには、必ずメモしてほしい。また、人生（ないし人生のいくつかの側面）に関わることなら何であれ、それについての

失敗からの逃走と正常さを疑うことについての証明書

この証明書は，以下の理由により，＿＿＿＿＿＿に授与される。

・他の人々の成功測定に反対して，人生測定を止める決心をしたこと
・正常さの追求に浪費されていたエネルギーを親切，連帯，ケア，および正義の行為に向けること

「救うべき世界と打破すべきものごとがあるとき，人生はあまりに短く，大勢が無理強いすることを気にしてはいられない」

真実を知っていると誰かが相手に公言しているのを聞いたときには、必ずメモをしてほしい。

真ん中の欄には、あなたが誰かの人生にとってよいことになるだろうものについて、そのような意見、判断、結論、態度、視点、推測、ないしあたり前の前提を持つことはできたけれど、そうはしなかったときには、必ずメモをしてほしい。

右の欄には、あなたが、自分自身ないし他者が自分自身、他者、ないし世界のために連帯行為、正しい行為、ないし気遣う行為にいそしんでいると気づいたときには、必ずメモをしてほしい。それは、大勢文化によって「成功」と高い価値を与えられないだろうが、世界が、（人間であろうとなかろうと）誰かが生きていくのによりよい場所になる上で貢献するであろうことでないといけない。

このエクササイズは、人々が正しいこと、正常なこと、そして他者にとって健康的であることをいかに普通に主張しているか、私たちに気づかせてくれる。そして、徐々に、私たちは、他の人々の人生についてそのような判断をすることを控えることがいかに重要であるかを理解できるようになる。正常さを疑い、多様な生き方を祝福するとき、人生は以前よりずっと面白いものに見えることだろう。

振り返り、先を見る

この章で私たちは、正常さを疑うという重要なステップを踏み出した。そうする中で、大勢の期待（これこそ、私たちにあまりにしばしば失敗をお膳立てする期待だ）による拘束から自分たち自身を自由にするチャンスを得る。自分たち自身の文化を疑う中で、私たちは、大勢の期待を連帯行為に変える機会を得る。私たちが価値を見出し、大切にするものに沿って、自分たち自身の人生の方向性を形作る機会を得るわけだ。

もしも私たちが心的外傷経験（これが次の章の話題だ）を生き延びてきたのなら、それは特に重要だったはずだ。

＊注

＊1　デニスと両親のストーリーは、White（2002b）に初出。
＊2　このような期待リストの完璧な一例は、本書 pp.165-166 にある。
＊3　この集会についての詳細は、ACT Mental Health Consumers Network & Dulwich Centre（2003）を参照。
＊4　ハリーのストーリーは、ドナルド・ブベンザー、ジョン・ウェスト、そしてシェリー・バウナーとのインタビューでマイケル・ホワイト（White, 1994）によって語られた。
＊5　質問紙は、マイケル・ホワイトの著作（White, 2002b）から借用されたアイデアを含む。

第7章 トラウマから人生を取り戻し、貴重なことを讃える

本章で考えるのは、トラウマから人生を取り戻す方法である。特に、トラウマ体験からのサバイバルを可能にする特別な技術や個人的特質を讃えたい。以下の頁で、私は、トラウマから自由になる方法として、もともとのトラウマ体験を再訪するようあなたに勧めたり、励ますことはしない。[*1] その代わりに、人々が「人生の暗闇を通り抜け、現在までたどり着ける」(White, 1995a, p.85／邦訳 2000 pp.137-139) ことを可能にするサバイバルスキルを探求しよう。

子どもであれ大人であれ、トラウマの性質にかかわらず、誰ひとりとして、トラウマの受け身的な受け手はいない。とりわけ、人々はトラウマへの暴露を最小限にし、自らの傷つきやすさを減らすための行為に出るものだ。しかしながら、人生におけるトラウマへの対応が認識されることは稀である。よりありふれたことには、人々の対応は気づかれなかったり、トラウマの文脈において罰せられたり、あざけりを受けたり、低く見積もられる。そのため、人々は自分がどのように対応したかを覚えていない。自らないし他者に対して害が及ぶのを最小限に食い止めようとした彼らの行為は、忘れられ、見えないものとされ、消去されるのである。

よって、私たちが人生の暗闇を通り抜け、現在までたどり着くことを可能にする特別な技術や個人的特質が認識されるよう、互いに援助し合うことが、必須になる。このことを示すために、マイケル・ホワイトは、ポールという名前の少年との会話を提示している。そこで、ポールは、校庭でのひどい虐待を自分がどのようにやり過ごしたのかを発見した（White, 2004b, pp. 56-58）。

ポールは12歳の少年で、彼のことをとても心配する両親に連れられてやってきた。二人によると、彼はずっと淋しげで、始終ビクビクしていて、孤独で、自分のアイデンティティと人生についてのひどくネガティヴな考えをことあるごとに表現していた。両親が私に心配を打ち明けると、ポールは静かに涙を流した。両親によれば、ポールはもともと感受性が強い少年で、ものごとをひどく苦にする傾向があった。児童期の辛苦の多くに打ちのめされることは珍しくなかった。しかし、ここ1年半ほどは、彼のビクビクした感じや淋しさは両親の目にもあきらかで、彼の存在全般に影響を及ぼしていた。

ポールは相変わらず泣いていたので、このようなことになった文脈について両親がどう理解しているかを訊ねることにした。とりわけ、ポールの母親は、彼が最近学校で受けているしつこいからかいといじめについて語った。その際、ポールはすすり泣きを始めたので、私は、そのからかいといじめが重大であるという母親の観察が確かなものだと思った。

私がこれについてポールに訊ねると、彼は、まだ会話に入る準備ができていないことをあきらかにした。そこで私が彼に、そのからかいと彼の人生に対するその影響についてもう少し理解したいから両親に質問を続けてもいいかと訊ねると、彼は了解の意を示した。そこで私が両親と始めた会話の内容は、このからかいの具体的手口とそこに表現された態度について二人が何を知っているのか、そしてそのことがポールの人生に及ぼした影響について彼らが理解していることがらであった。

たとえば，その手口や態度は，ポールの自己イメージにどんな影響を及ぼしているか，彼の人生について彼に何をささやいているのかと訊ねた。その手口が彼の社会的情緒世界をどのように邪魔しているのかも訊ねた。それがポールを孤立化させ，彼の情緒的生活をひどく邪魔しているのは極めてあきらかだった。初めて母親が，ポールの受けているのは「虐待」だと宣言したのは，このときであった。その頃には，ポールにも会話に入る準備は整いつつあった。私の問いに対して，彼は，自分の悲しみと孤独について，そして自分のアイデンティティと人生についてのネガティヴな結論に関する両親の推測が正しいことを確認した。彼は「弱虫」で「痛ましい」「不適切で」「無能力な」人間であった。彼は，その経験の主たる文脈についての両親の理解（学校での執拗なからかいとたび重なるいじめ）についても確認した。私は，何をきっかけにしてポールがこの会話に入れたのかに興味を抱いたと話した。それは，仲間の虐待の手口という両親の名付けか，その手口に表現された態度の名付けか，あるいは対処が迫られる彼の人生におけるそれらの影響に関する理解のどれなのだろうかと私は訊いた。ポールは，それらすべてだと答え，私たちの会話はさらに展開し，仲間の虐待の手口や態度，それにその影響というものが具体的に会話の中で名付けられたのは，これが初めてだということがわかった。これによってポールがいくらかほっとしたのは，あきらかだった。

この状況への家族の対処努力について私が会話を始めると，ポールの母親が学校側に対して何度かその問題に対応すべくかけ合っていたことが判明した。しかし，どれも徒労に終わっていた。そのたびに彼女の心配は以下のような形で却下されたのである。「私たちはこれについて調べてみましたが，問題は主にポールの方にあるようです。彼に自己評価がいくらか足りないのはあきらかですよ」「ポールが自分のことは自分でできるようになる頃だとはお思いになりませんか？　世の中に出れば，自己主張は学ばざるを得ません」。

私はポールに彼の直面していることへの対応について質問を始めた。その質問の結果、私たちが知ったのは、とりわけ、彼が学校の司書と仲良くなり、昼休みは図書館で過ごすようにしていたことである。校庭文化からの分離である。そのような最初の一歩が会話の中であきらかになったのである。その結果、ポールと両親は、ポールが展開していた、問題の根っこに対する最初の一歩、および彼が人生に価値を見出していた何がその最初の一歩に反映されているのか、これまでよりずっと親しみが持てるようになった。トラウマへの彼の具体的対応がより豊かに知られていく会話が展開していく中、ポールがよりやすらぎを見つけているのは、容易にうかがい知ることができた。

ポールと両親の許可を得て、私は学校に電話を入れてみた。学校側の担当者と協力できれば、虐待的な校庭文化に対応する上での最初の一歩が踏み出せるのではないか、そしてポールの虐待経験への対応において具体的な一歩が踏み出せるのではないかと願ったのである。仲間虐待を続けていた子どもたちと私が会うことも実現しないかと願った。しかし、私の接近に対する学校側の反応は、ポールの母親の予想通りだった。ポジティヴなものではなかったのである。私の配慮にもかかわらず、校長はあきらかに私の接近にいら立ち、「校庭文化について申し立てるべきもの」自体について是非知りたいものだとうそぶいた。

私はポールの家族に電話をして、母親に代わりの計画を持ちかけた。次回の面接に、仲間虐待についてのインサイダー知識を持つ、ポールの知らない子どもたちを招待するのである。私は、その子どもたちであれば、（私たち大人にはわからない）ポールのストーリーの一面を理解できるかもしれないし、彼らの反応はポールに（私たちには到底できない）正当性の立証が可能かもしれないと持ちかけたのである。ポールの母親がこのアイデアに色めき立ったのは、ポールのひどい孤独が、特に彼女の心配の源であったからである。父親はこう言った。「いいでしょう，我々には失うものは何もない！」ポールも，多少の不安はあるものの，このアイデアに乗り気だった。

治療実践という文脈において，私がリストにあたるのは珍しいことではない。そこには，過去において私に相談に来た人で，彼らと同じ道を歩いている人々との私の仕事への貢献を申し出てくれた人たちの名前と連絡先がある。そこで，仲間虐待に関連して私に紹介されてきた子どもたちのリストから，私は最近の家族，三組に電話をした。三人の子どもたちが全員，彼らの両親共々，この招集に血湧き肉踊る感じで応じてくれたので，私はさらにリストを繰る必要はなかった。まもなく私は，ポールと両親，それに三組のゲストに会うことになった。

この集まりのはじまりで，私はポールに以下のことを訊ねた。仲間虐待の経験について，彼が受けた仲間虐待の具体的手口に関して彼が学んだことについて，彼の人生におけるその影響について，そしてその苦しい体験への彼の対応について。ポールが，彼が踏み出した最初の一歩を生き生きと描けるよう，彼が自分の人生において価値を見出し続け虐待に降伏することを拒否したことがらに関連づけることができるように，私は「足場作り会話」を行った。この第一部で，三組のゲストは，私たちの会話の聴衆として立場を堅持した。

私はそのあと，ポールと両親には後ろに下がってもらい，私と子どもたちとの会話を聞いているように頼んだ。私は以下の質問をした。

1．ポールの話のうち，君たちの注意を特に引いたのは何ですか？
2．それによって喚起されたイメージないしメタファーがありますか？　それによって示唆されるポールの人としてのイメージ，および彼にとって大切なものは何ですか？

3. なぜ君たちはその話に関わりを感じるのだろう？　それは君自身の経験における何と出会うことで、君の心の琴線にふれたのか？
4. ポールが受けた虐待や彼の対応についての話の証人になることで、君たちは個人的にどこまで旅をしたのだろう？

ポールが人生において支持しているものがより豊かに知られたのは、この語り直しの文脈においてであった。「ポールはこうしたことすべてにかすめ取られることをよしとはしなかった。仲間がしたことによって、彼がからかいやいじめに与することはなかった」「ポールはもっと相手をケアし理解する仕方を支持している」「ポールは責任転嫁しない子どもの一人だ。彼は年下の子どもをいじめなかった」。三人の子どもたちの語り直しが進むと、ポールは涙を流し、遂にはすすり泣きを始めた。思うに、そうなったのは、仲間虐待の文脈においてあまりに品位を傷つけられ不適格とされた彼の人生における在り方が今や認証され栄誉を讃えられたからである。また、この説明において、ポールは、仲間虐待の文脈において彼のアイデンティティに強制されたネガティヴな結論のすべてから距離を置いていたと思われる。

この後、三人の証人が後ろに下がり、私がポールにこの語り直しで何を聞いたのかをインタビューする段になる。私の予想に違いはなかった。この語り直しの経験は彼の人生においてターニングポイントになった。そして、彼は自分のアイデンティティと人生についてのネガティヴな結論に二度と傷つきやすくなることはないだろうと私に強く感じさせたのである。

ポールと両親、そしてこの会話の証人となった三人の子どもたちと私の会話には、まだ続きがある。そこで、私たちの面接経過中に起こった展開の一つで最も際立っているものについて少しだけ補足しておこう。第五回面接で知らされたのだが，ポールは，仲間虐待のインサイダー知識のある他の子どもたちを捜すことを仕事にし出したのである。子どもたちのほとんどは同じ学校の生徒だった。こうした子どもたちを同定して彼が始めた会話は，虐待を受けることと，彼らにとって大切なことや彼らが人生で支持することとの関係についてであった。つまり，校庭文化における少年の在り方をより讃える仕方である。その上，仲間虐待への自分自身の対応が同定され肯定されたことがポールにとってとても重要であったため，彼は他の子どもたちも集めて，彼らが耐え忍んでいたことへの対応についての話を関係づけるよう誘ったのである。それは，校庭におけるオルタナティヴな文化の展開に貢献した。引き続く面接で私は，ポールと何人かの子どもたちに出会う大きな喜びを得た。

トラウマの時期にどのように対応するのか，そして自分自身と他者をどのように守るのかということは，私たちが人生において大切にしているものについての手がかりを与える。私たちの対応は，自分たちが価値を置いているものに基づいている。ポールの対応がいったん知られ認証されると，それは彼が人生で支持するものを示すこととなった。責任転嫁しないこと，仲間虐待をしないこと，そしてより讃えられるべき少年らしさを見つけることである。

ポールと両親，そして他の子どもたちとのマイケルの会話において，ポールのトラウマ対応は目に見えるものとなり，誰もが彼にとって大切なものを知り認証することになった。これによって，ポールは，自分自身についてあてはめるようになっていたとてもネガティヴなアイデアから解放された。この過程には別の重要なステップも含まれていた。ポールが，彼のストーリーが他の子どもたちに何を意味したか，そして仲間虐待の不正を緩和するためのさらなる行為に出るにはどのようにして彼らを導けばいいのかについて他の子どもたちから話を聞くと、彼は、自分がそれまで耐え忍んできたことは目的のないことではなかったことを理解した。彼は、仲間虐待に苦しむ他の子どもたちの人生に貢献することができたのである。困難を抱えた他者の人生に貢献するために、やっと手に入れた知識を使う方法を見つけることは、トラウマに治癒をもたらすことができる。

子どもたちの対応に気づく

エンジェル・ユエンは子どもや若者と仕事をするカナダ人セラピストであるが、その多くはトラウマを体験している。[*2] 彼らとの会話において、彼女は、辛い時期を乗り越えるためになされた行為について学ぼうと、さまざまな質問を投げかける。

・あなたはどのように対応したのですか？　何をしたのですか？
・怖い時、あなたは何をしましたか？
・虐待されたときにあなたは顔に出したものがありますか？　顔に出さなかったものがありますか？
・怖いときはどこに隠れましたか？
・隠れる場所を見つけた後は何をしましたか？
・子どもとして暴力を止めることは不可能だったとしても、自分自身ないし他者あるいはその両方を守るためにどのようにしましたか？
・自分自身ないしきょうだいあるいはその両方をどのように慰めましたか？
・あなたのきょうだいはどのようにあなたを慰めてくれましたか？
・虐待（ないし虐待の証人となったこと，親の死など）の影響を減らすためにあなたは何をしましたか？　何をしていますか？

エンジェルは子どもたちから聞いた対応のいくつかを記述している（Yuen, 2007, p.7）。

とんでもない恐怖にさらされたときに子どもたちが見つけた安全な場所について訊ねると，彼らは創造的な対応のイメージをたくさん紹介するし，トラウマの受け身的受け手だという感じを減らすことになる。７歳の少年，マイケルは，「悪い，怒りの，怖い声」と呼ぶ情緒的虐待に直面し，しばしば家の至る所に隠れ，恐ろしい声が「出て行く」のを待った。彼の選んだ隠れ場所は，決して使われたことのないクローゼットだった。マイケルにどこに隠れたかを訊ねることで，彼は，その時起こっていた他のことや自分の対応にも触れることになった。私が彼に「クローゼットに隠れていたとき，安全を確保して，自分をなぐさめるために，何をしたの？」と訊ねると，彼はこう返答した。「自分のために歌を歌ったんだ。それで涙はどこかへ行ったよ」。

メーガンは16歳の少女で，自称「滅茶苦茶」，自らの人生の辛かった時期について語ったが，私は，彼女の母親が大酒を飲んで酔いつぶれるとき，どうやって彼女が身の安全を確保したのか不思議に思った。彼女はこう答えた。「６歳頃だったと思う。ママが酔いつぶれるときには強盗が来るのではないかとビクビクしていたのを憶えている。時に麻薬の密売人がやってきた。だから隠れた。ベッドの下に押し込まれた古いマットレスがあったから、マットレスとベッドの間にもぐり込んだの」。

どのくらいベッドの下にいたのかメーガンに訊ねると、彼女は時に8時間にも及んだことを思い出した。私は問いかけた。「ベッドの下でその間中、何をしていたの？　隠れるには長い時間ね。10年前のことではあるけど、まだ少女だった頃、隠れている間、自分がしたこととか考えたことを思い出せない？」。メーガンは思慮深く答えた。「そうね…変に聞こえるかもしれないけど…ベッドの下に隠れるときは、その間中ずっと目の前の板を彫るナイフを用意しました。Xとハートを彫りました。Xに続けて、一緒にいて安全でない人々のイニシャルを彫り、ハートの中に私を大切にしてくれる人のイニシャルを彫ったのです。そして、なんとか母親が目を覚ますこととか、どうしたら彼女の気分をよくしてあげられるか、どうやって彼女の世話を焼くか考えていました。そうこうしているうちに、眠ったと思います」。

大人が振り返る

私たちが大人として、トラウマ経験への対応に焦点を当てて幼少期の何らかの出来事を振り返ることは、同様に重要である。ジュシー・ヴァーコ（Verco 2002, pp.23-26）は、性的児童虐待のサバイバーである成人女性[*3]との会話を紹介している。

性的児童虐待のサバイバーはしばしば，彼女たちの経験した虐待に何らかの責任が自分にもあるよう信じ込まされる。これが，自己憎悪と自己嫌悪の作り方の秘密だ。この経験は，より広い文化実践の中に置かれると，よりよく理解できる。父権的文化はたいてい女性を家族の問題の中心に置く。非難が，大方の家族問題に関連して女性の足下に並べられる。よって，サバイバーとの仕事において私たちはしばしば，女性を自己非難のつかみから解放する会話に従事するわけである。ある意味，これは自己容赦の過程なのだ。

この過程には決定的因子がいくつかある。第一に，女性は，他者から信じられる必要があるし，讃えられ敬意を表される経験を持たなければならない。これがいかに重要かはいくら強調してもし過ぎることはない。私が仕事をしてきた女性は皆，虐待経験を最初に打ち明けたとき，相手に信じてもらえなかった。この最初の不信はしばしば，女性の自己価値感覚に重大な衝撃を与える。子どもが虐待されるときに限らず，虐待が信じてもらえないとき，彼女たちのアイデンティティ感覚や敬意とケアの権利付与感覚は，激減するのである。

第二の決定的因子は，女性が子ども時代に携わった抵抗行為を讃えることに関連している。私たちは，女性が子どもとしていかに安全を求めたとか，いかにして抵抗したか，あるいはどのように逃げたのかという語り，および語り直しを始めることができる文脈を創造しようとする。このようなストーリーに関わるのはサバイバーにとって最初は難しいかもしれないが，ストーリーが語られ認証され始めると，女性はそれまでとは異なる自己感覚を持ち始める。異なる光で自分たちを見るようになるのである。彼女たちが自分自身を，虐待によって唯一犠牲になった人として，あるいはある意味虐待に共謀した人として見なくなるわけである。その代わりに，彼女たちは，自分がさらされたことに抵抗すべく，子どもながらに積極的に，自分なりにできることをしたのだと認識し出すことになる。

これらのストーリーは、抵抗の偉大な物語である必要はない。たとえば、それは、彼女が裏庭で一番高い木に登り、無理矢理降ろされるまでそこに留まった時間でできているかもしれない。それは、何時間も裏塀で座り込みを続けた時間のストーリーかもしれない。あるいは、彼女が屋根に上ったとか、家出したとか、壁の割れ目から這い上がることを想像したことかもしれない。あるいは、彼女のからだが虐待を受けたときに、魂がその場から立ち去れるように、いかに解離したのかというストーリーかもしれない。女性たちがこれらのストーリーを語り直し始め、それがサバイバルスキルや知識を含んでいると認識されると、彼女たちがいかに自分を理解するかにおいて驚くほどの差が生まれることになる。自分の身の安全を確保しようとする過程にあったことを理解することで、女性が「自己容赦」と呼ばれるものを目論むことができるようになる。彼女たちは、自分が虐待に同意しなかったこと、そしてそれを止めさせようとしたし、助けを求めさえもしたということを認識できるようになる。

他の女性サバイバーたちからなる聴衆とこうしたストーリーを共有することによっても、変容が起こり得る。これは、過去において自分たちのサバイバル戦略をネガティヴに理解されていた女性に、特にあてはまる。たとえば、虐待されたときに解離した多くの女性は、そのことに対して自分が多少「クレイジー」か「滅茶苦茶」なことをしているのではないかと心配しているものだ。同じことをした女性、子どもながらにも自分を大切にすることを讃える女性、そしてそれをサバイバルスキルとして理解する女性などの話を聞くとき、まさに解放されることになる。

私が思い出すある女性は、最初、サバイバル知識に関するグループで会話をした人である。彼女は「私は何もしていません」と言った。子ども時代に困難を感じたものごとについて私たちが話し始めると、彼女は自分はおてんば娘だったと言った。その日、グループには12人の女性がいて、テーブルを囲んでいたが、その誰もかもが自分はおてんば娘だったと言った。もちろん、私たちは、それがいったい何を意味しているのかを議論したが、女性たちはいくつかの素敵な省察を披露した。たぶん、彼女たちは子どもながらに、少年のほうが性的虐待の被害に遭いにくいと考えていたのではないだろうか。あるいは、慣習的な魅力を少しでも削ぎ落とすために髪を短くして少年の服を着たのである。ことによると、彼女たちは少年と出歩いていれば、何か事が起きても、少年たちが自分の身を守ってくれると思っていたのではないだろうか。もしかすると、少年のほうが楽しみが多いと考えていた！ある女性の振り返りでは、バイクに乗るといった少年のゲームのほうが、少女たちのするようなままごと遊びよりも自分にとって魅力的だったとされた。この特別な女性は、ママとパパがしていることを真似るようなゲームをすることは恐ろしいことだと気づいていたのだろうと語った。このような経験を女性たちが共有すると、子ども時代の抵抗行為を認めるたびに、テーブルには驚きのさざ波が広がった。

女性たちが子ども時代の抵抗行為と、自分の身を守るため、あるいは何らかの出来事に対して反対するために自分たちが選んだ方法について語るとき、「自己非難」の力は遠く離れていった。ミーティングのはじめに自分は何もしなかったと言った女性は、翌週も参加し、こう言った。「私、一週間ずっとニヤニヤしていたみたい。だって、自分が確かに何らかの抵抗をしていたってわかったんだもの」。

時に、サバイバーたちは、自らが耐えた経験を共有したり、いかにしてそれに耐えたかを共有するために、グループに参加する。ジュシー・ヴァーコの記述した、性的児童虐待の女性サバイバーグループは、サイレント・トゥ・ロング（Silent Too Long）と呼ばれている。以下に、彼女たちが受けた虐待経験*4への対応についてメンバーが語ったことの一部を引用する。

子ども時代に自分や他者を守るために自らが行ったことを讃える

子ども時代に自分を守るためにしたことを認めるのは、私にとってとても大切なことでした。たとえば、「無礼ですよ」とか「年寄りを敬いなさい」などと罰をちらつかせながら脅されても、ビル叔父さんや祖父と二人だけで留守番することを拒否したのです。小さいながらも他者を守る方法もありました。子どもの頃、他の子どもを我が家に招待しなかったことです。彼が彼女たちにひどいことをするのを見たり聞いたりするのは、耐えられなかったからです。私たちが自分や他者を守るためにしたすべてのことを認識することは、私たち自身の治癒にとって重要であり力強くもあるのです。

抵抗行為を讃える

父が私を犯してぶん殴った後で、彼が部屋を出て行くのを待っていました。そのあとで私は立ち上がりました。彼の完全な勝利などというのはまっぴらだったのです。私の内面の一部、魂というのがあって、自分に起こったことに全く同意できなかったのです。彼がそばにいる間は立ち上がれなかった。あまりに危険だったからです。もう一度殴られたでしょう。しかし、いったん安全が確保されれば、私は立ち上がります。彼には手を出せない部分が私の中にはあるのです。それは私の希望です。私には、子どもの扱い方が他にもあることはわかっていました。虐待は正当化されない、決してそうあってはならないと。過去を振り返る中で、虐待児でありながらも自分が行った力強い選択や行為というものが発見されたのです。当時、それがいかにささやかなもので、有効ではなかったとしても。抵抗行為について語り、それを共有することで、大きな違いが生まれるのです。

虐待から他者を守るために試みた方法を讃える

他者、特に自分の子どもたちを守ろうと行った行為を認識することは、私たちにとって大切です。多くの例があります。たとえば、子どもたちの保護についての理解に関して保母にインタビューすること、性的児童虐待について医師を教育すること、人生で出会った他の女性を教育すること、そして児童虐待事例の責任ある報告を実現するよう地方新聞社の編集者を招請すること。

半分の記憶を完全な記憶にする――正義の問題

ここでもう一度、トラウマ経験への個人の対応がたいてい忘れられてきたことを強調しておきたい。トラウマ対応の記憶がしばしば消去されるのは、対応があざけりを受けたりそれで名誉を傷つけられたりするからである。また、それらが認められず、確認されず、あるいはそれが身近で栄誉あるものとなるような形で認識されなかったりするからである。これが、実にしばしば、問題となる。マイケル・ホワイトは、人々のトラウマ対応を描き出し、認証する過程を、「半分の記憶」を「完全な記憶」にすることだと呼んでいた。

これはまた、正義の問題でもある。トラウマへの子どもおよび大人の対応を讃えることはしばしば、正義への対応を讃えることでもある。虐待加害者の大人から年少のきょうだいを守るために子どもが踏み出すステップは、記憶に値する。それは子どもによってのみならず、コミュニティによっても記憶される価値がある。しかし、もしもそうした対応が思い出しにくいのであれば、私たちに何ができるのか?

第一に、私たちは、人々のトラウマ対応の多様性を認めることができる。そこには、(といってもそれに限定されるわけではないが)子ども、若者、そして大人が以下のことをする仕方が含まれる。

・生命を脅かす文脈において人生を守ろうとする行為
・敵対的環境においてサポートを見つける
・安全ではない場所で安全な領域を確立する
・希望をくじく環境において希望の可能性を保つ
・体面を傷つけられる状況でさえも他者をはぐくむ対応を展開する
・孤立に追い込まれる状況でも他者との結びつきを見つける
・他者の人生におけるトラウマを訪れることを拒否する
・癒しには不向きな条件下でのトラウマの結果を癒す
・自己拒否をはびこらせる環境において自己受容の程度を上げる

人々のトラウマ対応はしばしば、彼らの行うささやかなことの中に見つけられる。私たちが探すべきは、小さなステップだ。たとえば、猫に餌をやるとか、植物に水をやるとか、弟や妹の身なりを整え食事を与えるといった行為である。こうした行為や対応の一つひとつは、その人が価値を見出していることの手がかりにもなる。たとえば、愛、責任、ケア、義務、安定性といったことである。

私たちは、知り合ってケアをしている人の人生におけるささやかだけれど重要な対応に気をつけていることができる。あなたは、現在、重大な困難ないしトラウマを経験中の子ども、若者、ないし大人を知っていますか？　もしもそうなら、先述のリストを少しの間、眺めてみよう。そして、彼らが人生において踏み出したステップが同定できるか考えてみよう。それは、トラウマへの対応と考えられるものであり、彼らが人生において価値を見出しているものの証拠である。

もしも身の周りの人々が自分たちにとって大切なものを守るためにしている行為をいくつか同定したなら、たぶんあなたは、それを認めたというメモを書くことができる。そのメモに、たぶんあなたははっきり以下のことを書くことができる。なぜ彼らの行為が自分にとって大切なのか。彼らの行為は自分に人生へのどんな取り組みを刺激したのか。その刺激のおかげで、あなたはどんなささやかなステップを踏み出すのか。

あなた自身の人生

あなたは自分自身もまた、トラウマ体験への自らの対応と、自分にとって大切なものを守るためにした方法について認識したいと願うかもしれない。それをする一つの方法は、自分自身に手紙を書くことだ。自分自身に宛てて手紙を書いているかのように書き始めることだ（たとえば、私なら「拝啓、デイヴィッド様」と書く)。手紙の第一部に含めるべきは、あなたがトラウマを経験したときの自分自身へのメッセージである。もしもそんなチャンスがあるなら、あなたは自分自身に何と言うだろう?

次に提示する例は、重大な精神的問題を抱えた両親に育てられた人々が子どもの自分に書いたメッセージである。*5

私は「大丈夫だよ」と言うでしょう。子ども時代、私は母の苦悩と痛みを目の当たりにしてきました。(ずっと後年になって理解したのは)痛みと抑うつへの彼女の対処法が、アルコールと鎮静剤だったことでした。大人になる頃、私の人生、それに妹と家族の人生も、しばしば暴力と虐待に彩られていました。折々、それによって絶望と恐怖が引き起こされました。私の家族や私が大切に思っている人たちの人生はこの先どうなってしまうのだろうかって。そんな時に「大丈夫だよ」というような言葉を聞かされたら、希望とやすらぎの感覚が得られるだろうと思います。自分がひとりじゃないんだという証になりますから。

＊＊＊

私ならこう言う。「君の母さんと父さんは具合が悪いんだよ。だから、あんなことをしているんだ。それは君のせいじゃない」。

＊＊＊

私なら「未来があるから。人生はいつまでもこんなふうじゃないよ」と言うでしょう。なぜなら、ものごとが起こっているその場では、未来など考えられないからです。それがずっといつまでも起こるようにしか思えないのです。

私は「君には関係ないよ」と言うでしょう。なぜそれが大切なのか？　母親が自殺したとき、私や妹のせいで母親は不幸せだったのだろうかと何度も考えさせられました。だけど、母親のしたことを文脈（産褥性うつ病）に置くことは、彼女がしたことと、彼女が私たちの人生において抱いていた希望と夢とを分けて考えるのに役立ったのです。

＊＊＊

自分宛の手紙の第二部で認証して欲しいのは、あなたがトラウマに対して行った対応と、自分にとって大切なことを守るためにとった方法である。そこには、あなたが人生を守り、サポートを見つけ、あるいはあなたの世界であれ心であれ安全を確保するためにあなたがした行為を含めること。希望を手放さない方法。他者との関係をはぐくみ結びつけるためのステップ。他者にトラウマを与えることを拒否する方法。あるいは、拒絶にあいながらも自己受容を達成するための方法である。

以下に提示するのは、重大な精神的問題を抱えた親の子どもとしての対処法を若い女性が振り返ったものである。*6

何によってあんなに辛い時代をやり過ごせたのかを考えるまで、私は自分が（読書などほんの二、三のことを除いて）自らを元気づける何らかの活動に携わっていることに「意識的」ではありませんでした。自分のサバイバルスキルを考えるにあたって、以下のリストを作ってみました。読書、自然、音楽鑑賞、歌うこと、アートと創造、ローラースケート、BMXバイク、水泳、ダンス、その他の運動、友達と笑うこと、他の人の親切、月と星を観ること、雨の中で立っていること、動物との愛情共有、両親が虐待的でないときに見せる親切さ、遊びと想像、美しさの発見、知識と回答や問題解決への渇望、洞察を得ること、超越的瞬間の経験、それまで見たことも感じたことがない仕方でものごとを見たり経験したりすること、ひとりの場所に逃げ込み自己に引きこもること、混乱から離れた平和と静けさを見つけること、観察、判断せずにただ「在ること」、睡眠、探求と冒険、さまざまな役割を試すこと――アイデンティティの実験、他者との意味のある会話、他者から刺激を受けること、自立、サポートを受けること、自己の世話、自己への地味なジョーク、容赦、愛されること、自己に誇りを感じられることをする。

このリストがすべてを網羅しているとは思いませんし、困難の対処法というのはおそらく誰もが何千もの種類に及ぶ方法を持っているのだと思います。それは、ささやかではっきりしないものもあれば、とても目立つものもあるでしょう。これについて考えることで、私は、自分が対処法を持っているのだという考えに意識的な気づきを持ち込み、それがどんなものか気づけただけではなく、自分がそれらに意識的に頼ることもできるようになったのです。それは、それまでしてきたように、本能的にしてきたのとは対照的な仕方です。しかし、そうすることで私は、他の対処法を見つける能力を自分自身の中に気づくこともできたのです。おそらく、より意味があり有効な方法を。

自分宛の手紙に、自分自身へのメッセージと、トラウマ対応の認証を含めたなら、次は、あなたが守っていたのは何なのかを言葉にしてみることだ。ちょうど、ポールが責任転嫁をしないこと、仲間虐待をしないこと、そしてもっと誉められた少年らしさを見つけることを支持したように、あなたのトラウマ対応は、若い頃のあなたが支持したり信じていた何を示しているのだろう？

もしもあなたが手紙をコンピュータで書いたのなら、印刷しよう。そして封筒に入れて、宛名を自分にしよう。そしてあなたの住所に宛てて投函しよう。2、3日後に手紙が届いたら、その到着を祝おう。開封すべき最も適切な文脈を創造するのに少し時間を割いてほしい。お茶を飲みながらでも，ロウソクを灯したり，浜辺か裏庭に手紙を持って行くのもいい。そこに誰かに加わってもらうかどうかも決めよう。もちろんひとりでその儀式を執り行うほうが好みだという人もいるだろう。

手紙を開封したら，声に出して読んでみよう。さらに考えなり振り返りがあれば，追記するなり，書き直すのもいい。自分が望む限り何度繰り返してもいいのだ。

他人に手紙を見せたくない人もいるだろうし，誰かと一緒にこの共同作業を進めたいという人もいるだろう。その場合は，手紙を交換したり，共同作業する人の言葉やストーリーがあなたの人生に（これは逆もありで）いかに貢献するかを伝える機会もあるだろう。

大人の自己虐待から逃走する

子ども時代や思春期に情緒的ないし身体的虐待を受けたことがある人に適した，もう一つの過程がある。そのような虐待を経験すると，大人になっても時に，人は自分自身に対してとてもネガティヴで拒絶的な態度を取るようになる。こうなると，リセットするのはとても難しい。加害者の態度に添って自分自身を鍛え上げるよう永久に強制されている感じさえあるかもしれない。

もしもこれが問題なら，以下の質問について考えるのが時に役に立つ。*7

・もしもあなた自身が父親ないし母親だったら，あなたの人生はどのようになっていたと思いますか?
・もしもあなた自身が父親ないし母親だったら、(子ども時代には評価されなかったものの)子どもであるあなた自身の何を評価しますか?
・もしもあなた自身が父親ないし母親だったら、あなたが成長していくのにどんな違いが生まれるでしょうか?
・どんなふうにあなたは自分自身をより受け入れることができたでしょう?
・どんなふうにあなたは自分自身を愛される人として経験できたでしょうか?

上記の質問に答えることは、自己との新しい関係を作り上げるのに貢献する。さらに、下記の質問に答えることも興味深い。

・あなたを子どもおよび若者として知ることで、あなたのお父さんないしお母さんの人生はどんなふうにより豊かになったと思いますか?
・子どもおよび若者であるあなたの評価すべきところにあなたのお父さんないしお母さんの目がもう少し向いていたとしたら、そしてもしも彼らがあなたの中にそれを認めて経験することに本当の興味を持っていたとしたら、それは彼らの人生の質に対してどんな影響があったと思いますか?
・もしもあなた自身を息子ないし娘として持つなら、その息子ないし娘とのあなたの相互作用はあなたの人生を豊かにするのにどんな潜在的力があるでしょう？

これらの質問によって、私たちは、子ども時代の人生についてこれまでとは違った考え方ができるようになる。異なる環境であれば他者によって本当に評価されたかもしれない子どものあなたが示した個人的特性や人物特徴を同定するよう誘われるからである。上記の質問は、虐待を受けた人々が、彼らがしばしば他者に向けて経験する思いやりを自分自身にも経験することを可能にする。重要なことには、大人として、これらの質問に答えることによって、虐待的だった両親から、アイデンティティについての最終発言権を奪うことができる。

もしもあなたがこうした質問について考えることに興味を抱いている人を知っているなら、その人と質問を共有してみるといい。あるいは、時間を割いてあなた自身の答えを書き出してみることもできる。

はぐくみチームを作る

子どもと大人のトラウマ対応の認証の大切さについて考え、大人の自己虐待から逃走する方法を探求した以上、第４章で考えたチームのメタファーを再訪してみよう。時に、トラウマ対応においては、チームアプローチを取ることで違いが生まれる。*8

私たちは二つの異なるチームを素描し認識することができる。第一のチームは、「トラウマチーム」

ないし「虐待チーム」と呼ばれるだろう。このチームには、トラウマを引き起こすのに中心的であった人も周辺にいた人もすべてメンバーとして含まれる。虐待に積極的ではなくてもそれに共謀した人は含まれるのである。トラウマの影響に貢献する文化的考察も幅広く含めることができる。そこには、不信とか性差別ないし貧困、あるいは人種差別のような文化実践も含まれる。

ここで、私たちは、トラウマチームや虐待チームの反抗勢力として第二のチームを創造できる。このの「はぐくみチーム（nurturing team）」の目的は、私たちの好みにおいて最終的なバランスを取るためである。これを実現するためには、できるだけ多くの人々、登場人物、そしてポジティヴな文化実践をこのチームに投入しなければならない。どんな種類のチームにするか、どんなチームワークが求められるかというようなことを決めるために、何らかの計算や予測も必要になるかもしれない。よく訓練され、忠誠心のある、堅く結ばれたチームがしばしば、より確立されたチームを運営できる。そこには、たくさんのファクターが関与している。

もしもあなたがはぐくみチームを作るアイデアがお好みなら、あなた自身のためであれあなたが気にかけている人のためであれ、まずコーチを決めるのが先決だ。コーチとは、招待状を書くのを手伝い、初回のチームミーティングをファシリテートできる人のことだ。チームで働くことやミーティングを開催することに経験の豊富な人がこの役に適している。友達、親戚、コミュニティリーダー、ないしセラピストあたりであろう。

コーチが決まったら、はぐくみチームを展開する方法はいくつかある。

1. あなたの知っている人にアプローチして、はぐくみチームに参加してくれるよう公式に誘うことができる。
2. はぐくみチームのメンバー数は、初回メンバーが他に参加してくれそうな人を示唆したりその人にアプローチすることで、増やすことができる。
3. ペットはしばしば、はぐくみチームの重要なメンバーである。
4. 過去において鍵となったポジティヴな人物は、すでに他界されている場合、名誉会員にすることができる。
5. (教会、寺、ないしモスク。地元組織、あるいはAAのようなセルフヘルプグループなど)人々の属している協会組織は、メンバーシップの源にもなり得る。
6. (不信、性差別、貧困、ないし人種差別のような)「虐待チーム」を支持する文化実践に反対する人々ないし組織は、「スポンサー」としてリストに挙げることができる。

次に招待状の例を提示しよう。

親愛なるソーニャへ

お元気で、試験も無事終えられたことと思います。私は今、珍しい招待状を書いています。あなたもご存知の通り、私はしばらく前に体験したかなり過酷な体験のために、最近でもまだ辛い時期を過ごしています。時には昔の自分に戻ってしまいそうなほどです。ここ2、3か月、あなたはとても重要なサポートを私に提供してくれました。あなたのケアと親切さは大きな意味がありました。叔母と会って、一緒に話をしている間に、「はぐくみチーム」というのを作るアイデアが浮かびました。卒業までの数か月を私がなんとか乗り切れるように援助してくれるチームです。あなたならこのチームのメンバーの一人になってくれると思い、今、手紙を書いているのです。

もしもあなたがこの誘いを受けて下さるなら、誰がメンバーになれて、誰はなれないかを決めるためのチームミーティングを計画しましょう。叔母は、ミーティングを援助してくれると言っています。

こんなことにつきあってくれる、友達でいてくれて、ありがとう。

愛を込めて　　　　エイミー

メンバー候補が上記のような公式な招待状を受けとると、しばしば、これで自分はチームの一員なのだと確認することになる。もしもメンバー候補がすでに貢献したはぐくみの仕事が招待状の中に認められると、役に立つ（しかしながら、招待状に万全の配慮がなされている場合でも、受取人がノーと言うことはある。前もって、その可能性も覚悟しておくのが得策である）。

初回はぐくみチームミーティングでは、招待状を出した人がたいてい、トラウマチームのメンバーシップ、活動、活動期間、そしてその活動による長期的影響について説明する。第二回ミーティングでは、トラウマチームの仕業を帳消しにするためにこのチームが果たす役割についての考えと共に、はぐくみチームのアイデアが紹介される。第三回では、はぐくみメンバー候補によってその方向性の下ですでになされた仕事が、その仕事の効果と共に、認証される。第四回では、チームメンバー候補が、はぐくみの仕事に現在貢献中のことがらについて語る。そのような仕事は、トラウマチームの仕事に挑戦するものであり、相手の重荷になることなく自分自身の人生の責任に合致するものである。第五回では、ミーティングを招集した人が、いろいろな提案に応え、ベストな働きをするものについてさらなる示唆を行う。第六回では、こうした提案や示唆のすべてが協議され、その導入に向けて詳細な計画が立てられる。

このチームの目的は、誰にとっても継続可能な積極的役割に踏み出すことをメンバーに許すことである。たとえば、あるチームメンバーは、トラウマチームの「声」に対抗するメッセージ入りのカードを作るのに芸術的才能を発揮する喜びを感じ、はぐくみチームを招集した人に週三回それを送る手はずを整えるかもしれない。このようなチームが軌道に乗れば、はぐくみチームを招集した人がしばしば経験する危機の回数は減るものである。

他の形式のトラウマ体験

ここまでで、本章は、家庭内虐待、仲間虐待、そして性的暴力に焦点を当ててきた。これらは、多くの文脈において特によくあるトラウマ経験である。しかしながら、ここに集められたアイデアは、公的暴力の状況においても適切である。仕事の一部として、私は、重大な蹂躙の行われている場所に赴き、ルワンダ、イラクなどの出身で拷問やトラウマの被害にあったサバイバーと会ってきた。深刻な困難のあるところはどこでも、彼らの大切な人をケアし、夢を捨てずに、次の世代のためによりよい未来を創造すべく最初の一歩を踏み出す人々がいる。*9

害を及ぼすより広い文脈において子どもたちのトラウマ対応をちらりと見せるために、以下の文書が、ガザ地区に住むパレスチナ人家族の子どもたちの言葉から寄せ集められた。この子どもたちは、拡大軍事攻撃の間に近隣から逃れてきたのである。その時、彼らの家は戦車に取り囲まれ、砲火を浴び、占拠されるか、破壊された。彼らは、親戚と共により安全だと思われる場所に滞在するためにその12日後に命からがら逃げてきたのである。しかしながら、その新しい近隣では、さらなる軍事侵略があり、つまり、子どもたちは再び戦車とヘリコプターとミサイル、それに銃の砲火の的になった。ナラティヴ・セラピストであるスー・ミッチェルは、こうした子どもたちと会うよう依頼された。彼らとの会話の中で、彼女は、軍事攻撃に直面しなければならない他の家族のために子どものチップスを書きとめた。

●軍隊攻撃の影響を管理する方法——アイディニ家の子どもたちからの子どもたちのためのチップス*10

〈攻撃中〉

・お互いをサポートし、お互いを理解することが、大切です。もしも誰かが苦しんでいるとわかったら、声をかけることです。
・未来に目を向けること。あなたがもう一度安全になる日を想像するのです。
・食べ物がなければ、ラマダンを思い出すこと。食べ物と飲み物なしでも長くいられます。
・忍耐を実践すること。

〈攻撃後〉
・一緒にいて笑える時間があることを確認すること。
・一緒に話すこと。
・あなたを笑わせ、一息つかせてくれるゲームを考えること。
・勉強を続けること。よい戦い方です。
・忍耐を実践すること。忍耐は健康の鍵です。
・お互いをいたわること。苦しんでいる子どもを遊びに入れてあげること。
・オリーブを食べよう。オリーブの木は平和の木です。

本章のはじまりで、ちょうどポールが、仲間虐待を経験している他の子どもたちへの貢献が重要であることを発見したように、アイディニ家の子どもたちは、軍事攻撃に直面する子どもたちに自分たちの知識を分け与えることに熱狂した。いったん私たちが、人々のトラウマ対応と、彼らがそこに価値を見出すものを認識し始めると、私たちは自分たちのサバイバルスキルを共有することや互いへの貢献を開始することができるのである。

広い文化を変える

ここには、より広い範囲での挑戦がある。テレビをつけるたびに、新聞を開くたびに、あるいはオンラインニュースを見るたびに私たちはいつでも、トラウマ、災害、そして不正の記事を読むことになる。子どもたち、若者、そして大人が、彼らが曝されている虐待から自分自身と他者を守るための第一歩をいかにして踏み出しているのかを読む機会はごく限られている。彼らがやすらぎを与え、ケアを提供し、あるいは安全を求めるのに使う技術について学ぶ機会もごく限られている。

私たちはどのようにして広い文化を変えることができるのだろう？　残酷さや暴力、それに剥奪という行為を言い広め、憤怒にかられ、心を痛めていられるように。しかもそれと同時に、人々のケアと保護の行為はもちろん、やさしくて刺激的なサバイバルストーリーについても同時に言い広め、栄誉を称えていけるように。私たちは、他者のサバイバルスキルを讃えること（そして私たち自身のものも讃えること）で、そこでの役割を果たすことができる。

＊注

＊1　マイケル・ホワイトは、トラウマの記憶を再訪し、生き直し、あるいは経験し直すよう人々を励ますセラピストについては深刻な留保を行っている。彼は、これによって人々が不注意にも再トラウマ化されると信じている。以下の引用において、彼はセラピストが人々にトラウマの記憶を生き直すよう（そこでは、トラウマの「場所」を再訪することとして言及されている）誘導するときに起こり得る有害さについて述べている。

大事なことから話しましょう。人々がセラピーという文脈において再度外傷を経験すべき根拠などこにもありません。苦痛はまだしも、再外傷化はいけません。虐待を追体験するために虐待の起こった場所へ戻ることに重きを置くような治療実践の考えは、極めてあやしい考えであると同時に、危険な考えでもあるのです。その手の考えは、しばしば、カタルシス理論によって正当化されるのですが、これこそ、意味という抜き差しならない次元を曖昧にする理論の一つです。人々をやみくもに外傷の起きた場所へ戻るよう励ますことは、虐待経験の自己破壊的表現をもたらすドミナントな意味を彼女らに再強化するだけです。それに、それが外傷を改めてよみがえらせたり、新しい行為や自己虐待を刺激しかねないのです。

もちろん、外傷の起こった場所へ戻ることを重要視する考えに異義を唱える理由は、他にもたくさんあります。人々が虐待にさらされたとき、彼女たちには力はなく、選択肢もないのです。はめられたわけですから。我慢のならない、苦痛をもたらすだけの状況に反応して、多くの人々は、虐待の文脈から逃れられる思いもよらない仕掛けを身につけました。物理的に逃れられないゆえに、記憶に引っかからないほどの頭の隅へ自分自身を連れ去る術を身につけたのです。自分の自由になるなけなしのスペースを自分を支えるための経験に仕立てあげることができた人もいますが、そのような状況でそんなことができるのは、ものすごいの一語に尽きます。ところで、私に一つ質問をさせてください。人々に外傷の起こった場所へ戻るよう要求することは、人々から選択肢を奪うという罠を再生産していることにはならないだろうか？

これについて問うべき質問は、他にもあります。外傷の起こった場所へ戻るよう人々に要求することは、故意にではなくとも、私たちの文化における逃走忌避を再生産していることにならないだろうか？　私たちは、「直視せよ」という文化的指令に共犯しているにすぎないのではないだろうか？　そして、この共犯において私たちは、人々が特別な技術や個人的資質を謳歌する可能性に蓋をしているのではないだろうか？　そもそも、そんな技術や資質があってこそ、人々は人生の暗闇を通り抜け、現在までたどり着けるのにね（White, 1995a, p.85／邦訳 2000 pp.137-139）。

＊2　エンジェル・ユエンは www.narrativetherapycentre.com を通して連絡可能である。

＊3　これらの考察は、性的児童虐待を経験した男性にも適切である。なお、性的児童虐待を経験した男性の経験についてのさらなる情報は、O'Leary（1998）を参照されたい。

＊4　サイレント・トゥ・ロングのメンバーからの引用は、Silent Too Long（2000, p.66）に初出である。

＊5　これらの例は、ショーナ・ラッセルとデイヴィッド・デンボロウによって始められたプロジェクトに初出である。Dulwich Centre（2008a）を参照のこと。

＊6　この例は、Dulwich Centre（2008a）からも引用されている。
＊7　自己親化（self-parenting）に関するエクササイズはWhite（1988）に初出である。
＊8　はぐくみチームのアイデアはWhite（1995a）による。
＊9　トラウマと困難のより広い文脈におけるナラティヴなアイデアの使用についてのさらなる文献については、Abu-Rayyan（2009）、Denborough（2010, 2012a）、Denborough, Freedman & White（2008）を参照されたい。また、トラウマの文脈における人々の対応についてのさらなる文献については、Wade（1997）、White（2004b, 2005）を参照されたい。
＊10　この文書はMitchell（2005）に初出である。

第8章 大切な人を亡くしたときに再会すること

大切な故人に「再会する」という概念は、悲嘆の経験を変容させることができる。大切な人の遺産をどのようにして受け継ぐかということを考える上でも役に立つ。この章は、悲嘆と喪失との違ったつきあい方を経験してみるようあなたを誘う。つまり、亡くなった人に「再会し」、その大切な人の目でもう一度、あなた自身を見る機会を提供するわけだ。この考えを紹介するにあたって、マリーとジョンについて話そう。二人は、マイケル・ホワイトのセラピーを受けに来た。マイケルはマリーについてこんなふうに述べている[*1]（White, 1988／邦訳 2000 pp.29-31）。

マリーは、自ら「未解決の喪失」と称した問題で私に援助を求めてきたとき、43歳だった。その6年ほど前に、夫のロンが心不全で突然亡くなっていた。それは、全く予期せぬ出来事であった。それまでマリーは順風満帆だった。彼女とロンは、お互いに極めて高く評価する、「豊かで愛に満ちた」友情を謳歌していたのである。

ロンの死によって、マリーの世界は一気に崩れ去った。悲嘆に打ちのめされ、それ以来「無感覚」になり、彼女は「生きているふりをしているにすぎなかった」。少しも慰めなど得られなかったのである。彼女の「無感覚」は、カウンセリングによる悲嘆の「徹底操作」の試みをものともしなかった。薬物療法も同様であった。それにもかかわらず、マリーは、さらに5年間にわたって、セラピストをコンサルトし、「受容できるよう作業」することで、いくらかなりとも健康になろうと努力を惜しまなかったのである。

私が最初にマリーに会ったとき、彼女は、見かけだけでも健康になれないものかという希望だけは捨てられないと語った。別れを告げることなどできないと考えてもいた。マリーが私に彼女の絶望を打ち明けた後で、私は、ロンの死による「あまりに深刻な」結果から逃れるよう彼女を誘い込んだ。

私が声にしたのは、そもそも別れを告げるというのは得策なのだろうか、ロンと再会するほうがましな考えなのではないだろうかという疑問だった。さらに、私は、彼女が痛いほど感じている寂しさというのは、もしかして別れの告げ方が上手すぎたということを意味しているのではないだろうか、とも言った。マリーの反応は、戸惑いと驚きの範疇に入るものだった。それは、自分の考えを改めて他人から聞かされたということではなかったのだろうか？　そこで私は、もう一度自分の考えを述べた。彼女の顔には、きらめきが浮かんでいた。

続けて私は、彼女に訊ねた。ロンに再会する実験に興味があるか、それとも彼の埋められた深さからして、そんな実験など思いもよらないのか。マリーは泣き出したが、それは絶望からくるものではなく、穏やかな泣き方だった。私は黙っていた。10分か15分だっただろうか、彼女が突然にこう言った。「そうね、彼は私の中に深く埋められすぎたのよ」。彼女は微笑み、そして「あの人を少し掘り出す」のもいいかもしれないと言った。その時私がした質問のいくつかを以下に示そう。

・もしもあなたがたった今、ロンの目であなた自身を見るなら、あなたが評価できる自分自身というものについてどんなことに気づくでしょう？

・もしもあなたがたった今、自分自身についてそのことがらを評価するなら、自分の感じ方にどんな違いが生まれるでしょうか？

・楽しめる部分が戻ってきたときに、あなたが気づくであろう、ロンも知っていた、あなた自身とは、どんなものでしょうか？

・もしもあなたがこの理解、つまり自分自身についてのそのような理解を毎日の生活の中で活かすことができるなら、それはあなたにどんな違いをもたらすでしょうか？

・このように感じることは、あなたが人生を取り戻すために必要な次のステップにどんな違いをもたらすでしょうか？

・ロンにはあきらかであったことで、あなたも我ながら気に入った自分自身についての発見は、どうやって他人に知らせることができるでしょう？

・過去６年間、あなたには見えなかったことがらに気づいたことで、あなたはどのように自分の人生に介入していくでしょうか？

・あなたが今自分自身について知っていることを知っていれば、次の一歩にどんな違いが生まれるでしょうか？

・次の一歩を踏み出すのに、あなたが知っておくべき自分自身についてのことがらには、他にどんなことがあるでしょうか？

マリーは、ひどく悲しむかと思えばものすごく喜んだりしながら、これらの質問に答えを出していった。さらに二回の面接で、彼女は、自分が自分自身について、そして人生について再発見しつつある重要なことがらを私と共有した。1年後のフォローアップで、マリーは、こう語った。「変かもしれないけど、ロンは私のために死ななくてはならないわけではないとわかったら、そして、私が彼から別れなければならないわけではないとわかったら、彼のことは頭からすーっと抜けていったの。そして、私の人生は元のように豊かなものになったわ」。

ジョンがマイケルのセラピーに来たとき、最初に語られた問題は、悲嘆とは全く関係のないものだった[*2]（White, 1988／邦訳 2000 pp.31-33）。

ジョンは39歳のときに、長年「悩んできた自己評価」に関して私に相談にやってきた。彼は、自分自身に対して批判的な態度を取らなかった場面を思い起こすことさえできなかった。その半生において、彼は他人からの支持と認証を飽くことなく求めてきた。その結果、彼は以前にも増して自分を嫌悪するようになった。人として自分には何かが欠けていて、それが他人には火を見るよりあきらかなのだと信じて疑わなかった。

ジョンは、妻と子どもたちからは愛されていると感じていたので、夫としての父親としての役割に没頭すれば、自分自身への疑いの目を向けることも止められるのではないかと考えたが、それは十分功を奏するには至らなかった。彼の自分自身への疑いのまなざしは、自分でも些細なことだと思うような生活上のことがらによって、あまりに容易に生まれてくるのだった。彼は、さまざまな機会において、専門家の助言を求めたが、彼の求める安堵が得られることはなかった。

ジョンの自己を拒絶するという長い歴史を視野に入れながらも、私はさらに彼の人生の細部について質問を重ねた。彼によれば、7歳という幼い時期に母親が亡くなるまでは、幸せな子ども時代を送っていたということだった。彼の8歳の誕生日の直前に、母親は亡くなったのである。家族の誰ひとりとして、このことを上手く取り扱える人はいなかった。父親は一時、誰にとっても、もちろん父親自身にとっても、いないも同然の人となった。ジョンは、母親の死にまつわる出来事を鮮やかに記憶していた。彼は、かなり長い間、母親が死んだとは信じることができず、いつでも、一つ先の角を曲がったら、母親とバッタリ出会うのではないかと思っていた。彼はあまりに深く傷ついていた。そうこうするうちに、父親は世話をしてくれる人と再婚した「が、決して、元通りにはならなかった」。

私はジョンに、もしも元通りになっていたとしたら、今、彼が自分自身について考えたことに対してどんな違いが生まれるだろうかと訊ねた。もしも母親が亡くならなかったら、今、彼が自分自身について考えていることに対してどんな違いが生まれるだろうか？　ここで、彼は涙ぐみ始めた。彼は、母親があまりに長く彼の人生から消えていたとは考えなかったのだろうか？　母親が彼の人生からいなくなったままでいることは本当に役に立つことだったのだろうか？　彼は驚きをあらわにした。「もう少し質問を続けてもかまわないかな？」と訊ねると、彼は「どうぞ、続けて下さい」と答えた。

・あなたの母親は、あなたを愛に満ちたまなざしで眺めるときに、何を見ていたのだろうか？
・あなたについてのそのようなことがらを、彼女はどのようにして知ったのだろうか？
・そのことを母親に語ったのは、あなたのどの部分なのだろうか？
・ここ何年かの間あなたに失われていたことがらで、今は、自分自身の中に見ることができるものは何だろうか？
・もしもあなたがその知識を毎日の生活の中でいつも携帯できるとしたら、あなたの他人との関係にはどんな違いがもたらされるのだろうか？

・そのことは、あなたが他人のためではなく自分らしくあるのを、どのように容易にするだろうか？
・あなたの人としての新しい自画像を他人に紹介するのに、何ができるだろうか？
・あなたの人としての新しい自画像を他人に見てもらうことは、あなたが自分自身をもっと慈しむことを、どのように可能にするだろうか？
・あなた自身を慈しむ経験は、あなたの自分自身との関係にどのような影響を与えるのだろうか？

私は隔週でジョンに三回面接を行い、8か月後にフォローアップをした。その間に、彼は、母親の「イメージ」を周囲の人たちに知ってもらうためのいろいろなステップを踏んでいて、自分自身との新しい関係を確立することになった。それは、自己を拒絶するのではなく、自己を受容するものであった。彼は、以前なら自己に疑いの目を向けさせたであろう出来事にも、もはや傷つくことはなくなっていた。

マリーとジョンのストーリーは、どちらも「再会する」会話の例である。あなたにとって大切な人で、もう亡くなった人はいますか？　その人にあなたは、西洋文化が推賞する別れを告げましたか？その人にもう一度会うことに、あなたは興味がないですか？

私がここで言っているのは、生前、あなたによくしてくれた人たちのことだ。人生のどこかであなたによくしてはくれたものの、ある時期にはかなり（虐待と言ってもいいくらいに）辛くあたった人の場合、再会は込み入ったものになるので、それについては本章の後半で説明したい。ここでは、あなたの人生において大切な人ですでに亡くなった人がいたなら、次の質問について考えてみよう。そして、答えを書き出してみてほしい。

・「　　　　　」が愛に満ちた目であなたを見るとき、彼らはそこに何を見ているのだろう？

「　　　　　」

・あなたについてのそういったことを彼らはどのようにして知ったのだろう？

「　　　　　」

・もしも彼らが今日あなたと一緒にいられるなら、あなたが人生において続けている努力について何を言うだろう？　どんな励ましの言葉をくれるだろう？

「　　　　　」

・あなたがこの知識を毎日の生活の中に携帯していたら、あなたの人間関係にはどんな違いが出てくると思いますか？

「　　　　　」

再会することについて

すでに亡くなった人に「再会する」というアイデアは変だと思うかもしれない。近年、西洋文化において、悲嘆についての支配的メタファーは、「さようならを言う」ことにしか関わっていない。私たちはしばしば、さようならを言い、動き出し、そして亡くなった大切な人をもはや含むことのない現実を受け入れていく、ステップ・バイ・ステップの過程を進むように誘導される。しかし、マイケル・ホワイトは、彼のセラピストとしての仕事において、故人にさようならを言おうとして悪戦苦闘する人々がいて、そのような状況では、もう一度こんにちはを言うことが極めて重要であることを発見した。このアイデアは、文化人類学者のバーバラ・マイアホッフの仕事によって支持される（Myerhoff, 1982）。

フロイトによると…喪の過程の完遂には、遺された人が失われたものをもはや含むことのない新しい現実を発展させることが必須である。しかし…それは補足されなければならない。喪からの完全な回復とは、失われたものを修復することであり、そこでは、失われたものが現在に取り込まれ維持されなければならないのである。完全な回想と記憶は剥奪される思い出として、回復と幸福には決定的重要性を持っている（p.111）。

もちろん、大切な人が亡くなったとき、さようならを言うべきことはたくさんあり、そこには物質的な現実、希望、そして期待などがある。だからおそらく、ここで私たちが本当に議論していることは、「さようならを言い、もう一度こんにちはを言う」過程のことだ。

私たちはひとりではない

悲嘆と喪失の影響としては、深刻な孤独と孤立がある。よって、亡くした人にもう一度こんにちはと言うのと並んで、時に、喪失に対する人々のさまざまな対応方法を共有し情報交換することで、違いが生まれる。たぶん、あなたが悲嘆について学んだことは、今困難の真っ最中にある誰かにとって援助をもたらすだろう。

オーストラリア・アボリジニおよびトレス海峡諸島民コミュニティは、過去と現在における不正のために、大切な人の耐えられない喪失に直面している。近年では、これらのコミュニティは、喪失に対応するそうした特別な技術を共有し始めている。ストーリー、文書、そして歌が国内全域で共有され、仲間意識、慰め、連帯、そして深刻な悲しみの時を乗り越える方法についての貴重なアイデアが提供されている。

その中で最も影響力のある文書が、ポート・オーガスタ・アボリジニ・コミュニティからのものだ。キャロリナニャ・ジョンソンはその展開において鍵となる役割を果たしている[*3]が、ここに彼女の許可を得てその一部を紹介しておきたい。

●甚大な喪失への対応――ポート・オーガスタ・アボリジニ・コミュニティの特別な技術

近年、私たちの家族や地元で多くの喪失が見られた。その死が特別に困難なものとなるのは、若者の死であったり、自死ないし暴力による場合である。私たちは次々と多くの死に遭遇した。それを乗り越えるのは実に大変なことだった。悲しみも並々ならぬものだった。以下の文書が作成されたのは、ポート・オーガスタにおける議論においてであるが、そこでは、私たちの悲嘆、大切なこと、そして私たちがいかにして多くの喪失に対応したのかといったことが話し合われたのである。

問い

死が特別に不正によると思われるとき、つまりとても間違ったものだと思われるときには、人生を続けていくことが困難になる。亡くなった人がそれでも私たちと相変わらず一緒にいなければならないとき、私たちは、どこを見たらよいのか、どこへ行くべきか、そして誰の方を向いたらよいのかさえわからなくなってしまう。そんな時、皆がこう自問する。「なぜこんなことが起こったの?」「若者がこんな辛い目にあうなら、どんなまずいことになるのだろう?」「どうやって他の若者を支えることができるの?」「こんなことがもう二度と起こらないようにするにはどんなことをすればいいの?」。

これらは大切な問いだ。故人に敬意が表されている。すべての若者に敬意が表されている。それは人生への敬意だ。

夢

大切だった故人が私たちを訪れる夢を見る人がいる。彼らは亡くなっていても、夢の中で私たちの元へやってくるのだ。一緒に大地を歩く夢を見る。そのイメージは私たちを支える。なぜなら、いつの日か私たちがもう一度一緒に歩くだろうことを確信させてくれるからだ。時には、故人が私たちに何かを伝えているように感じることもある。何も心配はいらないのよと語る。たとえば、命日に、大切な故人が夢の中で私たちの元へやってきて、自分はこれで帰るけれど心配しなくていい、と言うことがある。これで私たちの肩の荷は下りる。私たちは彼らが大丈夫だとわかるからだ。時に、夢は違ったイメージを届ける。ポーキー（カジノにあるポーカー・マシーン）で大切な故人と私たちが出会う夢を見ることさえある。彼は私たちの誰かに平手打ちをくらわせて、立ち去ってしまう！　それは、とてもあきらかなメッセージだ！　しかし、たいてい故人は、夢で私たちにやすらぎを与えてくれる。この地球上にもはやいないのであれ、彼らは相変わらず私たちを癒やしてくれるのだ。時に、私たちは肩に誰かの手を感じ、それが母親のものだとわかる。あるいは、子どものときに母親がいつもしてくれたように背中をなでてもらっている感じがするものだ。夢の中で故人の親切を感じたり、彼らの感触を感じるとき、私たちは人生を先に進めていくよう背中を押されるのである。

スピリチュアリティ

人によっては、スピリチュアルな信念や実践が悲嘆を乗り越えるのに役立つものだ。いつか故人と再会できるという信仰は私たちを支えてくれる。祈りの行為もまた重要である。誰かが自分の祈りを聴いてくれていて、答えてくれることを知っていることで、違いが生まれるのである。

一緒に泣く

誰か一人の気分が落ち込むと、他の人も落ち込むものだ。それは、私たちがお互いの痛みや苦しみを感じる技術を持っているからだ。このようにして私たちは悲嘆を共有する。私は、ある日のことを思い出す。親戚がやってきたとき、私は、母親の写真の前に座って泣いていた。彼らは私の隣に座って、私の肩を抱き、一緒に泣いてくれた。「私たちは何を泣いているんだろう?」と彼らが言った。私はそれに答え、一緒に悲しみの中にいた。

涙と笑い

私たちにとって、涙と笑いは一緒にやってくる。悲しみを共有するのと同様、私たちはその人のおかしな話を語り直す。そんなおかしな話を忘れないことが大切だ。楽しかったときについて語っては笑う。それで悲しくもなるが、そのあとでまた笑うのだ。時に、特別な写真を見ることで涙が溢れるものだが、笑いが吹き出ることもある! 私たちにとって、涙と笑いは一緒にやってくる。とてもおかしな話には事欠かない。たとえば、孫におじいさんの声やよく話していたことを憶えているかと訊ねると、彼はこう言った。「ええ、もちろん、憶えていますよ。おじいさんはよく言っていました。『静かにしてくれんか、その口を!』」これはとてもおかしかった! もう一つ。葬式からバスで帰るときの話だ。急いでいたので、やたら笑いが起こった。バスのスピードが上がり過ぎると、若者たちは大声を出した。「じいさんは、そうすぐにはぼくらに会いたがらないよね。さようならと言ったばかりだから!」。涙と笑いで悲嘆する方法はいくらでもあるのだ。

ずっとみんな一緒

私たちは深く愛し合っているがゆえに、故人を永遠に悲嘆するのかもしれない。しかし、彼らを決して忘れない。彼らはここに私たちと一緒にはいないかもしれないが、私たちの心と頭の中にいるのだ。

ストーリーと知識を交換する

ポート・オーガスタからの以上のストーリーは、オーストラリア国内のアボリジニ社会において共有されたのみならず、米国でも共有された。メッセージがいったりきたりすることになったが、以下にキートワ・チェロキー族のジュリー・モスからの言葉を紹介しよう。

私の名前は、ジュリー・モス。北米の先住民女性です。キートワ・チェロキーです。先祖は米国の東南部の出身ですが、二、三世代前に強制的に退去させられ、オクラホマ州のインディアン領地に連行されました。私たちは今、そこにいるのです。私たちは今でも伝統を引き継ぎ、昔のままの形で暮らしています。私は、自分たちの儀式のリーダーの一人の妻でもあります。あなたにメッセージがあります。

私たちからのご挨拶と吉報を届けます。インディアンの国、オクラホマ州から。キートワ・チェロキー族に代わって。

私たちの心は、あなたの年長者や先祖も含めたあなたがたのコミュニティに向かいます。未来への展望と夢を共有してくださりありがとう。それを賞賛します。あなたがたの言葉に、私たちは、伝統と儀式の強さと人生に対する美しい見方を感じます。

私たちは連帯し、祈りの中であなたがたを思い浮かべます。私たちも、伝統や夢、それに未来への展望を防火帯として使います。

インディアンの国でもあなたがたのストーリーを読んだり語ったりしています。私たちの夢が何かを教えてくれるように、あなたがたの話も何かを教えてくれます。故人との結びつきを維持する話は、他の人たちにも一つの教えとなるでしょう。それは賞賛され、認証され、聖なるものとして扱われるべきなのです。

突然死や暴力死、ないし自死が起こると、多くの痛みや問いが残ります。まるで人生から誰かが誘拐され、人々は相変わらずその人に手を差し延べているみたいに。多くの場合、自分自身やコミュニティが平和であるために、私たちはスイート・ロッジ・セレモニーを開きます。スイートは聖なるもので神聖だと考えられています。入室前に断食をして、そこで部族の歌を唄って、祈りを捧げるのです。神聖な場所で、そこでこそ癒しが生まれる。この世からあの世に至る道で平和は生まれます。他界した人はその道までやってきて、儀式の後にまた帰っていきますが、私たちは生活を続けていくことができるようになります。

次の儀式の折には、あなたがたのことを祈りましょう。スイート・ロッジの中であなたがたを想うのです。あなたがたがご自分たちのストーリーをどのようにして私たちに届けたのかを語り、それが私たちに意味したことを語るでしょう。ロッジの中であなたがたへの祈りを求めます。

あなたがたの教えとあなたがたの人生に対する美しい見方に感謝します。

メッセージを送ることと思い出の形を共有すること

あなたたちも多くの喪失を経験してきたのだろうか？　ポート・オーガスタからの言葉や話を読む

とき、彼らのテーマのどれかがあなたに共鳴しただろうか？　もしもそうなら、たぶんあなたやあなたの知人は、コミュニティにメッセージを送り返すことに興味を持つだろう。ポート・オーガスタ・アボリジニ・コミュニティは深刻な喪失に直面し続けているし、あなたがたがどこで彼らの言葉を読んだのであれ、彼らの知識を他の人々と共有することに関心を抱いている。

悲嘆への対応法に関する知識を共有する過程は、喪失における孤独感を減らす上で一定の役割を果たす。あなたが喪失から学んだことは、今悲嘆の淵にある人に貢献するかもしれない。

もしもあなたがポート・オーガスタの人々に便りを送りたければ、以下のガイドを参考にするとよいと思う。*4

・ポート・オーガスタからの文書を読んで、どの言葉ないし話が重要でしたか？　際立った一節がありましたか？　それは、あなたの人生においてあなたにとって重要な何かと結びついているのでしょうか？

・その言葉によって、これまでとは違うことを考えたり、あなたにとって大切なことを思い出したりしましたか？　その言葉はあなたにどんな貢献をしたでしょうか？

・喪失に対処する特別な技術があなたにはありますか？　あなたが人生において使う特別な技術についてのエピソードを一つ紹介してくれませんか？　喪失の中にいる人に慰めなりやすらぎを提供するあなたなりの方法でもかまいません。あなたの文化においては、あなたにとって重要な悲嘆の仕方があるでしょうか？

悲嘆がひりひりするとき

最近、大切な人を亡くしたがゆえに、あなたはこれを読んでいるのかもしれない。もしもそうなら、アルマ・ジェニニの話を是非とも紹介したい。彼女はパレスチナのラマラに住んでいる同僚だ。ある日、アルマからメールが届いたのだが、そこには、彼女の夫のダイムが突然亡くなって、そのためにものすごく苦しんでいると書かれてあった。私は地球の反対側にいたわけだが、彼女が自らの喪失、愛情、悲哀を語れる文脈を創造することが重要だと思えた。だから、一連の質問を送り、どれでもいいから答えを書いてみるように勧めた。彼女と同様に悲嘆を経験した女性たちにも彼女の返事を読んでもらうのがよいのではないかと彼女に伝えた。

以下に、アルマ宛の質問を記そう。*5

〈やすらぎと関連する物理的場所〉

・喪失にやすらぎを与えてくれる特別な場所がありますか？

・その場所はなぜ特別なのですか？　その場所についての話ができますか？

・そこで何をするのですか？

〈記憶〉

・慎重に再訪することでやすらぎを得られる特別な思い出がありますか？
・もしもあるなら、いくつか紹介してもらえませんか？
・考えないほうがいい思い出はありますか？　どうやってそれを隅に押しとどめておくのですか？

〈あなた自身の歴史〉

・小さかった頃に、喪失ないし悲嘆に対処しなければならなかったことがありますか？
・もしもそうなら、どうやって対処したのですか？　それについて話してくれませんか？
・そこで一番難しかったことは何ですか？
・その時、あなたを支持してくれる人がいましたか？　もしもそうなら、何をしてくれたのですか？
もしも今彼らがあなたのそばにいたら、彼らは何をすると思いますか？

〈いなくてさみしく思うことと悲哀〉

・故人がいなくて一番さみしく思うことは何ですか？
・今、なぜそれが最もこたえるのだと思いますか？　なぜそれがあなたには大切なのでしょうか？
・それはいつでもあなたにとって大切だったのですか？　それはどのようにしてそんなに重要になったのでしょうか？
・それがあなたの人生においてそんなにも大きな意味を持っていることを知っている人は、他にいますか?

〈スピリチュアル〉

・悲嘆と喪失の問題を扱うとき、スピリチュアルなことも関わっていますか?
・もしもそうなら、その時、どんな種類の「スピリチュアルな会話」をしているのですか? 神とですか、あなた自身とですか、それとも他の人とですか?
・そのようなスピリチュアルな会話は、あなたにとって大切なことについて何を語ると思いますか?
・それはあなたの人生においてずっと大切なことでしたか? 誰からそのようなスピリチュアルな価値を学んだのですか?

〈文化〉

・あなたの文化の中で、あなたにとって重要な、悲嘆と喪失への対処法があるでしょうか?
・それはなぜ重要なのでしょうか? どのようにそれに参加しているのでしょうか?
・悲嘆と喪失への文化的対処法のうちあなたにはあまりピンとこないものはあるでしょうか?
・もしもあるなら、あなたはどのようにして自分なりの対処法を発見するのでしょうか?

〈異なる表現領域〉

・喪失のただ中にあって、あなたにとって特別に大切な匂いだとか音、歌、質感、味、ダンスなどがありますか？

・もしもそうなら、なぜそれが今、あなたにとって特別に大切なのか説明してくれませんか？

・役に立つ儀式はありますか？　それは、その人の人生を祝福する儀式かもしれないし、思い出を残す儀式かもしれないし、それ以外の何かかもしれません。

〈違って見える人生〉

・喪失によってこれまでとは違って見えるような人生の一面はありますか？

・今あなたが異なって認識しつつあるものとか、これまでとはやり方を変えているものごとがありますか？

・残りの人生においてしてみたいと思う、これまでとは違った生き方がありますか？

〈遺産〉

・故人に関する何かであなたが人生において「引き継いで」いきたいものがありますか？

・続けていきたいと願う価値観、夢、ないし在り方がありますか？

・そのうちすでにやり始めていることがありますか？　もしもあるなら、その話をしてくれませんか？

・その人はあなたの人生で何を続けていってほしいと願うでしょう？
・それらについての話で、あなたの家族が代々引き継いでいってほしいと思うのはどんなことでしょう？
・彼らは誰を、その話の語り手や管理人に選ぶのでしょうか？

〈他者〉
・この喪失を受け入れるにあたり、誰かを支持しようとすることでそれを成し遂げようとしたことがありますか？　それはどのようにして行いましたか？　少し話してくれませんか？
・このような時に他の人々の世話をしようとすることを、あなたはどこで学んだのですか？
・その技術の歴史を教えて下さい。
・あなた自身が悪戦苦闘しているときにさえ、あなたがこのような技術を持っていることを知って、一番驚かないのは誰ですか？
・その他の人たち（あなたの友達、子どもたち、同僚）があなたを支持しようとすることもあったでしょうか？　もしもあったなら、あなたにとって大いに意味のある行為もあったでしょうか？　それについて少し話してくれませんか？
・なぜその行為は大きな意味があったのでしょうか？
・彼らのケアを受け入れることができましたか？　それはどのようにしてでしょうか？

〈互いの人生への貢献〉
・故人について考えるとき、それはあなたの人生にどんな違いを生むのでしょうか？
・その貢献によって、さもなければ不可能だったような、どんなことが可能になるのでしょうか？
・彼らがそれについて知ったならば、彼らがどのように感じると思いますか？
・彼らにとっても違いを生むようなどんなことを彼らの人生に持ち込むことができるのでしょうか？

〈もしも故人が今あなたと一緒にそこにいるとしたら〉
・もしも故人が今、あなたと一緒にいるなら、彼らの死へのあなたの対処法について何と言うと思いますか？
・あなたの悲嘆や喪失について彼らは何を気づいているでしょうか？　あなたの特別な対処法について彼らはどう思うでしょうか？
・この時期に彼らはあなたに何を話すでしょうか？　どんな言い方をするでしょうか？

何週間もの間アルマは上記の質問を考え続け、返事を書いてくれた。彼女の許可を得て、そのいくつかをここに紹介しておきたい。[*6]

やすらぎと関連する居場所

ここ2、3か月で、私の部屋（正確には、ダイムと私の部屋なのだから、私たちの、とすべきだけれど）はどこか聖堂のようになりました。計画したわけではありません。彼の写真はとても素敵です。タバコを吸って、目を細め、煙を吐いている、そう、まさに「マールボロな／カウボーイの／いかつい男」の写真がそこにあるのです。それはベッドのすぐ脇に飾りました。鏡台の縁は写真でいっぱいです。結婚式の写真は、これまでどおり、別の壁を占拠しています。私のスクリーン・セイバーは、露の下りたタンジェリンの木の前に立つダイムの写真です。輝く瞳で悪魔のような笑いを浮かべた彼にはぐっときます。ベッドの彼の側にはまだ、メガネやタバコ、それに携帯電話がナイトテーブルの上に置かれています。彼のバスローブはいつも通りにドアにかかっています。彼は大学教授でしたから、本や論文がコンピュータの脇に今でも積み上げられています。彼が亡くなって、ひと月は、部屋には入りませんでした。誰かに衣服を取りに部屋に入ってもらうのは不便だったので、とうとう勇気を振り絞って部屋に入りましたが、それでも1か月前までは、カウチで寝ていたのです。

ある日、母がやってきてベッドの端に座って話をしました。私はパソコンに向かっていました。彼女が帰ってから、ベッドカバーの皺を伸ばすと、彼の匂いがしました。私はカバーをつかんで、顔を彼の枕に埋め、眠りました。数か月で初めての本物の眠りでした。こうして、私は元の生活に戻ったのです。正直に言うと、枕やシーツにまだ彼の匂いがしたかどうかは疑問ですが、どういうわけか、彼はそこにいたのです。生活は180度変わりました。カウチで眠り、自室を避ける代わりに、そこにいることを楽しみ始めたのです。部屋を聖堂に変えること、実際はその部屋に立ち止まりしばらくそこで何かをして過ごすことがとても「健康的」かどうかはわかりませんが、とにかく私はそうしたわけで、今でもそうしています。義弟は、彼の服や書物同様、ダイムの目がどこの壁でも微笑んでいるのは落ち着かないようですが、今のところ、私にはやすらぎなのです。

慎重に再訪される記憶と片隅に追いやっておきたい記憶

私にはよい思い出がたくさんあります。彼が亡くなったちょうどその日に職場に電話をしたのを憶えています。「ねえ、職場のホームページに私の写真が載ったのよ！」彼はアドレスを訊ね、電話口でホームページを開きました。彼はそれをプリントアウトして、同僚みんなに見せたのです。それをその日に持って帰り、座って、その文を読み上げました。その記事のどこがそんなに面白いのよって訊ねると、彼は「君がいるからだよ。ぼくは君のすることにはすべて興味があるんだ」。この思い出はいつも私を微笑ませてくれます！

ある日、一番下の息子のシャリフがダイムに質問したときのことも憶えています。「なぜパパとママは時々けんかをするの？」彼は平然とシャリフを肩車して、こう言いました。「そうすれば、仲直りできるじゃないか！」。

何度も何度も彼は実際、私の化粧箱を隠しました。私が探し始めると、いつもこう言いました。「改善の余地なしだな」。

ラマダンの月に入ると、彼は夜明け前に子どもたちを起こし、念入りに朝食を用意しました。私には、朝の3時に起きて、たらふく食べて、もう一度眠るなどというアイデアは受け入れられなかったので、彼が引き受けたのです。断食の直前、彼はコップ一杯の水を持ってきて、やさしく私を起こして、言いました。「どうかこれだけはお飲み下さい」。

私はたぶん、慎重に再訪する思い出と永遠に過ごすことでしょう。やすらぎをもたらす16年間の思い出があるのです。時にそれに時間をかけすぎて、現実逃避しているのかと心配することもあります。

先日、休みを取ってラ・ラ・ランドに行くと、娘が歩み寄ってきて私の顔に触れました。そして、「笑った顔がとても素敵。何を考えていたの?」と訊いたのです。

考えたくない思い出というものもあります。彼が亡くなる前の数日間のことです。彼の亡くなる4日前の日、私たちは話し込んでいて、気がつくと12時だったので、ベッドに直行しました。ただ、いったん彼をベッドから追い出し、彼がパジャマに着替えようとして服を脱ぐのを見ていました。すると突然、彼は私を振り返り、寝室用タンスに両手をついたのです。彼は私に静かにするようにと身振りで示しました。私は実際のところ息を止め、耳をそばだてました。軍の襲撃か射撃のようなものを想定したのです。30秒ほどして私は、何も聞こえないわよとささやきました。彼は私の方に向き直り、私はというと、1秒もかからぬ速さでベッドから飛び起きたのです。彼はレモンイエローでした。下着の下のからだは60秒前までは新鮮なものだったのに、文字通りずぶぬれでした。誰かが彼の頭からバケツに一杯水をぶっかけたかのようでした。彼の髪は汗でぐっしょりしていて、くせ毛が目立ち始めていました。簡単に言えば、服を着たままシャワーを浴びたようだったのです。しかし問題はその色です。そんな色はこれまで一度も見たことがなく、唯一度だけあるとすれば、がんで死んだ父親がそうでした。つまり、それが多くを語っていたわけです。

私は彼を病院に連れて行きました。何時間もかけていろいろな検査を受けさせられた挙げ句、医師は彼を解放し、大丈夫だと言いました。私はなぜ「あんたはヤブ医者か?」と叫ばなかったのでしょう。私は叫びませんでした。私は夫を入院させるべきだと主張し、帰宅しました。しかし、2時間後には夫は退院しました。それでも翌朝8時には、私たちはまた病院に戻りました。医師は再び、どこにも異常はないと言い、オクラ料理を食べてガスアタックになったか、尿管結石だったのだろうと説明しました。私たちが受診した3人目の医師は、エアコンのそばに長くいないようにと忠告しました。

２日後、ダイムは車を運転中に心筋梗塞で亡くなりました。それまでにサインはたくさんあり過ぎたと言えるでしょう。彼が病気であることは確かでした。私がもっと大きな声で、しつこく主張すべきだったのです。イスラエルかヨルダンの病院に移すべきだったのです。心臓発作で死ぬのに30秒とかかりませんでした。44歳でした。

自分がとてもとても深く傷つくので、私はこの４日間には戻りたくありません。でも罪悪感というものはとてもパワフルで、私の注意を引くのです。それを忘れさせてはくれません。罪悪感は時に、私が16年間かけて作り上げた思い出の上にその４日間の記憶を重ね合わせるのです。しかし、罪悪感は、私には世話をすべき３人の子どもがいることは理解していますので、彼らが寝静まり、すべてが静かになった夜にしか私のところへはやってこないのです。

あなた自身の喪失と悲嘆の対処法の歴史

悲嘆と喪失の歴史に関して語らなければならない話があります。それは私の父とのことです。夫を亡くした今となっては、父についてのこの話はより意味深いものとなりました。父は実際、二度死んだのです。私は父が死ぬまで48時間をずっとベッドの脇で過ごしました。ベッドで彼が楽な角度を維持してあげていたのです。彼は呼吸苦で横になっていられなかったし、自力で座ってもいられなかったのです。ベッドの頭側をギャッジアップすると足下に滑っていってしまいます。それで私がベッドの上で彼の背中側に座り、楽にしてあげていたのです。人々が別れにやってきては、彼を見ては泣くので、私は彼らを憎みました。父の魂を腐らせるからです。

医者の回診は午後４時で、私が父を抱き起こして、椅子に座らせました。その間にベッドを直し、医者は鞄の中を手探りしていました。私たちが父を見ると、彼の息は止まっていました。誰もが私の強さと実践力に目を見張りましたが、私はそのとき気がふれていたのでしょう。私は父にかけより、彼を前後に振り、叫んだのです。「いやよ、ねえ、今は駄目、まだ駄目なの。言いたいことがあるから。まだ言っていないことがあるのよ。お願い、ねえ、お願い。息子たちもすぐ来るから。これだけは、今だけは、お願いだから…」医師は文字通りボトル1本の水を彼の頭にぶっかけ、胸を叩きました。すると父は目を覚ましましたが、あきらかに前後不覚でした。そのとき彼が言ったことは忘れられませんし、他の誰もが彼の言葉を聞きました。「でも、私は家にいたんだ。だから、家に帰りたいよ。家に帰らせてくれよ」。私は顔を彼にぐっと近づけ、しずくをやさしく拭き始めました。そして、言いました。「ねえ、お父さんは家にいるのよ。子どもたちはあと2、3時間で帰るから。もうちょっと待ってあげて」。

父はそうしてくれました。息子たちは病院に着くと、階段をかけ上がってきました。父は息子たちを見て、認識しました。彼らは黙って泣き、彼に跪きました。私はまだ彼を抱えていました。彼らが泣かないようにしているのがわかりました。でも、泣かざるを得なかったのです。2か月以内に会ってはいたものの、こんなにも急に父が弱るとは誰も思っていなかったのです。父は息子たちの手にキスをして、言いました。「なぜ泣くんだい？　私がお前たちのために泣くべきだよ。お前たちが来てくれたから家に帰ったのと同じだ。素晴らしい。家に着いたんだ。泣くのはおよし」。もちろん、その頃にはみな大声で泣いていました。しかし、父の顔に浮かんだ確信は驚くべきものでした。恐れもためらいもそこには微塵もなかったのです。喜んで受け入れているようでした。顔をできる限り後ろに向けて、私に言いました。「もう眠るよ。寝かしてくれ。家に帰るんだ」。私は、そうしました。呼吸モニターをはずしたのは、午後11時半でした。父は昇天したのです。

父は時々私の夢に現れます。最初は、私が実際、夢中遊行したときでした。父の死後1週間が経った頃、玄関でノックの音がしました。玄関口まで出てみると、玄関に一条の光かと思うほどの実に力強い明るい光が見えました。同じような光が裏庭にもいくつかありました。玄関の光は父でした。彼の声を聞いたのですが、聞く前に彼であることはわかっていました。外は寒く風も強かったので中に入るように勧めつつ、玄関の外で何をしているのかと訊ねると、彼はこう言いました。「毎朝、お前をチェックしに来ているんだ。でも、なあ、もしもお前がそんなふうなら、私はもう来ないよ」。父は、私が泣いていて、ショックを受けていて、引きこもっていることを指していました。彼の言っていることが正確にわかりました。私は「ええ、わかったわ。そうするから、中に入って。寒いから」と言いました。父はそれはできないと言いました。彼は「そこらじゅうに」いるのだから、一か所に長くは留まれないというのです。そして、二度とお前を起こしたりはしないと言い、彼には、私がこの訪問を忘れたりせず（私はいつも思い出すし、それはまるで昨日のことのようだ）、彼がいつでも近くにいると感じ続けるだろうこともわかっているようでした。

外はとても寒かったのですが、極端に怖がりの夫は、朝の5時半にフロントポーチで私を発見しました。そこはガラス張りではあったものの、私は長袖のTシャツ一枚でカウチに座っていたのです。あたりには葉っぱがいっぱい散らばっていて、玄関のドアは開いていたそうです。

父は今でも時々夢の中に現れるので、私はこう言います。お父さんを愛しているし、理解しているし、それほど遠くにいることも許してあげますと。私は父がすごく私の面倒を見てくれたことに感謝しています。私の中に私の文化についての誇りを植え込んだのも父です。父が勇敢であることに敬意を表するし、自分が何者であるかを決して忘れることなく自分の国に子どもたちのための安全な未来を残してくれたことに敬意を表すると、私は彼に伝えます。でも、それは私の夢の中に限られています。私の声が届いたかどうかは知りません。確かなのは、彼の息が止まったとき、彼の顔に浮かんだ穏やかな微笑みを私は決して忘れないということです。

スピリチュアル

私のスピリチュアリティは現在、ローラーコースター状態です。私の宗教は、子どものときに強制されたものですから、実際には一度も本当の意味を持ちませんでした。結婚後も宗教は続けるつもりでしたが、ダイムも当時、宗教的ではなく、私たちは宗教的におざなりだったのです。ところが、「神よ、あなたの骨の髄まで信じ、あなたにひれ伏し、ひざまづくこと」が二人に同時に到来しました。最初の子どもであるミミが生まれたときです。多くの人々が人生を科学的に説明することは知っていますが、私は本当に、神こそが完全なる創造をすべてもたらしたのだと信じています。私は唖然としました。私は娘を奇跡の如く扱いましたが、それは彼女が与えられるのに多くの困難があったからというわけでは決してありません。生命を与えるということ自体が奇跡だと私は心底信じています。父を亡くしたとき、私は再び神の存在を信じました。彼はあまりにやすらかに旅立ったのです。

でも、ダイムの死後、私の信念はローラーコースターのようです。ダイムは死にたくなかったのです。亡くなる2、3日前に病院に連れて行ったとき、彼は実際に、死の天使が俺を迎えにやってきたと言い、しかし俺はまだ女房と息子たちに必要とされているからそれには従えないと天使を追い払ったのです。私たちは、子どもの卒業式や結婚式に出ることを話していました。祖父母になることも話し、誰が誰の老後の面倒を見るのかと冗談まで言い合いました。私たちには計画と夢が一杯でした。彼にも計画と夢がありました。神はダイムの代わりになぜ私をお召しにならなかったのかと思います。神はなぜ私がこの痛みに耐え得るとお思いになったのでしょう。私はどのようにしてこれに耐えていくのでしょう。人々は運命についての情報を提供することで私を慰めようとします。でも、まだそれは呑み込めません。ダイムは医学的過失によって死んだのです。神は一切関係ありません。神がそれほど無慈悲であるはずがないのです。

ダイムがより良い場所に今いることを信じています。穏やかにやすらぎを感じているはずです。それは多くの点で元気づけられることですが，私はこう考えるのです。「でも，彼はここでも穏やかだったし，ここでもやすらぎを感じていたし，ここにいたがっていた」と。もしも私が感謝すべきものを見つけなければならないとしたら，彼が苦しまなかったことには感謝します。携帯電話と車の軌跡から察すると，彼は1分以内に亡くなったのです。彼を見たとき，私は眠っているのかと思いました。

喪失は私の魂と私の信仰を揺さぶりました。内面は，カゴの中でばたつく蝶々のようです。カゴを振れば，蝶々はしばらくパタパタと飛び，パニックにさえなるでしょうが，最後には，再び落ち着くことでしょう。神が無慈悲だという考えは，私を強く揺り動かしました。私の唯一の希望は，ストーリーのモラルがさっとすぎ去る前に蝶々が落ちつくことです。そうすれば，羽ばたきのめまぐるしさの中にあった蝶々を懐かしく思うかもしれません。

大切な匂いだとか音，歌，質感，味，ダンスなど

この質問がとても好きです。時に，何かが私に思い起こさせるのに，周りのみんなは全然気づかない，そこで私は微笑む，あるいはじっと涙をこらえる。喫煙を再開しました。本当ではありません。嗜癖などではないのです。時に，一本火をつけて，灰皿でもみ消すだけ。よい匂いでもロマンチックでもないのは事実ですが，彼を思い出させてくれるのです。彼もチェリーバニラ味のタバコをナイトテーブルの上に置いていました。あえて火をつけなくても，そのうちなくなるでしょう。ただ，時々，缶を開けて，匂いをかぐのです。彼の手や服の匂いを思い出します。もちろん，文句は言いましたが，

今では思い出のよすがです。

音はといえば、ダイムは旅立つ直前に悪夢の音楽をセットして行きました。シャリフの弾くぼくらの小さなお猿さんです。とてもお茶目で、甘くて、やわらかいのです。ダイムはシャリフを夏の音楽学校へ連れて行きました。亡くなる1か月前のことです。シャリフはすべての楽器を試した末、チェロを選びました。2時間後に彼らはチェロを持って帰ってきて、1か月以内にレッスンに通うことを約束しました。私はとても混乱しました。なぜチェロなのか？　あまり東洋的とは言えず、アラブ風でもなく、まったくの期待はずれ！　でも、もう6か月が経って、シャリフが「練習する」ときのチェロのウィーンという音やキーキーいう音には馴れてきたのです。進歩するのはなんて素敵なことかと言ってあげます。私は空を見上げ、つぶやくのです。「ありがとう、ダイム！　あなたにも聞こえるといいのに！」。彼には聞こえると思います。その音の大きさとひどさは、死人を目覚めさせるに足るのです。

文化的悲嘆法――それがフィットする人としない人

私は、米国で子ども時代の大方を過ごしたので、二つの文化の中で生きていることになります。ここパレスチナでは、喪失に対する興味深い文化的対応が認められます。美しいものもあれば、私を激怒させるものもあり、決して許すことのできないものもあります。

イスラム文化は、死についてとても実践的な見方をします。私たちは、生まれた瞬間から、人がいつ死ぬのか正確に決定されていると信じています。それについてできることは何もないのです。死に方については多少影響を及ぼすことができます。たとえば、タバコを吸わないことによって、肺がんで死ぬことを回避できますが、それでもあなたが死ぬ日は同じです。これはコーランには書かれていないと思うので、宗教というよりは文化的なものでしょう。しかし、人がどのようにして死ぬのかということについて、多くの推測が行われることに変わりはありません。たとえば、私の父は実に寛大で尊敬を集めた人でしたので、肺がん診断後2か月で5日間しか苦しむことなく亡くなったときには、誰も驚きませんでした。がんで死ぬのは延々と続く過程となり、痛みに苦しむものともなり得るのですが、父がさほど苦しむこともなかったのは、彼が「善人」だったからだとされたのです。私がそうは思わないのは、多くの素晴らしい人々が死に際にとても苦しむのに、私たちの文化はその拷問のような死が（その人が来世で受ける）神の懲罰の前倒しだと信じているからです。多くの人々は、「墓の中での懲罰」についても語ります。それは、あなたが審判の日を待つ間、いかに墓石があなたの上にのしかかり、いかに天使があなたを拷問するかというホラーストーリーです。私にとって、それはホラーにすぎないので、近づかないようにしています。

いずれにせよ、人が死ぬ時というものは予め決められたものとされ、それゆえ、過剰な悲嘆が人々を威圧することになります。実際、遺される者の泣き叫ぶ声や悲嘆の声を聞くと、死者は自分が神の意思に逆らっているように思えて、余計痛みを感じるとも言われます。これなどは、まさに最終的で、とても実践的な、死についての見方ですが、必ずしも、痛み、傷心、そして突然の恋人の喪失を表現する余地を残さないわけです。

もう一つの宗教的慣習は、死者をすぐに埋葬することです。「死者に対する敬意は埋葬にある」ということわざがあります。遺体は洗われ、布に包まれ、繰り返し祈りを受け、土の中に埋められるのです。理想的には、次の祈りの時間までに土の中に埋められるべきとされます。遅くとも24時間以内に埋められなければなりません。たいてい埋葬が正午の祈りの時間に行われるのは、それが最大の祈りであり、最も多くの人々が参加するので、最も栄誉が与えられるからです。

3日にわたる哀悼の期間において、男性と女性は実に厳格に分離されます。男性と女性にはまったく異なる儀礼があるのです。たとえば、ダイムが埋葬のために洗われているとき、私は彼に触れることはできません。母親、娘、そして姪のように結婚のできない女性だけが、彼を抱きしめたり、キスをしたり、望むことができるのです。しかし、妻である私は、彼を「汚す」ことになるのです。私は彼を「不潔」にするのです。今、そうした文化の一つひとつについて自分がどう感じているかは、うまく言えません。それを理解するには、私には、まだまだ時間がかかりそうです。

3日間の葬儀の間、録音されたコーランの朗唱が間断なく流され、苦いコーヒーがふるまわれるのが常とされています。しかし、ダイムの母はそのどちらも拒みました。これが葬儀であること自体を信じたくなかったのです。息子の死を拒んだのです。彼女の心中は察して余りあるものでしたが、私は分岐点に立ちました。娘のミミはコーランを聞きたがったのです。父親が天国に行く助けになるというわけです。私もコーランを流したかったのですが、その理由は、他人の幸福を祈る人が静かになると思ったからです。10分と空けず弔問客が訪れるのには驚きました。彼らは、レシピを交換し合い、自分の子どもたちのことや料理や掃除について語り合っていました。死の時にあっても人生は続いているのです。

私はミミと一緒にずっとベッドルームにいました。しかし、人々が次々とやってきては、お悔やみの言葉を述べたいとか、外に出るべきだとか、閉じこもっているのはお客さんに無礼だなどと言ってきました。私が「二つの文化」というカードを引いていたときです。つまり、理解できなかったものの、人を傷つけるつもりもなかったということです。

ジェニンでの3日間のあと、私たちはラマラに戻りました。そこでまた3日間の葬儀が待っていたのです。信じてはもらえないでしょうが、村のホールを借り切ってそれをしなければならなかったのです。道路を閉鎖するために警察が出動しました。今でも、そこにやってきた何千という人々のことを思うと、涙がこぼれます。今でも驚かされる私たちの文化の一面です。大統領は電報を送ってきました。ビルザイト大学からは全学部の教員や学生も含め、あらゆる人々が毎日やってきました。パレスチナ当局の代表、子どもたちの学校のPTA全員、私の職場のあらゆる人々、そして私の知らない大群の人々。コーヒーを出してくれる人を雇ったところ、彼は毎日2千カップのコーヒーを用意しなければなりませんでした。弔問客は夕方の5時から10時までの間に限ったにもかかわらずです。ホールの中も外も至る所に人が溢れていました。新聞は（たいてい3日間なのですが）1週間、弔意を掲載し続けました。誰もが悲しみに暮れましたが、私はどこか誇らしく思ったことも否定できません。

10日もしないうちに、法的処理の問題が待っていました。もちろん、もしも精神科医に診せられたら、間違いなく、私はなによりも「ショック」状態と診断されたことでしょう。シャーリア法廷に出かけ、署名をすることになっていました。遺産はすべて子どもたちのところに行くようにしたかったのですが、ギリギリのところで止めました。いったん私が遺産を受け取り、自分が生きている間に、贈り物の形で3人の子どもたちに均等に分け与えようと思ったのです。娘が息子の半分しか相続できないイスラムの法律が好きではなかったのです。それで、なんとかしてそれを正したかったのです。

もう一つの文化的儀式として、「後片付け」があります。個人の所有物をそれを必要とする人たちに分配することが求められているのです。私はこれには参加しないことにしました。少なくともその時点では。とても多くの人々がダイムの物を手放すよう勧めました。貧しい人たちがそれでかなり恩恵を受けられるからと。わがままで申し訳ないとは思いましたが、まだそこまで気持ちの整理ができなかったのです。まだ彼の匂いのするセーターをどうして手放せるでしょうか？　至る所に絵の具の染みのついた短パンも手放せません。それは彼が自宅で愛用し、一番上のボタンがなくなったものでした（メタボのせいでいらないと言えばいらないけれど、それ以上お腹が出るのは止められたのに、と皆でよくからかったものです！）。

文化は、今すぐ動くよう私を励まします。黒い服は脱いで、化粧をして、髪も切りましょうと。私も、意図的に黒い服を着ることはありませんし、色のついた服も着ますが、友人知人にもわかるほど、自分を印象づけるために装うことはありません。からだを隠すために着るのですし、地味な服に手が伸びます。鏡に自分を映してみることや、化粧に十分時間をかけることは思いもつきませんし、髪を切ることは二度とないでしょう。ダイムは私の髪を指で梳かし、匂いを嗅いだものです。夜になって私が彼の膝枕で休んでいると、彼は太腿の上に髪を拡げました。それまででも髪を短く切ることは考えませんでした。もちろん、文化は私が髪を切るかどうかに関心はありません。髪を隠して、ヘッドスカーフをかぶることを私に望むだけです。しかし、ダイムもそれには断固反対でしたから、私もそうはしないのです！

この文書を書き始めたとき、ダイムは自宅の至る所にいました。私は彼を片づけるつもりはなかったし、どこかに追い出すつもりもありませんでした。しばしも休まず、彼がいなくて淋しいと、彼の死を嘆きました。彼が残した溝を埋めるものは何一つなく、彼は私を誇りに思ってくれていたので、私は彼を忘れることなどできません。いつか、自分が疲れ果てて目も開けられなくなったとき、私は自分を彼の側に押し出すでしょう。嘆き悲しむとはいえ、彼は私の一部なのですから、彼はそこにいることでしょう。彼は子どもたちの中に、私の中に、家の中に、車の中にさえいます。どこにでも彼はいるのです。

違って見える人生

誠実に言うなら、今では、人生に関するすべてのことが違って見えます。あまりに多くの意味が失われたのです。失われなかった意味は、私には触れることも見ることもできません。しばらく、世界を変えることは一切あきらめました。さらに悪いことに、私は時に、訪れる醜い恨みにも気づいています。たとえば、全快する患者に対する気持ちです。まず、こう考えるのです。なぜ彼らには奇跡が起こるのに、私には起こらないのか？　時に、私の中で、善と悪が戦い続けているようです。わざと頭を振って、ダイムと過ごした16年間を思い出します。私たちの3人の美しい子どもたちは、奇跡の定義を超えたものなのだと。

そしてストレングスを発見しました。それが私をどこに連れて行ってくれるのか、今でも見つけようとしています。ダイムの死の直後、義理の弟が私の隣に座り、遺産と財政事情について説明しようとしました。私はただ首を横に振り、気にしないから、あなたのいいようにしてと言いました。すべてを彼に任せたかったのです。彼は私の手を握って、まっすぐ私の目を見て、断固とした声で言いました。「申し訳ないですが、もう贅沢はできません。姉さんにはすべてを理解して頂いた上で、ちゃんとしてほしいのです」。そのときはわからなかったけれども、今でも、何もかもがどうでもよくなったときには、彼の声が聞こえるのです。「もう贅沢はできません」と。ダイムは私の贅沢だったのです。世の中にはいくらも夫はいて、相性のいい人も、たまたま親友かつ夫という人だっています。結局私は夫以上のものをなくしたわけですが、それによってストレングスを見ることができるようになりました。私たちの家は今では文字通り崩壊寸前ですから、時には一日がかりでひび割れを埋めたり、がらくたを捨てなければなりませんが、そうする中で私はストレングスを見つけたのです。今すぐストレングスで対処したいかどうかははっきりしません。なぜなら、それは本当にひ弱で、今の私には十分提供できないほどの注意を必要とするからです。しかし、あなたの知らないところで、ストレングスは自ら強くなるそうです。たとえ私がそれをないがしろにしても、私がそれを最も必要とするときに私が見つけられることを願っています。

現在とプロジェクト

アルマはストレングスを見つけ、その後も見つけ続けた。事実、ここ2、3年、彼女は、女性の経済的自立を援助する草分けのパレスチナ女性組織で働いている。彼女の自分自身の悲嘆についての文書は、より広いプロジェクトの一部として世界中の女性を支えてもいる。

もしもあなたが悲嘆の真っ最中にいるなら、この継続的プロジェクトの一部になるよう招待しよう。私が最初にアルマに送った質問（本書の pp.234-239）について考え、その答えを返信してくれればと思う。もしもあなたの近くで悲嘆に暮れている人がいるなら、あなたが彼女たちと同じことをやってみて、それを互いに共有すればと思う。

他には、あなたが自分の文書を私たちの「悲嘆応答」プロジェクトに投稿するという方法もある。あなたの名前と住所は文書から切り離すことになっているので、あなたの文書の匿名性は保たれ、今悲嘆の中にある人たちに役立てることができる。ちょうど、アルマの文書が他の人たちの役に立ったように。*7

私がアルマに送った質問のいくつかを見て、自分に関係があると思うものを選んだらよい。順番に従って答える必要はない。アルマは一週間に一つずつ答えることにしたが、人の時間枠というのはさまざまなので、それぞれに独自の悲嘆法がある。

二つの重要な考察

悲嘆の経験は、その他の生活と無関係なものではない。ジェンダーや権力の問題も含めて、日常生活のすべての面倒な事態や複雑さが、私たちがいかに悲嘆するかの中に持ち込まれる。たとえば、アルマが時間をかけて理解したのは、彼女の悲嘆経験が最初は父親そして次には夫への依存度によってかなり影響されていたということだった。もしも女性の人生が生活を共にする男性に社会的および経済的に頼り切ったものであるなら、それは悲嘆経験に影響を及ぼす。男性パートナーを失った女性が故人を愛し続けつつもさようならを言ったり過去の依存的側面について考え直そうとするのは、このためである。これは、アルマにもあてはまる。彼女が仕事を変え、女性の経済的自立を支援する組織で働くことにしたのも、彼女の悲嘆経験と関係がないわけではない。

人々の悲嘆が時に暴力ないしその他の形の虐待を受けた経験によって複雑なものとなることを認識するのも重要である。もしも故人が他者を威嚇していたり、多大な葛藤ないし誤解があったならば、その人の死に関わることは複雑なものとなる。そのような状況における死への対応が極めて異なるのは、死がさまざまな感情として安堵感をもたらすからである。もしもあなたがそれにあてはまるのであれば、以下の問いについて考えてみるといい。

・もう二度と経験しなくてもすむのだと安堵感を抱くことはありますか？　それについて話すことができますか？　それを二度と経験しなくてすむと安堵感を抱くのはなぜでしょう？

・もしも誰かが、自分たちに辛くあたった故人（あるいは、葛藤の対象であった故人）の思い出にどのように関わるかを解決しようとしたら、彼らと共有してもよいあなた自身の人生経験の物語がありますか？

・もしもあなたが故人に今何かを言う機会があったとしたら、話をしたいですか？　もしもそうなら、何を話しますか？　その内容は時間をかけて変わってきましたか？

・その人の人生ないし死に関する何かがあなたの人生を違った方向に導いたというものがありますか？　なぜそれはあなたにとって大切なのでしょうか？　あなたがそれをどのようにして人生実践に組み込んだのか話してもらえますか？

他者の期待

時に、死ないし喪失のあとで人はいかに悲嘆す「べきか」という期待が混乱を招く場合がある。悲しみの表現は社会的に受け入れられ期待されてもいる一方、憤怒ないし後悔を表現することはそれほど歓迎されないものだ。もしも悲嘆している人が何らかの形で感情を表現しないとしたら、変に思われるだろう。同時に、故人と隠されたないし不義の関係にある人にとっては、喪失体験はとてもプライベートなものとなる。

・死ないし喪失に対するあなたの反応が他者の期待の外にあったことがありますか？
・あなたなりの反応の仕方をどのようにして作り上げることができたのですか？　その方法はあなたにとって大切なものをどのように反映しているでしょう？
・あなたのユニークな反応の形について話してもらえますか？

移行

悲嘆および喪失の時間はしばしば移行の時間でもある。

・この移行の結果、あなたが遠ざかった人生の側面というものがありますか？　あなたがもはやすることに興味をなくしたり、その一部であることに興味をなくしたり、あるいは参加することもなくなったものがありますか？　もしもあるなら、それは何ですか？
・移行の結果、あなたがより積極的になったり、そこに突き進んでいった人生の諸側面というものがありますか？　もしもそうなら、それがあなたにとって意味したことについて話してもらえますか？

以下の物語はジュディから送られてきたものである。彼女は自らの複雑な悲嘆経験が他者の助けになればと願っている。[*8]

人間関係が葛藤ないし暴力を伴うとき、悲嘆過程において別の次元が出現します。私自身の場合、安堵感が生まれました。もう恐怖を抱えて生きなくてもよいのだという安堵感です。直前の2、3か月、ストーカーされ、身の危険を感じていました。恐怖は、過去何年間も抱えてきたもので、人生の大方においていつも一緒でした。そんな中で、最初はショック、そして安堵感が訪れ、再度、恐怖がやってきたのです。そして、それは消し去り難かったのです。彼が死んだ今となっては、彼の私への侵入を阻止できるものは何一つないのだと考えました。彼は実家に幽霊となって現れると思いました。それで、しばらくして、実家を売りました。それでようやく安堵感が戻ってきました。

最大の難問は、罪悪感への対処でした。彼の死には私に責任があるのです。私が彼をもう一度受け入れなければ私を殺すか自殺すると言いました。彼は何度も何度も、私が彼をもう一度受け入れなければ私を殺すか自殺すると言いました。

最大の難問は、罪悪感への対処でした。彼は何度も何度も、私が彼をもう一度受け入れなければ私を殺すか自殺すると言いました。彼の死には私に責任があるのです。こうも考えます。「もしも私が彼を受け入れていたら、彼はまだ生きている」。罪悪感は私が先に進むのを阻止する最大の力でした。長く、私は自分にはもっとやれることがあるし、もっとよい妻になれると信じていました。でも、今はこう考えています。「確かに、違うやり方はできたかもしれないけれど、私はその時々で自分の知る限りベストを尽くしたのです」。

彼の死が自殺であったため、人々は私を避けるようになりました。彼らは何を言っていいのかわからないのだと聞き、私は、彼の死について自分が非難されているのだと解釈しました。私には不合理な考えがたくさんあります。それでも、私の経験は、よりよい人生への道を示してくれたのです。絶望から抜け出し、希望にたどり着き、達成という人生を描いたのです。今でも悪戦苦闘していますが、以前よりはずっと早く身動きが取れるようになりました。個人的にも職業的にも自分が昔考えていたよりずっと多くのことを成し遂げました。それは、私の経験によってのみ起こり得たことです。私は今、他者の話を聞き、それまでとは異なる在り方が彼女たちに見えるよう援助する特権的な立場にいます。それは、彼女たちが行きたい場所へと人生を進めるのを援助する特権的な立場です。

私の経験によって、他の女性たちが私のような状況に対処するのを援助するための理解がもたらされたのです。個人的なことを書かせてもらえるなら、私には4人の成人した美しい子どもたちがいます。息子2人に娘が2人です。どの子も健康で、互いに敬意を抱いていて、パートナーとの関係も長続きしていて、7人の可愛い孫もいます。子どもは両親のパターンを繰り返すと言う人もいます。それが当てはまる場合もあるでしょう。しかし、多くの子どもたちは健康で幸福なライフスタイルを選ぶものです。私の人生の方向性が、彼らの人生に何かをもたらし、彼らを共感的で、より力強く、自信に満ちた人間にしたのだとも考えています。

もしもあなたが複雑な悲嘆を経験したなら、おそらく先述の問いの答えを書いてみたいと思うだろう。もしもそうなら、あなたが私たちの悲嘆プロジェクトに貢献してくれることを願う。悲嘆の複雑な経験の中で人々が仲間を見つけ認証されることは、決定的に重要だと思われる。

振り返り、先を見る

本章は、悲嘆についての特別な技術や知識を共有する方法と並んで、私たちが失った人々に「もう一度こんにちはを言う」さまざまな方法をたくさん提供している。[*9] 私たちが死および故人についてどのように考えるかということは、人生についてどのように考えるかに現実的な差異をもたらす。（次章のテーマであるが）私たち自身の死ぬべき運命についてどのように考えるかにも、差異をもたらすであろう。

＊注

＊1 マリーのストーリーは下記の草分け的論考に初出である。Saying Hullo Again: The Incorporation of the Lost Relationship in the Resolution of Grief（White, 1988／邦訳 2000）。

＊2 ジョンのストーリーはWhite（1988）に初出である。

＊3 この過程においては、バーバラ・ウィンガード、ジャピリ・ムナンギリチ、シェリル・ホワイトも鍵となる役割を果たしていた。アボリジニ・オーストラリア・コミュニティが悲嘆への対処法に関する知識およびストーリーを交換する方法についてもっと読みたい方は、以下のサイトにアクセスされたい。
http://www.dulwichcentre.com.au/linking-stories-and-initiatives.pdf

＊4 dulwich@dulwichcentre.com.au にメールして頂ければ、キャロリナニャ・ジョンソンを介してポート・オーガスタに連絡可能である。

＊5 これらの質問は私が原稿を書いたが、以下の方々に貴重な意見を賜っている。Margie Pitcher（オーストラリア）、Gitta Leibeherr（スイス）、Lorraine Hedtke（合衆国）。

＊6 アルマの文書はDulwich Centre（2008b）に初出である。

＊7 読者は以下のメールアドレスないし住所に文書をお送り頂きたい。
dulwich@dulwichcentre.com.au
Dulwich Centre, Hutt St, P.O. Box 7192, Adelaide 5000, South Australia
郵送を選択された際は、私たちの受領証をお送り致します。

＊8 ジュディのストーリーはDuwich Centre（2008b）に初出である。

＊9 悲嘆に関するナラティヴなアプローチについてもっと知りたい方は、Hedtke & Winslade（2004）を参照のこと。

第9章 遺産と記憶――人生の最終章を迎えたとき

この章では、遺産と記憶について考えよう。自分たちが後に残す遺産について考えることは、自分自身の死ぬべき運命に直面するのにどのように役立つのか？「スピリチュアルな遺書」は、私たちが「最終章」を迎えたとき、一体全体どのように役立つのだろう？ そして、私たちが年を取って、自分が誰であるかも忘れかねないとき、大切な人への手紙はどのようにやすらぎを与えてくれるのだろう？

死と死にゆくこと――他人の人生において生き続けること

死に直面するときというのは、それが高齢のためであれ、病気ないし怪我によるものであれ、私たちの人生から何が引き継がれるのかを考えるべき時間だ。[*1] 私たちのからだが死ぬことは確かである一方、私たちの霊が、誰かの記憶、人生、そして会話の中で生き続けることも確かだ。多くの文化において、これは賞賛され、あきらかに認識されている。

（文化によっては）からだの死滅と故人の人となりの生き残りとの間に一線が引かれる…儀式において死体にお別れがなされた後でしばらくして、遺族の親戚が再び集まり、今度は故人の美徳、あるいはあなたがそう言いたいのなら故人の霊と言ってもいいものを引き継ぐ時間を過ごすんだ。たぶん私たちは、故人の霊魂が取り戻されると言ってもいい（David Epston in White & Epston, 1991, pp.28-29）。

結局、私たちは死に近づくとき、自問する。「からだがなくなっても残るのは、私の人生のどの部分なのだろう?」一体全体、私たちは何を遺産とするのか？　遺産は大したものじゃないかもしれないし、第一、思い浮かべることさえ難しいかもしれない。特に、もしも私たちの人生が大勢の外にあったとしたら。

シェリル・ホワイトの親友のうちの二人が１９９０年代の初めにエイズで亡くなるとき、彼女はデイヴィッド・エプストンとマイケル・ホワイトに、死にゆく人（特に、ゲイの男性のように、支配的文化によって周辺化された人々）との仕事の仕方を共同で考えてくれるよう依頼した。二人は共同作業において、もしも死にゆく人が遺産の恩恵にあずかれる人々を招待できる寄進者と考えられるならば、それは大きな違いを生むことを発見した。もしも私たちが、人生で実現した美徳なり価値を、残したいと願う遺産の一部として含めることができるなら、人生と死についての見方は広がることだろう。

私たちが残したい遺産は一つとは限らない。たとえば、テッドは自ら造園した美しい庭を残していくことを余儀なくされた。そして「二度と誰かのお荷物にはなりたくない」と心に決めた。テッドはＨＩＶ陽性患者であり、アデレードでの１９９０年代のナラティヴな集会に参加した。彼が残すことを願った二つの遺産の歴史について訊ねると、私たちは「叔母なる自然[*2]」という物語を聞かされたのだった。

●叔母なる自然――ガーデンのスピリチュアリティ〈テッド〉

ＨＩＶと診断されたとき、ぼくは安楽死協会に入り、そのリーフレットを医師や家族、そして友達にも配った。自分の葬儀も前払いして計画済みだ。ぼくは生まれてこの方ずっとやっかい者扱いされてきた。それで、もう決して彼らのお荷物にはならないと誓った。特に、死に際して。

ぼくの中で人間に対する信頼はゼロだ。もう随分前に根こそぎにされたんだ。たった3歳で家族はぼくを売った。何年もして、オーストラリアに流れ着いたときには、外国人、しかもゲイの外国人、しかもＨＩＶ陽性のゲイの外国人だった。一日の終わりに誰もが自分ひとりなのだということをぼくは学んだ。自分はたったひとりなのだと。

でも、正直に言うと、それを完全に信じ切っているわけでもない。ぼくには庭があって、木があって、花も蝶もいるからだ。それがぼくのスピリチュアリティだ。自然の中で時間を過ごすこと。自然を「母なる自然（Mother Nature）」という人がいるが、ぼくなら叔母なる自然と言うね。信頼が消え失せたとき、誰もが自然に向き合い、木に向き合う。彼女たちは君を打ったりはしない。心地よさをくれるだけで、暴力は振るわない。ガーデンで過ごすことで、大いなる喜びとやすらぎを与えられる。そこには静けさがあり、シンプルな美しさがある。

なぜ叔母なる自然などと呼ぶのかと訊ねられれば、披露すべき話はあるんだ。第二次世界大戦直後でぼくがまだ小さかった頃にさかのぼる。家はとても貧しかった。旧ユーゴスラビアの山の中だ。今ではスロヴェニアとして独立したところだ。子どもは10人いて、食べ物はほとんどなかった。

どこでもらってきたのか知らないが、叔母がヘッセン人の（黄麻布の）バッグを持っていたのを微かに憶えている。彼女はこのヘッセン人のバッグを肩にかけ、村から村へと歩き回った。彼女はプロの乞食だった。家に帰ると、彼女はいつもバッグを逆さにして空にした。もちろん戦利品が降ってくるわけだ。パン、果物、そして一度だけ憶えていることに、サラミかソーセージがあった。叔母ちゃんはすごいって思ったものだ。だから素晴らしいことがあると、ぼくはサプライズのバッグを下げた叔母のことを考える。自然も多くのサプライズをもたらすから、ぼくは自然を叔母なる自然と呼ぶわけだ。

叔母から学んだことは後年とても重要なことになる。先に書いたように、ぼくは3歳で売られて農場で働かされた。なにか道具が持てるようになったら誰でも手放されるか、売られるか、養子に出されるかしたわけだ。ぼくが売られた農場にもう我慢ができなくなると、逃げ出したものだ。何年かするうちに、何日も森の中で隠れているのも慣れっこになった。木々はぼくにとって心地よく、逃げるべき場所だった。でも、今回は絶対に農場に戻らないと決めていた。この農場で起きたことについてはもっと恐ろしい話がいっぱいある。生きていられただけで儲けものだ。それで、そのときは3か月間森に隠れた。ぼくが考えたのは、叔母（その時にはもう亡くなっていたが）にできるのならぼくにできないはずはないってことだ。つまり、叔母の職業をぼくが継いだわけだ。

ぼくは家から家へと歩き、村から村へと歩き、食べ物を乞うた。それが生き残る戦術だったわけだ。もちろん、思ったより早く、冷え込むようになった。秋には雨が降り雪もちらつき始めるので、木の下で寝るのは辛くなってきた。それで農場に戻るしかなくなった。しかし、幸運なことに、社会福祉士がやってきてぼくを連れ去ってくれた。彼らはぼくを孤児院に入れた。なんと素晴らしいところだったろう。孤児院を存分に楽しんだ。１９６０年代の初めのことだ。このあたりはその頃、人々はまだとても貧しかった。山羊と一緒に山に登るような生活だから、文明と言っても、今のぼくらが享受しているものとは大違いなわけだ。

90歳になったら何をするかという計画はあるけれど、ぼくはすでに人生と死の準備は終えている。もう誰のお荷物にもならない。そして、蝶々と庭の木を愛で続けることにしている。

しばらくでいいので、あなたが誰かに残すことを願う美徳ないし価値について考えてみてほしい。これを考える中で、特別な文書を創造することが可能になる。遺産、学習、そして美徳についての第二遺言。遺言がたいてい物理的財産と関連しているのに対し、第二遺言は「スピリチュアルな財産」と呼ぶべきものに関連している。[*3] たとえば、ナラティヴ・セラピストのデイヴィッド・エプストンは以下のように述べている。

私は末期がんの女性の面接をしていた。死の直前、彼女は私を遺書の代理人にした。代理人の義務として、私は、とても重要な文書のコピーを適切な人たちに配布する責任を与えられた。この文書には、彼女が若い頃に経験した性的虐待の証言、そのような虐待の長期的影響からどのようにして解放され得るかについての考え、そして希望のメッセージが含まれていた（David Epston in White & Epston, 1991, p.31）。

第二遺言の作成

もしもあなたが、高齢ないし病いのために死に直面している人に知り合いがいれば、彼らが他者に遺したいと思う学習ないし価値に関連した第二遺言の作成を援助できるかもしれない。あるいは、あなた自身に残された遺産をいかにして維持するかだけでなく、あなた自身が他者に残したいと思う遺産について考えることもできる。それはささやかなものかもしれない。ガーデニングに対する愛情とか、スポーツへの興味、ユーモアのセンス、美的センス、あるいは勇気なのかもしれない。

ここに第二遺言の例を示そう。ジャシンタ[*4]はがんと診断されたが、それを克服できるかもしれないという楽観主義は持ち合わせており、これを自らの人生と遺産について考えるのに然るべきタイミングだと考えた。

遺産、学習、そして美徳の遺言

私、ジャシンタは、ニューオーリンズ、キャンベル通り1500番地に住み、正常な精神状態にあります。ここに、遺産、学習、そして美徳の遺言を遺すことを宣言します。

1．以下に記した美徳と価値が私にもたらされたものであることを認めます。それは、人生のどこかで出会った人々、あるいは個人的な面識はないものの耳にしたり、読んだり、話を聴き、私にとって重要な意味を持った人々からのものです。
・自然を愛する気持ちは、朝の鳥のさえずりを愛した祖母から。
・学びの読書は、5年生のときの担任、シモンズ先生から。誰もそうしてくれなかったときに私を信じてくれた人です。
・親切心は、ダスティ、必要な時に私にすり寄ってくれる愛猫から。

2. (辛い時期から学ぶということも含め) 人生のどこかで私は以下のことを学んだことを認めます。
・決心は、15歳で家を出て祖母の家まで州越えの旅をしたときから。
・学ばなければならないことは、私が親友のローズと二人だけでいたときから。私たちは途方に暮れていて、夜が明けるのを待つ以外にありませんでした。眠れないことはわかっていたから、夜通し笑い続けたのです。

3. 私にもたらされた以下の美徳、価値、そして学習は、次の人々およびペットに渡されなければなりません。彼女たちこそ、それを最大限に利用できるからです。
・学びの読書は、姪のジョルジナへ。
・自然を愛する気持ちは、地元の環境団体、ウォッチウォーターズへ。
・親切心は、まだ見ぬ人たちへ。

私にもたらされたこれらの美徳や価値、そして長年にわたって蓄積した学びは、共有するための何らかの形がすでに備わっているものです。

・私はジョルジナに本を読み聞かせ、一緒にお話を作ります。
・毎週私はウォッチウォーターズの人々と会い、一緒に水路の掃除をします。
・ダスティが私に示してくれた親切心を、私は（散歩中やスーパーマーケットで出会う人々）見知らぬ人にも提供できればと思います。

4. 以下の特徴は私の愛する人たちには引き継がれず、私でわことを宣言します。
・私が時に感じる心の動揺と悲しみ
・私自身を疑わせる虐待の声

これらのことが誰にも引き継がれないよう私が願うのは、誰ひとりとして虐待に値する人はいないからです。

5. 以下の希望のメッセージを伝えたい。

ジョルジナ、あなたはまだ4歳だから、これが読めるようになるのはもう少しあとのことでしょう。

たぶんお母さんにジャシンタおばさんからの言葉だと読んでもらうことになるでしょう。あなたが私の人生、そしてあなたのお母さんの人生にもたらしたものについて、あなたに知ってほしい。お話の時間が私は大好きでした。あなたはとても聞き上手だし、二人でいるとお話や登場人物がとても生き生きしてきます。あなたの想像力のおかげです。あなたがダスティにとても親切だったことに、とても感謝しています。ダスティは私の人生においてとても大切でしたから、私にもしものことがあっても、あなたが彼を大事に世話してくれるでしょう。親切な人でいてくれてありがとう、ジョージー。

２０１３年５月15日

私は、この遺産、学習、そして美徳の遺言を３か月ごとに書き直します。

ジャシンタによる署名［　　　　　　　　］

ダスティによる認証　［　　　　　　　　］

もしもあなたが自分自身の第二遺書を作成したり、誰かがそうするのを援助したいときは、ジャシンタのテンプレートを使用できる。

遺産、学習、そして美徳の遺言

私、［　　　　　　　　］は、［　　　　　　　　］に住み、正常な精神状態にあります。ここに、遺産、学習、そして美徳の遺言を遺すことを宣言します。

1．以下に記した美徳と価値が私にもたらされたものであることを認めます。それは、人生のどこかで出会った人々、あるいは個人的な面識はないものの耳にしたり、読んだり、話を聴き、私にとって重要な意味を持った人々からのものです。*5

・［　　　　］は、［　　　　］から。
・［　　　　］は、［　　　　］から。
・［　　　　］は、［　　　　］から。
・［　　　　］は、［　　　　］から。
・［　　　　］は、［　　　　］から。

2．（辛い時期から学ぶということも含め）人生のどこかで私は以下のことを学んだことを認めます。

・［　　　　］は、［　　　　］ときから。
・［　　　　］は、［　　　　］ときから。
・［　　　　］は、［　　　　］ときから。

3．私にもたらされた以下の美徳、価値、そして学習は、次の人々およびペットに渡されなければなりません。彼女たちこそ、それを最大限に利用できるからです。

・［　　　　］は、［　　　　］へ。
・［　　　　］は、［　　　　］へ。

・「　　　　　　　　　　」は、「　　　　　　　　　　」へ。

私にもたらされたこれらの美徳や価値、そして長年にわたって蓄積した学びは、共有するための何らかの形がすでに備わっているものです。

・「　　　　　　　　　　　　　　　　　　　　　　　」
・「　　　　　　　　　　　　　　　　　　　　　　　」
・「　　　　　　　　　　　　　　　　　　　　　　　」

4．以下の特徴は私の愛する人たちには引き継がれず、私で終ることを宣言します。

・「　　　　　　　　　　　　　　　　　　　　　　　」
・「　　　　　　　　　　　　　　　　　　　　　　　」
・「　　　　　　　　　　　　　　　　　　　　　　　」

これらのことが誰にも引き継がれないよう私が願う理由は以下です。

「　　　　　　　　　　　　　　　　　　　　　　　　」

5．私が希望のメッセージを伝えたいのは、他者の人生に貢献している人々、あるいは私と同様の経験をしてきた人々です。以下が、私の伝えたいメッセージです。

［
20xx年　月　日
私は、20xx年　月　日にこの遺産、学習、そして美徳の遺言を書き直します。
［　　　］による署名
［　　　］による認証
氏名［　　　］
住所［　　　］
］

共有される記憶

遺産について考えるのは、死に直面するときだけではなく、記憶の喪失に対峙するときも含まれる。最近、私は、初老期認知症の人々とその家族と共に仕事をする喜びを得た。それは、私が（ダンサーであり監督である）姉との共同作業で書いていた劇作の仕事に関連している。*6 私の役割は、初老期認知症の人々とその家族に会って、彼らの言葉や物語を収集し、それらの物語を（彼らの人生や経験に正義をもたらす形で）劇作に盛り込むことだった。

この劇に関わる以前は、**認知症**という言葉は、くすぶっている恐怖感を蒸し返すだけのものだった。私の祖母は認知症だったので、その記憶は気分を滅入らせる。私が養護ホームに祖母を訪ねた際の記憶には色がない。初老期認知症の人々と彼らを愛する人々との私の最初のコミュニティ・フォーラムは、窓を開けて、新しい光を入れることから始まった。私たちは共に、彼ら夫婦および彼ら家族が自分たちにとって大切なものを守るための方法をたくさん聞くことになった。喪失、悲しみ、そして欲求不満の話を聞きながら、私たちは一緒になって笑いもしたし、人々が記憶を共有し、そうでなければ重荷にしかならないものを自分たちで分け合い、愛と人生に喜びを見出し続ける方法を彼らがいかにして見つけるのかを学んだ。それは、私にとって極めて重要なことであった。認知症という言葉が相変わらず悲しみや悲嘆を喚起し続けながらも、親切心の物語や寛大な行為と尊厳をも喚起するようになったのである。初老期認知症の人々とその家族との私の経験は、私の記憶との関係、もっと言うなら私自身の歴史との関係をもともかくも変えたのである。

このことを伝えるためには、初老期認知症の人々と彼らを愛する人々の世界と言葉をあなたに紹介することが私にとって必要だと思われる。

少しだけ想像してみよう。現在と過去の区別、そして身近なものと見知らぬものとの間の区別があきらかでなくなりつつあることを。数分前に起こった出来事が絶えず消し去られ、今では、数十年間記憶に留められたことだけが自分に迫ってくるのである。詩人、小説家、医師、科学者、そして哲学者の探求にもかかわらず、記憶の領域は偉大なるミステリーのままである。もしも愛する人が記憶を失い始めたら、それらをつなぎ留めるのに私たちはどんな役割を果たすことができるのだろうか？　そして、もしも私たちの両親がもはや自分たちの知る人ではなくなったなら、現時点でどのように私たちは彼らをケアし、彼らの記憶に栄誉を与えることができるのだろうか？

以下の物語は、認知症の影響と、認知症の人々と彼らをケアする人々がその状況に対応する仕方の両方を伝えている。*7

喪失

認知症になった人は、それまでしていたことをあきらめなければなりません。それによって、たくさんの異なる喪失に見舞われます。私の母はプロの肖像画家でした。彼女の画風が変わり衰えていくのを目の当たりにすることは、私にとって深い悲しみをもたらしました。彼女の内面で進行していることが、私には感じられるのです。

最期の二年が最高の二年でした

私の父は、大恐慌と第二次世界大戦の間に厳しい家庭環境の中で育てられました。ある意味、人生の最期の二年間が、私と父の関係性においては最高の二年でした。どういうことかアルツハイマー病は彼の子ども時代に植え付けられた厳格さを解放したので、それは私にとっての贈り物になりました。父は初めて私を愛していると言い、信頼していると言いました。それは、私が子ども時代に描いていた記憶、背中に革の鞭を受けた記憶とは余りに異なるものでした。それに加えて、晩年には、からだに触れることが二人の間でずっと重要なものになりました。触覚的コミュニケーションがことさら重要になったのです。時には、触り過ぎということにもなりましたが！　しかしそれでも、やさしい身体的接触は私にとってかけがえのないものでした。まるで、この数年が私の人生の記憶のバランスを取っているかのようでした。この時期に私は、さまざまな記憶を評価しているかのようでした。これ以上のことを私は望むべくもありませんでした。

関係性のバランスシフト

子ども時代、母は何かと私の面倒をみてくれました。今はものごとが完全に逆転しています。私は母に頼るべくして生まれ、母は私を頼りにして死んでいきます。そこには左右対称性があって、ほとんど詩と言ってもいいくらいです。いつでも容易というわけにはいきませんが、そのバランスを思い出すことで、違いが生まれるものです。

ファンタジー

時に、ファンタジーが展開され、とても楽しいことになります。彼は、自分がボート部とフットボール部のキャプテンだった頃のとても興奮する話を披露したものです。しかし、キャプテンだったことは彼には一度もありません。それは彼の父親の人生の話なのです！　彼は、エルビスとフランク・シナトラのマネージャーをしていた頃の話もよくしました。それは、すごい話で、練りに練られたファンタジーでした。

＊＊＊

そういう話なら、私の父も、隣の部屋の男性との朝の会話を私たちによく聞かせてくれました。父は話の一部始終とそれがいかに楽しかったかを話すのです。でも、私たちは、ある日、隣の男性が話せないことを知ったのです！　それでようやくわかったのは、父が実際にしていたという会話の相手は、ひげを剃るときに鏡に映った自分だったのです！

一番長いお別れ

最初に診断を聞かされたとき、よくある反応は、友達を失うのを自覚することです。私の場合、49年間連れ添った女房を失うのです。ですから、はじめは多少パニックになり、彼女の子ども時代の記憶を思い出させようとしたり、親戚や友達に別れをさせようと海外にも連れて行きました。しかし、病状はごくゆっくりとしか進みませんでした。ですから、お別れには違いないのですが、その時間がどんどん引き伸ばされていって、結局、一番長いお別れになったのです。

長期記憶

アルツハイマー病はすべての記憶を失うわけではありません。短期記憶が失われる中、長期記憶がぐっと鮮明になるのです。母が突然、私のまったく知らない話を始めたのを思い出します。それによると、母が私を身ごもったとき、医師は人工中絶を勧めたそうです。母はそのとき46歳で、父は70歳でしたので、医師は母体と新生児両方の合併症を心配したのです。母は私にこう言いました。「そんなことするつもりは全くなかったのよ」。それは深い会話でした。宝石のように。ともかくも、病気のおかげで、私は自分自身の歴史の一部を学んだのです。

このことは私の父にも当てはまりました。より古い記憶がより強く、忘れられないものとなるのです。父は戦時中パプアニューギニアにいましたが、それについては一切口にしませんでした。ある日、養護ホームの庭に座っていたときです。低木の茂みが風に揺れて、まるで記憶をかきまぜるようでした。彼は私に訊ねたのです。「大隊は食事を済ませたか？」そして「ピストルとライフルは持っただろうな？」

それでも父は言葉を失い始めました。言葉を失うと、数がそれに取って代わりました。彼は公認会計士でしたから、こんなふうに言いました。「18、19、20」。ある日、養護ホームで父のベッドサイドにいたときです。父は眠そうでしたが、看護師が私に「お父さんはどんなお仕事をなさっていたのですか？」と訊ねたので、「会計士でした」と答えたのです。すると父は目も開けずに、一言こう言いました。「公認会計士」。それは今でも私を微笑ませます。

最近、同じ養護ホームのクリスマスパーティーで、一人の男性がギターを弾いてくれました。彼が「遥かなティペラリー（It's a Long Way to Tipperary）」を歌い出すと、父もそれに加わったのです。その頃、父の声を聞けなくなって数か月が経っていました。ですから、父が歌を歌ったときには、思わず部屋を出ました。隣の部屋で私は泣いたのです。言葉が失われると、時に歌がその場所にやってくるようです。

＊＊＊

この話がグループで披露されたとき、若年性アルツハイマーの人がこう言いました。「神様、それだけはお許しを！」。もちろん、部屋は笑いに包まれました。

記憶を失うこと

あなたの大切な人があなたの言ったことを記憶できなくなったとき、たくさんの含蓄が生まれます。ポジティヴな面としては、同じジョークで何度でも笑いを取ることができます！　しかし、その反面、二人にとって大切な誰かが亡くなった場合、何度もその人を失った悲しみを生き直さなければなりません。それは恐ろしいことです。

時をかける旅

父は私を自分の妻だと思いました。自分が40歳だと思っていて、私に求婚するのです。彼の思い出の本を使って、私は自分が誰なのかを説明しました。それでも、彼はこう言うのです。「わかった、わかった、わかったよ。それでも僕は、君に結婚しようよって言わずにはいられないんだ」。

＊＊＊

私が母の手に触れ、手を握ると、母はこう言います。「あら、いい感じね。あなたが女の子でなければ、ジャックになれたのに」。そこから、彼女の昔語り、結婚しなかったけれど彼女が愛した男性の話が始まるのです。私が彼女の手を握るたびに、彼女はいつもジャックに戻っていきました。それはとても感動的な会話でした。そして、「自分は良い農夫の妻にはなれなかったわ」と言って、慰めを見出すのでした。

＊＊＊

私が働いていた古いケア施設では、スタッフがこう言いました。「ハロルドには、今、何年かを訊くこと」。彼の答えはいつも1942年でした。そして私たちも彼と一緒に1942年を旅するのです。流れに身を任せるのです。相手が過去に生きているなら、それこそがその人と一緒にいる唯一の方法なのです。

誰にでも影響を及ぼす

家族の誰かがアルツハイマー病と診断されると、その個人に限定されるのではなく、家族がその診断を受けたようです。時には、家族は一晩で崩壊します。家族関係が破綻すると、とても困ったことになります。時には、娘たちがその兄弟たちから両親のケアをするようプレッシャーをかけられます。時には、何年も前に家族から縁を切られたゲイの男性が、突然、家に帰るよう期待されるのです。彼らには子どもがいないのだから、親の面倒をみれるだろうというわけです。アルツハイマー病の影響は誰にも及びます。もしも診断を受けたのがあなたの親であるなら、あなたはこっそりこう考えるでしょう。「私の記憶もいつか障害されるのだろうか?」。

実際に大切だと思われることは、アルツハイマー病の人のケアが共有されることです。誰か一人に集中するのはよくありません。時に家族は、家族の中の誰か（しばしば女性）にそれを任せきりにしますが、それは状況をひどくこじらせます。しかし、時に、ケアをする人は自らその人の人生における中心的および「特別な」ケアをする人になることを選択するのです。そして、燃え尽きるので、それもまた問題となります。ケアが共有されることが大切なのです。

会話

アルツハイマー病の人がいるとき、会話は難しいものになります。私は、母との会話が以前の母との会話とは同じものではないことを理解しなければなりませんでした。母はよく「おやまあ、あんたはすごい話上手だね」と皮肉を言いました。つまり、会話が澱むと、母は私の答えに欲求不満となるのです。そこで私は「そうかしら。じゃあ、私に何て言ってほしいの?」と言うことを学びました。すると彼女は私に言うべきことを言い、私は返答するのです。そして会話が続くわけです!

同じことができるように

亡くなる直前まで、彼には楽しめることがありました。彼は素晴らしいスポーツマンでしたから、テレビでゴルフやフットボールを楽しんでいたのです。ダンスも好きでした。だから、歩けなくなる直前まで、一緒に踊ったのです。ジャズのレコードをかけては、キッチンで踊ったんです。振り返ると、私たちは自分たちにできる限りのことをやってきたように感じます。彼は尊厳を維持しました。何もかもが変わる中、私たちは彼がいつも通りの彼であるためにできることを見つけたのです。

素敵な古い毛皮のコート

私は、高齢者専用ケア施設でケアしていたある女性を思い出します。彼女はそこに入って5年目でしたが、私が赴任した頃には一言も喋れませんでした。彼女の現実にすぐさま飛び込まねばなりませんでした。彼女は完全に言葉を失っていたのですから。私は彼女がかつてダンサーであり芸術のパトロンであったことを知りました。彼女は車椅子が必要になっても、触覚を求めることは衰えませんでした。彼女をなだめたり、眠りにつかせるのに、マッサージがよく効きました。音楽を聴くのも好きでした。素敵な古い毛皮のコートがあったので、それで彼女をくるんであげました。まるで彼女を過去でくるんであげているようでした。からだがコートでおおわれると、彼女は穏やかになりました。私はいつも、あの素敵な古い毛皮のコートを思い出します。

共有のユーモア

病気の初期の段階では、共有されたユーモアが大きな違いを生みます。それを何年かたってから思い出すのも大切に思えます。母は、私が娘ではなく、妹だと言ってきませんでした。私が、あなたは母親なのだとゆずらないと、こう言い返しました。「おやまあ、年の割に若く見える人もいるのね」。とてもおかしな話です。

相互的ケア

病気の初期の段階では特に、ケアが相互的なものであることを理解するのが大切です。ある日、涙が止まりませんでした。とても辛い時期で、彼はそれについて何も言えませんでしたが、ただ私に腕を回してくれました。私が動揺しているのが彼にはわかったのです。言葉はなくても、愛に満ちたタッチがありました。それは私にとって、とても大きな違いでした。

＊＊＊

病気になった頃は、遺書や財産分配といったしなければならない困難な準備がたくさんあります。そのうちのいくつかは本当に大変です。目を背けたくなるほどです。しかし、夫はそれらをすべてこなしました。それが私にとっての大いなるケアとなりました。ある日、本当に辛い準備を二人でやり通さなければなりませんでした。それが終った時点で、私たちは限界にきていたので、彼は「ウィンザーでお茶でもしようか」と言いました。出かけてみると、予約で一杯でしたが、私たちの顔が何かを物語っていたのでしょう。スタッフはすぐに特別席を用意してくれました。それは私たちにとって大切な儀式でした。このような相互的ケアの例には事欠きません。

子どもたち

時に、子どもたちは認知症の人に対して、大人とは違う形で反応します。たとえば、私たちは息子に「祖母には物忘れがある」と言ったところ、彼は次に祖母に会ったときに、「おばあちゃん、何を忘れた?」と言ったのです。子どもたちがいかに核心を突くかというさまは、とてもリフレッシュさせてくれるものです。それに、子どもたちは、私たちとは違った形で祖母を記憶するでしょう。彼らは祖母と一緒にゲームをしたことを忘れないでしょう。お互いに楽しんだことを。それは、絶えず息を吹き込むべき大切な思い出です。

今を生きる

短期記憶の変化は思いがけないジレンマを生み出します。たとえば、最近私たちは妻のためにとてつもなく素晴らしい70歳の誕生日会を開きました。家中が、親戚や友達、風船、たくさんのユーモラスなスピーチ(彼女は自らスピーチもこなしたのです)で溢れ返りました。しかし、翌朝、彼女はパーティーについて何一つ覚えていませんでした。彼女の実家には多大なる努力が要求されたのです。となると、そもそも誕生日会を開くだけの価値があったのかと思うかもしれません。でもそこで理解すべきは、認知症の人は、ほとんど文字通りに、現在に生きているということです。相手が覚えていないだろうからといって、人生を存分に与えることを止めてはならないのです。

思い出の本

もしも大切な人が過去の自分についての記憶を失い始めたなら、彼らの思い出を当人に代わってとっておくのは私たちの仕事です。母は父のために、いろいろな話や写真、それに彼の人生の思い出の品を含む本を作りました。これは、看護師や彼の世話をしてくれるスタッフの役にも立ちました。父は彼らと一緒によく本の頁をめくったものですが、彼女たちの質問に答えられないときには、写真を見るのが好きでした。その本には、彼の子ども時代の写真や、先生たち、それに休日に出かけた場所の写真、それに学生時代の写真や家族の物語も含まれていました。家族にとっても父にとっても、この本をめくりながらそこにある話を語り直すのは、とてもやすらぐことでした。父が養護ホームにいるときは、父と家族の大きな写真ボードも作りました。養護ホームのスタッフに、彼がどんなに愛情にあふれ誰からも愛された男性であったか、そしてアルツハイマー病になる前にはどんな人生を送っていたのかわかってもらうことは、私たちにとって、とても大切なことでした。

一緒に

私たちの何人かは定期的に集まっています。私たちはパートナーの一人がアルツハイマー病になったカップルです。今何が起こっているのかわかっている人と話すのは、とても楽なことです。私たちは、ケアする人は本当に援助が必要であることを発見しました。彼らは自分ひとりで重荷を背負っているように感じていますし、あたかも自分だけが苦しんでいるかのように思っています。彼らは、他の人たちも同じことをしていることや、経験が共有され得るということを理解していませんでした。そして、私たち（アルツハイマー病の人と一緒にいる人々）も、そのことを理解したのです。そこには、私たちの世話をしてくれている人々に親切にすることが私たちにとって大切であることも含まれています！　何かを一緒にやること、食事やホテルやビーチに一緒に出かけることが素敵なことだと学んだのです。電話でもよく話をします。思いついたら電話をするのです。たくさんのことを学びました。来週は、ケアする人たちが自分のためだけに一緒に出かけます。いろいろ愚痴を言い合っては、またみんなで元通りになって帰ってくるのです！　私たちは時に、アルツハイマーズ・オーストラリアによって運営されているメモリー・レーン・カフェにも寄ります。それがどれほど私たちにとって大切なことだったたか、とても言葉にはできません。私たちもメンバーであるこのグループは、たぶん私たちが人生において成し遂げたことの中で最も重要なものになっています。私たちはひとりではないのです。

大切な人への手紙

私はこれらのストーリーが心を深く動かすものだと思う。特に、人々が未来への準備をするにあたって受けるケアに関して。彼らは、喪失、共有、そして記憶の伝達に熟慮を重ねてきた。彼らがやっと手に入れた知識から私たちは何が学べるだろう？　これを日々の生活にどのように応用することができるだろう？　一つの方法は、私たちにとって大切な人たちへの手紙を書くことだ。今すぐ、私たちがまだ自分にとって大切なことを覚えている間に。

上記に共有された言葉やストーリーから、『サンダウナー』という演劇作品が生まれた。[*8] 主人公は、初老期認知症の女性で、劇の中で子どもたち（そのうちの一人は新しい世代を妊娠中）に残すべき手紙を書き上げる。以下に彼女の書く手紙を紹介しよう。

私の大切な人たちへ

過去と現在の区別がつかないことほど奇妙なことはありません。たった数分前に起こったことがすでに消去されているのに、何十年も寄せ付けずにすんでいた記憶が突然、私めがけて飛んで来るのです。間違いなく、病状は悪化しています。今では、時に、身近なものと見知らぬものの区別もつきません。だから、今日、こうしてあなたに手紙を書いているのです。

自分が誰なのかという記憶さえままならなくなったとき、私の代わりに記憶を留めてくれますか？

重荷にならなければよいのだけれど、できれば、一日に一度、夕方の光の中で私のことを思い出してください…それはいつでも私のお気に入りの時間でしたから。夕方の光の中で私の記憶を喚び起こしてください。

古い、つまらない思い出はよしにしてね。気むずかしい顔や疲れた顔も遠慮します。そういうのは別の人に思い出して頂くか、もっといいのは、忘却の彼方に送り込んでもらうことね。そう、私はあなたに特別な、光り輝くことを覚えておいてほしいのです。

あなたにも言い分はあるでしょうけど、私が選ぶとしたら、私たちがローズバッドで過ごした日々を覚えておくのはどう？

あの日は暑かったわね。砂浜でやけどをしたくなかったら、足はダンスするしかなかった。そうして、海に飛び込んだのよ。他の人たちは私たちを見て笑っていたけど、私たちも一緒になって笑ったわよね。

あの夏は、私たち、ずっと一緒にいたでしょ、だから、どうやって過ごすのがいいかもよくわかった。ええ、そんな私を覚えておいてほしいの、あなたさえよければ。

あなたたちを片時も忘れないと約束できればと思うけど、それはとてもできないことになりました。

私は、ここ何年も、これ以上はできないほどにあなたたちを愛してきました。

あなたたちの献身的な母

追伸。記憶があるうちに、もう一つだけ！　あなたたちも子どもといるときには、一緒に作る思い出を大切にしてください。あなたたちの子どもも、生涯にわたってその思い出と共に生きるのだから。

香港のあるナラティヴ・セラピストは現在、初老期認知症の人々が「大切な人」に手紙を書く援助をしている。その手紙では、書き手は、大切な人が彼らにいろいろしてくれたことを認証し、大切な人への接し方で後悔していることを告白し、そして他の人たちもこれから先も忘れないでほしいと願う特別な思い出を際立たせている。

おそらく、私たちは自分が誰なのか思い出せなくなる日が訪れるであろう。「私たちの大切な人たち」への手紙を書くことで、その道のりはまた変わってくるであろう。

エクササイズ1：あなたの大切な人たちへの手紙を書く

ペンと紙をとり（というのは昔ながらの人のため）、あるいはタブレットやパソコンで新しい文書を開いて、大切な人への手紙を書こう。この大切な人はあなたより年上でも年下でもかまいません。いつも会う人でも、最近まったく会っていない人でもかまいません。友達、同僚、きょうだいやその他の家族、見えない友達、あるいはペットでもいいのです。その手紙には以下のことを記しましょう。

・大切な人があなたの人生に貢献してくれたその特別な方法
・大切な人への接し方であなたが後悔していること
・大切な人と共有している特別によい思い出を二つ。その細部を鮮明に描き、それぞれの思い出に関連した異なる感覚をすべて喚び起こすこと。その日は、どんな光景だったか？　どんな匂いがしたか、どんな感じがしたか、そしてどんな味がしたのか？
・あなたにとってそれらの思い出がどんなことなのかという説明
・これらの思い出を持ち続け、あなたがた二人に栄誉を表するよう大切な人を誘うこと

エクササイズ2：他の人たちの思い出を記録すること

ここで、初老期認知症の人をケアする人のアドバイスを受けてみよう。

本当にお勧めしたいのは、大切な人が言ったことをメモにとることです。家族の物語は、決して忘れないと思ったものでも記録してください。事実、忘れないと思ったことほど記録してほしいのです。[*9]

あなたがその人生を高く評価する人はいますか？　もしもいるなら、来週あたり、その人たちとどこかに座り、彼らについてのあなたの好みのストーリーを（彼らの許可を得て）書き留めること。その人が何歳でもかまいません。あなたより若くてもよいのです。大切なのは、あなたが忘れたくないような、彼らについてのストーリーがあることです。

おそらく、その人に対しても、彼らのお気に入りの思い出をいくつか訊ねるのがいいでしょう。

・彼らが思い出の細部を生き生きと語り、各思い出に関連した異なる感覚を喚び起こすような質問をしてください。その日は、どんな光景だったか？　どんな匂いがしたか、どんな感じがしたか、そしてどんな味がしたのか？
・彼らにとってそれらの思い出がどんなことなのか描写するよう頼んでみる。

あなたが大切な人と話すとき、こうした思い出やストーリーがあなたにとって意味することを知らせたくなるかもしれない。あなたがこれらの思い出やストーリーを持ち続け、栄誉を称え、大切にすることを相手に伝える方法を見つけることです。

振り返り、先を見る

本章は、遺産と記憶についての考察に焦点を当てている。あなたが他の人たちに残しておきたい価値、美徳、および学習の遺産について考えるよう誘った。そうすること、つまり第二遺言ないし「スピリチュアルな」遺言を作成することは、時に、私たちが死とどのように直面するかだけでなく、私たちが人生をどう生きるのかも変容させることになる。

記憶について考えることも重要である。私たちが自分の記憶を他人に任せなければならなくなる日はやがて訪れる。その日の準備をすることはできる。私は、大切な人に手紙を書くことと、他の人たちの思い出を記録するという本章のアイデアがそこで役立つことを願っている。

私たちが残すことになる遺産や思い出を認識することにより、私たちの人生はより広い文脈に置かれることになる。本書の最終章では、私たちのストーリーがより大きな構図の中のどこにフィットするのかということに焦点を当てる。

＊注

＊1　本章が自殺念慮のある人々に向けて書かれたものではないことは、ご配慮頂きたい。もしもあなたが自殺を計画したり、自殺を考えているのであれば、私は、そのことを誰かに話すようあなたに勧めます。それは友達でも、コミュニティリーダーでも、専門家の誰でもいいので。

＊2　テッドのストーリーは、Dulwich Centre（2000）に初出であり、本書に再録許諾済みである。

＊3　デイヴィッド・エプストンは「スピリチュアルな財産」というアイデアと代わりの遺書について、White & Epston（1991）で議論している。

＊4　ジャシンタは複数の人物像を組み合わせて構成された人物である。

＊5　このリストには、故人、ペット、および見えない友達から受け継いだ美徳も含めることができる。

＊6　『サンダウナー』という演劇作品は、ＫＡＧＥ（www.kage.com.au）によって制作された。サンダウナーがリアリティを持ち得たのは、以下の人々が重要な役割を演じてくれたからである。Jack Sach, Jill Linklater, Shirley Rutherford, and Christine Bolt from Alzheimer's Australia（Vic）

＊7　初老期アルツハイマー病の人々とそのケアする人からの引用は、Special Knowledge and Stories about Dementia（Alzheimer's Australia Vic Community Advisory Group & Denborough, 2011）という論考からのものである。以下の方々がそれに貢献している。Fiona Beale, Rachelle Better-Johnston, Liz Brady, Robyn Carmichael, Liz Fenwick, Pamela Hore, Carol Liavas, Megan Major, Kim Martin, Carmel McGrath, Rob McGrath, Kris Samuel, Dennis Tonks, Margaret Tonks, Tom Valenta, Tony Walsh, Paul Wenn, and Jidith Wheaton

＊8　『サンダウナー』を制作した創造的チームにとって最も役に立った文献は、*Contented Dementia* by

Oliver James（Vermilion, London, 2009）という本であった。

＊9　この引用は，Alzheimer's Australia Vic Community Advisory Group & Denborough（2011, p.68）からのものである。

第10章

私たちのストーリーはもっと大きな構図のどこにフィットするのか

人生についてのストーリーは、私たちが生まれる前に始まり、私たちの死で終わらない。私たちは、私たちの前にいた人々の遺産、贈り物、そして重荷を背負っているが、私たちが結びついた人々は、私たちが死んだ後もずっと私たちの遺産を背負うことになる。

本書ではここまでで、人生のストーリーを書き換える方法について、そして他者がより力強くなれる形で人生のストーリーを語るよう援助する方法について考えてきた。もっと大きな構図とは何か？人生のストーリーは、私たちの前にいた人たちの行為によってどのように影響されるのか？　もしも家族や社会の歴史をより広く捉えるなら、それは私たちの人生の理解の仕方にどんな違いをもたらすのか？

本書のはじまりにおいて、私たちは、人生のある出来事を自分のアイデンティティのストーリーラインにどのようにつなぐのかを考えた。これらのストーリーラインは、私たちが人生と自らの行為についてどのように考えるかに影響する。本章では、人生のストーリーラインと先祖の行為とをつなぐことについて考えよう。それによって、私たちの人生はこれまでとは異なる視野を持つことになり、新しい意味と理解を獲得する。私たちを異なる優先順位、希望、そして夢に結びつけてもくれるだろう。

それは私にも該当する。続く何頁かで、私は祖先の一人に宛てた手紙を提示するつもりだが、そこには、それによって自分の何が変わったかも含まれる。リサ・バーンドの祖先宛の手紙も紹介するが、彼女はカリフォルニアに暮らしている。

私の手紙とリサの手紙はどちらも、祖先が行った決定的な不正と折り合いをつけようとすることに焦点を当てている。ここにこれらの手紙を含めるのは、祖先が甚大な害を及ぼした場合、その子孫には特別の責任があると信じているからである。あなたがどこで暮らしているか、あなた自身の家族の歴史にも左右されるわけだが、あなたが書く手紙は大きく異なるだろう。しかし、私たちが誰であろうと、より大きな構図を考え、祖先をも引っ張り出すことで、私たちがどのように人生のストーリーを書き直すかという点で大きな差が生まれることになる。

建国の父を見つけようとすること

「祖先への手紙」を作成する気になったのは、ジェーン・レスターと一緒に仕事をしたからである。彼女はオーストラリア・アボリジニの女性であり、オーストラリアでは一般的に「盗まれた世代（the Stolen Generation）」[*1]と呼ばれているものに深い影響を受けた家族の出身である。ジェーンの家族の子ども世代全員が国家権威によって親から引き離され、ミッションホームに措置された。事実、その施設はあるとき、ジェーンの家族の子どもで占められていた。[*2]私はジェーンと共に、彼女の家族のストーリーを文書にしたのだが、そこには、彼女が今でもどのようにして祖母を捜しているか、彼女がどのようにして多くの深い結びつき直しを得たか、そしてこれらのストーリーがこの国の歴史とどのようにつながっているかが含まれている。

一緒に仕事をしているときに、ジェーンは何度も何度も私に、家族の歴史と祖先について訊ねたのだが、しばしば私には答えることができなかった。どういうわけか私は祖先を置き去りにしたようだった。そこで私は、自分が家族の歴史についていかに知らないか、それが我が国の過去の出来事とどのようにつながっているのかを考え、自らに静かな誓いを立てた。将来、ジェーンや他の誰かとの会話において、私の見つけたストーリーが何とかつながりを持ち共有されるように、自分の家族の歴史を調べようと。

ジェーンの魂の寛大さによって、私は、家族の歴史への旅を開始した。もちろん私の家族の歴史は、とても異なったものだった。しかし、私の父は強制的に家族から引き離されることはなかったし、彼の同胞もいとこでさえ、そんなことはなかった。事実、多くの点で、私の家族の歴史はそうなりようはなかったのである。私の母方の祖父の祖父はサミュエル・グリフィス卿（Sir Samuel Griffith 1845-1920）であった。彼はオーストラリア憲法の起草者であり、この国の連邦最高裁判所初代長官（1903-1919）となった。彼は近代オーストラリアの「建国の父」の一人と目されている。

いくつかの点で、サミュエル・グリフィス卿の人生を理解する私の探求は、ジェーン・レスターの探求ほどに特異なものではない。しかし、類似性もある。サミュエル・グリフィスがいなければ、私はいなかった。私が、私たちの遺産を讃え、私たち（彼らの子ども、孫、ひ孫）のために身を捧げる人生を生きた人に敬意を表することの重要性についていくらか学ぶことができたのは、ジェーンや先住民族の同僚との会話のおかげである。しかし、祖先を讃えることは、あなたの家族の歴史が他の人々の財産没収と不可分であるときには、込み入った過程になる。

私の祖先の片方の家系は、文字通り、クイーンズランドのアボリジニの人々の土地の没収に関わっている。もう一方は、その没収を法制化する憲法の草案を行っているのだ。アンドレア・リーニーツ(Rieniets, 1995)を引用しよう。「あなたの家族の木がよその家の庭に移植されているのを見つけたら、どうしますか？」[*3]。

私がジェーン・レスターと緊密に仕事をしていたとき、オーストラリアの先住民と非先住民との間の和解についての会話が全国的に起こっていた。シドニー・ハーバー・ブリッジを渡る和解のための行進は、最近では数十万の参加者が動員されている。その行進中、小型飛行機が空にSorryとだけ書いたときには、この国全体が力強く動かされているかのようだった[*4]。これが、私自身の祖先についてのジェーンの問いに私が答えようとした文脈である。

ある意味、私の家族の歴史をたどる過程は、時間を超えて、世代を超えて語ることが必要だったようだ。それゆえ、私は最適な手段として、サミュエル・グリフィスへ手紙を書くことにしたのである[*5]。

拝啓　サミュエル様

あなたにどう書いたらよいのか随分思い悩みました。この頃、人々があなたの名前を口にすることが増えてきており、それを耳にしたり、あなたの写真を目にするたびに、私はどう反応していいのか戸惑いを感じるのです。微笑み返すべきか、頷いて敬意を表すべきか、あるいは混乱ないし淋しさを抱えたままその場を立ち去ればいいのか。私のこのような気持ちは、あなたには全く理解できないことかもしれません。あなたは、一点の曇りもない意図をもって人生を生き、私の愛するこの国に大きく貢献なさったわけですから。しかし、サミュエル、時に大きな問いが私を包み込む、そんなふうに私は思い悩むことがあるのです。つまり、この国にもともといた人々の名誉を汚すことなしに、私はあなたとあなたの成した貢献の栄誉を称えることができるのだろうかと考えるのです。そして、あなたの名誉を汚すことなしに、私はこの土地にもともといた人々の栄誉を称えることができるのでしょうか?

もちろん、可能であるならば、このことについてあなたと直接話がしたいのです。しかし、あなたが亡くなってからすでに、私が生きた時間の三倍もの時間が流れているのです。それで、私はあなたの手紙と日記を繰りました。あなたの書いた言葉を読み、あなたの生きた時代のストーリーと関連する本を苦労して読んだのです。なぜか？　とあなたはお訊きになるかもしれません。端的に言えば、私が愛し大切にしているこの国が過去を理解しようとしているがために、私はあなたを探しているのです。

サミュエル、私たちのオーストラリア人としての自己イメージは、過去数年で変化しています。私たちは、右翼政党が政界において確固たる地位を築き、人種差別の火の手が上がるのを目の当たりにしています。私たちは、拘束死やこの国の先住民の盗まれた世代による影響が未だに続いていることを学んでいます。そして、何十万という普通のオーストラリア人が、和解の行進に参加し、謝罪本に署名するのを見てきました。私たち、オーストラリアの非先住民は、明るみに出たこの国のものごとに対する自分たちの深い悲しみを表現する方法を探し求めてきました。そして、オーストラリアの先住民と非先住民が手を取り合って未来に歩いていくのに必須な行為（それが何であろうと）に出る方法を探し求めてきました。

サミュエル、これが私に意味するものをどのように伝えることができるでしょうか？　大人になるとき、私は、自分が歩くのを学んだ土地に広がるスピリチュアリティを持つ人々について一切聴かされることはありませんでした。世界で一番気に入った場所にはりめぐらされたストーリーとソングラインについて一切知らなかったのです。この国について知らず、それを理解することもなかったのです。ある意味、それとは寸断されたところで生きていたのです。オーストラリアのハートランドとは切断され、分離した人生を生きていたのです。私はシドニーのロングベイにある刑務所まで歩いていって初めて、自分がオーストラリアについて何も知らないことを理解したのです。

私が二度目に教育を受けたのは、刑務所の独房と実力者グループの中においてでした。そのいくつかが至極直接的であった一方、やさしく時間のかかるものもありました。サミュエル、あなたはオーストラリアで初めての弁護士の一人であり、連邦最高裁判所初代長官でもありました。そして、英国の法律とその解釈をこの国に持ち込むのに決定的な役割を果たしたのです。あなたが善意に基づいてそれを成したことはわかっています。熟練した技術でもってそれを成したことも知っています。あなたは情熱をもってそれを成したし、あなたの時代にあってはあなたが進歩的であったこともわかります。それでも、サミュエル、私は、その法体系の基礎を成す施設の中で少なからぬ時間を過ごしたのです。独房の中で、アボリジニの被収容者が、そこに生きてそこで死んだ人々の魂を解放するために聖なる油を燃すのを見ました。決してあなたの人生を裁こうというのではありません。あなたがいなければ私がいないのはわかりきっています。しかし、私たちのこの歴史との結びつきにからんで言いようのない悲しみを私は感じるのです。英国の法律をオーストラリアの先住民に強制したのは悲劇でした。特に、先住民のコミュニティプロセスが葛藤への異なる対応法を私たちに提供していたのですから。全世界に向けて、アボリジニ・コミュニティは、自分たちの葛藤を自分たちなりに主張する権利を取り戻していますし、その過程において、彼らは私たちに実に多くのものを与えてくれています。彼らは、刑務所と彼らの味わっている降格のない人生の可能性というものを提供しているのです。

サミュエル、最近のことですが、私たちは黒い喪章史観（black armband view）か白い目隠し史観（white blindfold view）のどちらかを選択しなければならないと訴える人々がいます。前者は、オーストラリアの過去はおそらく苦悩と不正しか認証できないとする歴史観であり、後者は、そこに誇り、勝利、そして祝典のみを語る歴史観です。私にとって、この二つはそれほどかけ離れたものではありません。なぜなら、私がこの国について最も強烈で情熱的な誇りを抱いた瞬間は、私たちが集団として自分たちの過去についての最も難しい局面に対処すべく努力しているように思われる瞬間だったからです。たしかに、過去とそのすべての複雑さを残したまま折り合いをつけることは、それ自体で、誇りの源になり得るでしょう。

サミュエル、私は、1970年に生まれたので、偉大な社会変化の時代に生きていなかったことを至極嘆いています。そのとき、大規模な社会的ムーヴメントが世界の国々の風景と想像力を変化させていたはずです。ベトナム戦争反対運動、女性解放運動、ストーンウォールの反乱、あるいは、もっとさかのぼるなら北米の公民権運動の時代に生きていなかったことを嘆きます。

しかしながら、昨年は、和解の行進がシドニー・ハーバー・ブリッジを越えた日に、〝Sorry〟という文字が青空に書かれたときには、ようやく、今こそ、そのような時代の真ん中にいることを理解できたのです。その時、私たちの歴史は再考され、私たちの過去との関係も再考され、必然的に未来をも再想像されたのです。その時、普通の人々が、私たちよりも先にこの土地にやって来た人々によってなされた過ちを正し、これまでとは違う明日を創造する機会に立ち会ったのです。この瞬間、（私の見方では）オーストラリア建国百年にして初めて祝典の時を迎えたのです。この時、私たちはようやく自分たちの歴史をその複雑さ（その恐怖と脅威）の中でそのままつかんだことを祝ったのです。この時、この国の過去の過ちを正そうと願う人々のムーヴメントがようやく存在し、未来に向かって一緒に立ち上がることができたことを祝ったのです。

サミュエル、私はあなたの人生、あなたが生きた文脈を理解しようとしています。あなたの人生の大半とあなたの時代の大半が、未来の私たちの人生のために捧げられていたことは知っています。つまり、私たちは、すでに他界したあなたたちにかなり責任があるということです。あなたが達成したことをすべてあきらかにしつつ、あなたのなし得なかったその是正においてささやかな役割を果たそうと思います。それを誇りに思って頂ければと願います。この国の過去の有害な出来事を是正するより集団的行為に出るとき、私はなぜだか自分自身の祖先のストーリーにより結びつきを感じます。サミュエル、私は今後何年にもわたりあなたをさらに知ることになるでしょう。もちろん私たちの世代だけでは足りないかもしれず、そうなれば、私たちの子ども、孫、そしてひ孫が私たちの理解できなかったことを是正することになるでしょう。

サミュエル、あなたが今朝ここにいてくれたらと思いました。あなたが創造において鍵となる役割を果たした国における人生がどのようなものなのか、そのごく小さなサンプルをお見せすることができたからです。しかし、ある意味、あなたはここにいるわけです。あなたの人生は、今朝私が語ったすべての言葉を形作ったのですから。あなたを探す過程が完了したふりなどできませんが、今なら、あなたにどう話しかけたらよいのか、私の家族の歴史の遺産にどのように関係したらよいのかはわかります。あなたを探すことができてとても嬉しいと言えるでしょう。少なくともこの最初の手紙を書くことができてとても嬉しいのです。この点において私はオーストラリアの先住民に感謝しなければなりません。私にしてみれば、オーストラリアの先住民が、過去を忘れないよう、祖先に背を向けないよう、その代わりにあなたを自分の行為や現在残しつつある遺産とその影響に結びつけるよう思い出すよう、私たちに懇願しているかのようです。思うに、これは最も寛大な誘いです。なぜなら、この過程において私たちはおそらく、自分自身の歴史という家に戻っていくからです。たぶん私たちは、祖先の正義を行う人生をこの国の歴史の複雑さと豊かさに関連づける方法を見つけるでしょう。私はそれを願っています。

敬具

あなたの孫の孫　デイヴィッド

自分自身の祖先ともう一度結びつくことは、私にとって極めて重大なことだった。自分の人生のストーリーをずっと長いストーリーライン、つまり私の生まれるずっと前に始まり、死後もずっと続くであろうものの中に置いたからである。自分自身の祖先ともう一度結びつくことは、私を変えもした。私はずっと、この国におけるアボリジニの人々に対する継続的不正は過ちだと考えてきたが、今や自分がそれに個人的に加担していたのである。それは私のストーリーであり父のストーリーの一部である。サミュエル・グリフィスに手紙を書いて以来、オーストラリアの先住民の友達や同僚と協力して働き続けるのは、私自身の祖先に対する義務のように感じられる。しかし、この義務とこの協力は、重荷ではない。喜びと結びつきの源である。事実、自分が人生の正しい場所にいる感覚を持つのは、そのような協力の瞬間においてである。このような話をするときスピリチュアリティという言葉を使う人もいる。そうならば、有害事象を是正しさらなる害を予防し続けることによって祖先の栄誉を称える方法を見つけることは、私なりのスピリチュアル実践である。私の死後ずっと経ったときに、私たちが今やっていることの有害さを是正する方法を私たちの子孫が見つけてくれることを願うばかりだ。

米国における家族ストーリーライン

米国では、家族のストーリーラインは異なる歴史の中で織りなされる。私が曾曾祖父に手紙を書いた1年後に、米国における祖先への手紙第一号が、ジョージア州アトランタ市のスペルマン・カレッジのシスターズ・チャペルで朗読された。*6 シスターズチャペルは、マルチン・ルーサーキング牧師が狙撃された後に遺体が安置されたところである。畏敬の場所である。三人の演者がそこでの儀式に参加した。キートワ・チェロキー族のパトリック・モス、アフリカン・アメリカンの歴史と癒しについて語ったヴァネッサ・ジャクソン、そして自らの祖先であるグリフィス・ラザフォード将軍への次に提示する手紙を読み上げたヨーロッパからの移民であるアメリカ人、リサ・バーンドである。*7

●グリフィス・ラザフォード将軍への手紙〈リサ・バーンド*8〉

今朝、私は、グリフィス・ラザフォード将軍として知ることになった、私の曾祖父の曾祖父である男性に宛てて書いた手紙を皆さんに向けて読み上げるつもりです。しかし、そうする前に、なぜこれが私にとって大切なのかをお話したいと思います。ネイティヴ・アメリカンとアフリカン・アメリカンの友人である同僚とここに立っていることは、私に偉大な希望を与えるものです。私には、自分の祖先の行為に関して、少なからぬ悲しみや恐れがついて回ります。過去に起こったすべてのことを認証しつつあなたがたとここに立つことで、私たちすべての違う未来を想像するのに役立ちます。今朝、このイベントの一部にお招き頂いたこと、自分でも信頼に腰が引ける祖先との愛すべき関係を打ち立てる機会のはじまりに、感謝致します。

拝啓

私は特別な機会を得てあなたに手紙を書いています。今朝こそ、ネイティヴ・アメリカン、アフリカン・アメリカン、ヨーロピアン・アメリカンの皆さんと一緒にここに立ち、歴史を織りなすよい機会です。語るべきストーリーを抱えた祖先および祖先となる人々で満員の驚くべき土地に招かれることと一般について、あなたならどう考えるでしょう。

私にとって、これは重要であり、決定的であり、癒しでもあります。これまでに起こった出来事、これまでに来た人々を、ここで認識するわけです。

将軍、私にあなたを初めて紹介してくれたのは、祖父でした。彼が亡くなる少し前のことです。祖父と私はよくキッチンテーブルを囲んで、思い出話をしたものです。最愛の思い出や二人ががっかりしたことなどを話したのです。祖母はいつも豚肉を料理していて、祖父はすでに他界したきょうだいや、母親、父親のことを話してくれました。

しかしながら、私の家族、私の文化では、いつも沈黙の部分がありました。霧のように、あるいは氷のように。立ち入ってはいけないところがあることを私たち誰もが知っていました。それは恥のようでしたが、何と呼べばいいのかわかりませんでした。その沈黙の部分のせいで、私たちがどこから来たのか、誰も口にしないほどの恐ろしいことを誰かがしたのかは、決して本当にはあきらかになりませんでした。その氷が割れたのは、祖父母がクー・クラックス・クラン（Ku Klux Klan）の集会で結婚したことを知ったときでした。曾祖父レスターの特権として遺されたものが、1920年代のテキサス州パリ市において彼が果たしたクランのリーダーシップによるものだと理解したのです。それを知って、私は震えおののきました。当時、テキサス州北部にいたアフリカン・アメリカンにとって人生がどんなものであったかをさらに知ったときも同じでした。状況理解の役には立ちました。

注意深く考察したい沈黙部分はたくさんあります。見透すべき霧や、解かしたい氷には事欠きません。将軍、あなたをもっと知りたいと私が願ったのは、このようなスピリットの中においてなのです。あなたのストーリーと私のは切り離すことはできないのですから。

私は、歴史が語る以上のことをあなたについて知りません。あなたと両親が北米の植民地を目指してアイルランドを出たのが1721年であり、そのときあなたがまだ赤子であったことは知っています。そしてあなたの両親はその航海で亡くなった。大変なことだったでしょう。いとこがあなたを引き取り、ニュージャージーでの教育をあなたに提供しました。あなたは測量技師として訓練され、キャリアを積みつつ、ヴァージニア州、ノースカロライナ州へと移り住み、そこで自分の家庭を持ちました。メアリー・エリザベスと結婚し、八人の子どもを得たこと、コミュニティと政府の立ち上げにも協力を惜しまなかったそうですね。ノースカロライナ州で南西部領土立法議会議長に指名され、独立宣言についての会議で投票も行い、ジョージ・ワシントンがあなたの家を訪問した際に贈ったというかぎタバコ入れを孫に見せるのがご自慢だったことも私は知っています。

以上が、私が学校で学んだ歴史に私を結びつけるストーリーであり、祖父が私に語ってくれたときには誇りと一体感を得たものです。あなたが植民地民兵隊に入隊して、1776年まではイギリス軍とインディアン（チェロキー族）と戦う准将であったことも私は知っています。私にとって悲しく恐ろしくもあったのは、あなたが軍を率いて、チェロキー族の村を30も焼き討ちにしたことを読んだときです。ロングアイランド条約とブルーリッジ山脈以東のインディアンの土地の譲渡を目指す「道を開く」軍事行動の一貫でした。あなたはその功績によって、広大な土地を与えられたのです。

あなたが自らをプランテーション経営（奴隷によって築かれた経済）の世界に据える権力社会に入っていったこと、そしてあなたのライフスタイルと遺産のほとんどがアフリカンピープルの強制労働によって支えられていたことを私は知っています。それらの出来事は、書かれた歴史に記されていますから、あなたについて私が知っていることは、一つの国、つまりアメリカ合衆国の発展を促進し、その他の国（インディアンの部族とアフリカ出身の人々の部族）には甚大な被害をもたらした出来事においてあなたが果たした役割なのです。これが、私があなたについて知っていることです。もっと多くのことを知っていればと思います。

私は軍人の家庭で育ちましたが、私には理解できないあなたの人生や振る舞いがたくさんあります。インディアンの村に火を放ったとき、あなたは自分のしていることについてどんなふうに考えていましたか？　そんなことを可能にしたのは何ですか？「民間人殺傷」のような言葉をあなたは使っていましたか？　疑いの瞬間はなかったのですか？　女や子どもの声があなたの耳を離れないということはなかったのですか？　それは私の耳元には残りました。

そして、それらの振る舞いは私たちの家族の未来をどのように形作ったのでしょう？　私たちはどんな遺産を得たのでしょう？　善悪こもごもというところではないでしょうか。白人の優越と白人の支配の恩恵に被るとき、間違いなく私たちは、何層もの特権を蓄積していったのです。何世代にもわたる私たち家族が、ノースカロライナないしテネシーの地図を広げて、家族の名前をそこに見るとき、誇りを感じたであろうことは疑いようがありません。あなたの達成において光り輝く家族の歴史の勝利篇があるのです。

しかし、そこには恥の遺産もあります。沈黙の遺産。そして、何年にもわたる特権から飛び出してくる（欺くための）一部だけ真実の言葉や真実でないことの遺産。それは、とても不快であるし、吐き気を催させるし、混乱させ、盗まれた土地に立つことであり、暴力や盗まれた労働から利益を得ること、そして詐欺による生得権を生きることです。それによって私たちは、生気を与えるように互いに話すことから引き裂かれていたのです。

将軍、歴史がどのようにあなたを覚えているかについてあなたが何を考えているのか、私はとても知りたいのです。あなたは他のどんな記憶のされ方を望んだでしょうか？　それはどのようにあなたの経験に近いのでしょう？　あなたは、どんな友達、隣人、夫、そして父親だったのでしょう？　私はあなたの孫であるニュートについては多少知っています。彼はアルコール依存症に苦しみ、若くして死んでいます。あなたが長男を戦争で亡くしたことも知っています。その喪失についてあなたの妻であるメアリー・エリザベスはどのように感じたのでしょう？　あなたの不在については？　あなたがイギリス軍の捕虜になったことについては？　あなたの軍事行動については？　あなたが遠くでしていたことについてあなたは彼女に何を言ったのでしょう？

父は1968年にベトナムに行きました。私が11歳のときです。天気について楽しい手紙を書いてくれましたし、帰ってからはその旅行者バージョンを語ってもくれました。しかし、彼は別人になって帰ってきました。前よりもの静かで、怒りっぽく、引きこもりがちになっていました。ずっと後で彼の語ったことには、司法官としての彼の仕事の一つに職務離脱（AWOL：absent without leave）兵士の訴追がありました。しばしば彼は、軍隊に留まるよう彼らに勧めました。古い友達の息子が彼の勧めに応じ、殺されました。このことは今日でも絶えず彼につきまとっています。彼によれば、ベトナム人の彼ら自身の土地での扱われ方はさらにしつこくつきまとっています。彼はアメリカ人として二度と気楽な気持ちは味わえないと言っていました。

何かあなたにつきまとうものはありますか？　私は考えます。私につきまとい、私を悲しみの淵に沈ませる過去は、たくさんあるのです。私はチェロキー族の村を思い起こします。そして、プランテーションで奴隷にされたアフリカンを、クランの暴力によって脅える男女や子どもたちを、ベトナムの村人や少年兵士を思い起こします。そして、彼ら全員と私たちの人生とのつながりを考えるのです、将軍。すると、深い悲しみと深い後悔が生まれるのです。それは、私の行為の多くを形作る後悔なのです。

あまりにも搾取され、略奪され、そして盗まれた彼らの人生をあがなうにはどこから手をつけたらいいのでしょうか？　ある者には将来を用意し、ある者にはその芽を摘むような社会システムと政策は、未だに人々に影響を及ぼしています。ある者は神の贈り物とされ、ある者は目に見えないかより悪いものとされるのです。そうです、私たちは、真実を回避したり否認するだけではうまくいかないことを知っています。だから、違うやり方をするとしたら何ができるのかということです。

この国の創造と維持において蹂躙された人生や暮らしを生きた人々の経験について、もっと学び、もっと親身になって耳を傾ける機会を確立するとしたら、どうなるでしょう？　人種差別がどのように構成されているか（きたか）を学ぶことや、学校、法廷、病院、財政機関、政府、芸術機関、隣人、人間関係で働くこと、そして厳しく批判することに献身するとしたら、どうなるでしょう？　たぶん、これは私たちの世代のひ孫のために残せる遺産です。

今日、アフリカン・アメリカンとネイティヴ・アメリカンの友人である同僚と一緒に立ち、あなたの方を向くことが、将軍、私に希望を与えてくれます。私には、あなたを知り、あなたから知られることへの憧れがあります。それは、私たちは互いに離れ離れになる必要はないという希望、私たちがどこから来たのかを忘れる必要はないという希望を語るあこがれです。そして、将軍、これはあなたにとっても大切な過程であるのではないでしょうか。かつて私に、こう訊ねた人がいます。「私たちの祖先も学習し続けているとは思わない？」。私は、このアイデアが大好きです。私にもわかるのは、こうしたことがらを自分ひとりで理解しなくてもいいということです。これは、あなたや私や私の家族に限った話ではないのです。これは、私たち全員についての話であり、たぶん私たちは一緒に、それについてどう話すか、ここからどこへ行くべきかを理解できるでしょう。

将軍、私は自分の文化における伝統として、あなたに接触することを（この会話を行うことでさえ）自覚してはいません。あなたは私にどんな質問を投げかけるのだろうと想像し、会話が続くことを楽しみにしています。しかし、他の人々の文化では、私が今日話したことは、祖先に代わって話すことに関連していると言われました。ですから、あなたに次のように言うことで、スピーチを終了しようと思います。あなたと共に。

あなたと私、それにその間にいるすべての人々が、お互いに、そして自分たち自身を保護するために一生懸命努力してきた歴史を携えて前進すべき時です。そうすれば、私たちは、自分たちにできることを修復し、来るべきところに敬意の場所を据えることに、責任を取り、参加することを始められるのです。

敬具

あなたのひ孫のひ孫娘である　　リサ・キャサリン・ラザフォード・バーンド

祖先を連れてくる

この本は、最後の誘いで幕を閉じる。ペンと紙を取って、あるいは新しい文書画面を開いて、あなたの（会ったことのない）祖先の誰かに手紙を書いて下さい。

たぶん、リサと私のように、抑圧か差別に積極的に加担した祖先をあなたも一人くらいは知っているであろう。そのような抑圧に一生懸命抵抗した祖先を知っているかもしれない。あるいは、あなたが今日のあなたになることに重大な役割を果たした祖先を書くことを選択するかもしれない。

あるいはまた、祖先への手紙は、必ずしも特定の人物に宛てて書く必要はない。私たちの多くは、私たち以前に生きた人々の詳細を知らない。私には、ベトナムでのアメリカの戦争後に直接、母国からオーストラリアに養子縁組された親友がいるが、彼女はその経験と自分の祖先のストーリーラインの複雑さに自分がいかに直面したかについて美しく記している（Simmons, 2007）。オーストラリアの友人でも祖先について知らない人はいる。家族によっては、ある世代から次の世代へあるストーリーを伝えないことが贈り物になる。次の世代が新しいスタートを切り、歴史の重荷から解放されることが可能になるからである。もしもこれがあなたの家族にも当てはまるのならば、特定の人物に宛てるよりももっと一般的に「私の祖先」に書くのがいいだろう。

誰に宛てて書くにせよ、そこで考えてみるとよいのは次の質問である。

・あなたの祖先において栄誉を与えたいことは何ですか？　祖先の人生と行為によって、あなたには何ができるようになりましたか？
・もしも特定の人物に宛てて書くことにしたのなら、なぜその人を選んだのですか？　なぜそれほど大切なのでしょう？
・その祖先を思い浮かべるとき、あなたにはどんなイメージ、考え、ないし気持ちが湧き起こりますか？　そこに記したい大切なストーリー、秘密、ないし歴史がありますか？
・あなたが誇りにするその人の遺産や価値とは何ですか？　そのうちの何をあなた自身も受け継ぎ、他の人に伝えたいと思いますか？　それはなぜですか？
・自分で断ち切りたいと思う価値は何ですか？　それはなぜですか？
・後知恵で結構ですが、祖先のした行為のうち、彼らが後悔したり変えようと望んでいたものはありますか？　もしもあるなら、あなたがその是正を続けるにはどうすればよいのでしょう？
・もしも祖先が不正に反対していて、あなたも今、不正に反対しているのであれば、他界して久しい人に何を伝えたいですか？

あなたが祖先（たち）に宛てて手紙を書いたなら、あたかも過去に向けて読むように、それを声に出して読み上げたいだろう。会話が花開くように、友人や家族に聞かせることを選ぶのもいい。

未来の世代

たぶん最も重要なことは、祖先について考えることによって、私たちが未来の世代、そして自分の死に際して彼らに何を残したいのかを考えるようになることだ。私たちが生まれてきた不正を是正するために生存中にどんなステップを踏み出すことができるのか？[*9]
あなたの人生のストーリーラインが、あなたの前にやって来た人々、およびまだやって来ていない人々の人生にどのように関連しているのかを考えることは、あなたにそれまでとは異なる視点を提供できるし、あなたがどんな方向に進むにせよあなたを鼓舞するだろう。これは私にとって確かに真実であった。

＊注

＊1　盗まれた世代とは、オーストラリア・アボリジニとトレス海峡諸島の子どもたちのうち、オーストラリア政府や教会によって家族から引き離されたもののことである。その引き離しは、1860年代から1960年代にかけて、および1970年代初期において行われた。

＊2　ジェーン・レスターの家族のストーリーは、*Telling Our Stories in Ways That Make Us Stronger*（Wingard & Lester, 2001）という美しい本に収録されている。

＊3　[訳注]白人オーストラリア人の家系図がアボリジニの土地に移植されたことも意味するダブルミーニング。

＊4　盗まれた世代に対するオーストラリア首相の謝罪は以下のサイトで読むことができる。

www.dfat.gov.au/indigenoous/apology-to-stolen-generations/rudd_speech.html

＊5　この手紙の初出は White & Denborough（2005b）である。

＊6　リサ・バーンドによる祖先への手紙は、ダルウィッチセンターとスペルマン・カレッジによって主催された国際ナラティヴ・セラピー・カンファランスにおいて朗読された。このカンファランスについての詳細は、White & Denborough（2005a）と次のサイトを参照されたい。

www.dulwichcentre.com.au

＊7　この手紙の初出は、White & Denborough（2005b）である。

＊8　リサ・バーンドへの連絡はダルウィッチセンターを介して可能である。

＊9　本章において言及されている特権についての考察は、アフリカン・アメリカンのソーシャルワーク教授 Salome Raheim によって始められた広範なプロジェクトに関連している。これについては、以下のサイトを参照されたい。

http://www.dulwichcentre.com.au/privilege.html

このプロジェクトには鍵となる貢献者として、Just Therapy Team of New Zealand（Taimalie Kiwi Tamasese, Charles Waldegrave, and Flora Tuhaka）のメンバーが含まれる。合衆国では、テキサス州立大学でのプロジェクトを Shawn Patrick が継続している。もしもこのプロジェクトに貢献したいのであれば、下記に連絡頂きたい。

Dulwich Centre, Hutt St., P.O. Box 7192, Adelaide 5000, South Australia

dulwich@dulwichcentre.com.au

●エピローグ　振り返り、先を見る

この本は、私自身の人生のストーリーで始まる。山の尾根に一人で座っている13歳の私の話だ。そして、最終章には、ほぼ一世紀も前に亡くなった祖先に宛てた私の手紙が含まれている。本書を書き出したとき、そこにこの二つの出来事が含まれるなど予想だにしなかった。しかし、人生のストーリーラインを探求しだすと、予期せぬ結びつきが浮上する。

これがあなたにとってても当てはまることを願う。本書のアイデアとストーリーがあなたに以下のものを提供できれば幸いだ。あなた自身の人生についての新しい見方。しばしばないがしろにされてきた出来事に新しい重要性を見つける方法。しばしば価値を引き下げられてきた輝かしい行為の見つけ方。それまでは見過ごされてきた経験に魅了される方法。以前にはしばしばとても悲しく孤独と見なされた風景における問題と窮状に対する解決の見つけ方。これらは、マイケル・ホワイトが本書に賭けた希望だ。私たちはライティング・プロジェクトを一緒に始めた。その完了は、私にとって、彼の思い出と遺産の栄誉を称えることとなった。

本書によって、あなたが大切にしている人々のストーリーに対する方法にいくらかでもアイデアがもたらされればと願う。私がここに書いた言葉は、それは多くの異なる人々が彼らの人生物語を語り直し書き直した人々の言葉でもあるが、あなたの旅の道連れとなることを信じて疑わない。

訳者あとがき

本書は、*David Denborough. Retelling the Stories of Our Lives: Everyday Narrative Therapy to Draw Inspiration and Transform Experience*（W. W. Norton, New York, 2014）の全訳である。ナラティヴ・セラピーの最高の入門書であり啓蒙書でありセルフヘルプ本だと言いたい。

なぜ最高かと言うと、第一に、アリス・モーガンの『ナラティヴ・セラピーって何？』と同じくらいわかりやすいからである。第二に、ＰＡＲＴ１が技術編で、ＰＡＲＴ２が実践編となっているが、そこには、マイケル・ホワイトの逐語録が10頁ほどにわたって何本も引用されているので、読者は創始者の治療に陪席することができる。また、日本未紹介の世界中の臨床実践もいくつか盛り込まれている。第三として、デンボロウ君の私的な人生経験がいくつも明かされ、実際にナラティヴが彼の人生にどんな影響を及ぼしたか、ナラティヴの技術で彼のストーリーがどのように語り直されるのか本人の口から聞けるからである。これが本書をとても温かみのある書物にしている。マイケルの白『地図』とは好対照というわけでもないが、これは暖色系の織り物のようだ。そして、最後に、本書を読み終えた後、ナラティヴ・セラピーをいかにするかというような考えはすっぽり頭から抜け、こういうのがナラティヴに生きることなのだなぁと実感できるからである。一般読者向けのナラティヴ本は、マイケルが生前デンボロウ君と『ナラティヴ実践地図』の次の著作として構想していたものであるから、彼がその遺志を継いでまとめあげたことになる。

マイケルの読者には、デンボロウ君は彼の右腕としてすでにおなじみであろう。私が初めて彼の名を目にしたのは、*Beyond the Prison: gathering dreams of freedom*（1996）の編者としてである。美しい顔立ちの若者が監獄というハードボイルドな場所での仕事をまとめたものだ。実際に会ったのは1999年のアデレードでのカンファランスで、彼は自作の"Welcome Song"で開会式を盛り上げていた（『ナラティヴ・セラピーの実践』p.256に写真掲載）。以来、ナラティヴ・セラピーの日本への紹介者としての私にサポートを惜しむことがない。この本の中でもいくつか彼の個人的エピソードは盛り込まれているが、とにかくやさしい、気づかいのできる人である。アンドレア・リーニーツ（Andrea Rieniets）の"Souvenir"の歌詞はダブルミーニングなのかとか、"From small things Big things come"は"From small things Big things grow"と関係があるのかとか、まあどうでもいいと言えばどうでもいい質問にもすぐ答えてくれるのである。

以下に、各章を簡単に紹介しよう。

まず、PART1、第1章では、人生におけるストーリーの意義がデンボロウ君本人の体験を例に描かれ、「人生の木（Tree of Life）」の実践が紹介される。4歳まで言葉が上手く通じなかった孤独な喘息児？　第2章は、外在化についての解説であるが、セルウィン・カレッジにおけるアンチハラスメントチームの実践が例示されている。続く第3章では、聴衆の大切さがこれもまたデンボロウ君のソングライティング体験を例に描かれる。第4章では、チームワークとして統合失調症の当事者グループであるパワー・トゥ・アワ・ジャーニー（Power to Our Journey）のエピソードが例示され、

第5章では、アイデンティティ移動が図を用いて紹介されている。

PART2の第6章は、「正常」という言説からの逃避の意義を解説し、第7章では、ナラティヴなトラウマ治療が紹介される。第8章では、遺族ケアとしてのリ・メンバリング実践がアボリジニへの援助で例示され、第9章では、死にゆく人への援助がHIV患者と若年性アルツハイマー病患者で例示されている。そして、最終章では、自らの先祖に宛てて手紙を書くことで、現在の社会問題が自分とは無関係ではないことを洞察する。デンボロウ君は曾曾祖父に当てた自らの手紙を紹介している。彼の先祖はオーストラリアの憲法を起草したサミュエル・グリフィスであり、その点でアボリジニに対する権利剥奪は彼にとって深い関わりのあるものとなる（http://www.let.osaka-u.ac.jp/seiyousi/bun45dict/dict-html/00498_GriffithSamuelWalker.html）。

本書もいつもながらの奥野光さんとの共同作業である。彼女には前半を訳してもらった。また、北大路書房の若森乾也さんと薄木敏之さんには編集そのほかで大変お世話になった。最後に、「はじめに」でマイケルとデイヴィッド（・エプストン）のポートレイトを使うことを快諾してくれた作者のナタリア・サヴェリエヴァ（Natalia Savelieva）さんに心からありがとうと言いたい。5年間暮らしたプラハからさらに100キロ北のリベレッツに転居する慌ただしい時にもかかわらず、彼女はプロの芸術家ではないからと即座に無料で許可を下さった。世界中にナラティヴなアプローチが広まるのにお役に立てれば、それで十分だと。もちろん彼女もナラティヴの実践家である。

2015年12月　名古屋市にて

小森康永

【3】 Madigan, S. (2011). ／マディガン（著）児島達美・国重浩一・バーナード　紫・坂本真佐哉（監訳）(2015). ナラティヴ・セラピストになる—人生の物語を語る権利をもつのは誰か？　北大路書房

【4】 Sliep, Y., & CARE Counsellors (1996). ／スリープ・CARE カウンセラー（著）「少しずつ私たちは結束する」ホワイトとデンボロウ（編）小森康永（監訳）(2000). ナラティヴ・セラピーの実践　金剛出版

【5】 White, M. (1988, Spring). ／ホワイト（著）「再会：悲哀の解決における失われた関係の取り込み」ホワイト・デンボロウ（編）小森康永（監訳）(2000). ナラティヴ・セラピーの実践　金剛出版

【6】 White, M. (1994). ／ホワイト（著）「セラピーにおけるナラティヴ･パースペクティヴ」小森康永・土岐篤史（訳）(2000). 人生の再著述—マイケル，ナラティヴ・セラピーを語る　ヘルスワーク協会

【7】 White, M. (1995a). ／ホワイト（著）「虐待の名づけとその影響を断ち切ること」小森康永・土岐篤史（訳）(2000). 人生の再著述—マイケル，ナラティヴ・セラピーを語る　ヘルスワーク協会

【8】 White, M. (1995b). ／ホワイト（著）「精神病的経験と言説」小森康永・土岐篤史（訳）(2000). 人生の再著述—マイケル，ナラティヴ・セラピーを語る　ヘルスワーク協会

【9】 White, M. (1997). ／ホワイト（著）小森康永（監訳）(2004). セラピストの人生という物語　金子書房

【10】 White, M. (2002a). ／ホワイト（著）「ジャーニー･メタファー」小森康永（監訳）(2007). ナラティヴ・プラクティスとエキゾチックな人生—日常生活における多様性の掘り起こし　金剛出版

【11】 White, M. (2002b). ／ホワイト（著）「個人的失敗に対処する」小森康永（監訳）(2007). ナラティヴ・プラクティスとエキゾチックな人生—日常生活における多様性の掘り起こし　金剛出版

【12】 White, M. (2004a). ／ホワイト（著）「ナラティヴ・プラクティスとアイデンティティ結論の解明」小森康永（監訳）(2007). ナラティヴ・プラクティスとエキゾチックな人生—日常生活における多様性の掘り起こし　金剛出版

【13】 White, M. (2007). ／ホワイト（著）小森康永・奥野　光（訳）(2009). ナラティヴ実践地図　金剛出版

【14】 White, M., & Epston, D. (1990). ／ホワイト･エプストン（著）小森康永（訳）(1992). 物語としての家族　金剛出版

White, C., & Denborough, D. (2005a). Conceptualising conferences as community events. In C. White & D. Denborough (Eds.), *A community of ideas: Behind the scenes: The work of Dulwich Centre Publications* (pp. 45–77). Adelaide, Australia: Dulwich Centre.

White, C., & Denborough, D. (2005b). Letters to ancestry and letters to link communities. In C. White & D. Denborough (Eds.), *A community of ideas: Behind the scenes. The work of Dulwich Centre Publications* (pp. 79–100). Adelaide, Australia: Dulwich Centre.

【14】 White, M., & Epston, D. (1990). *Narrative means to therapeutic ends.* New York, NY: W. W. Norton.

White, M., & Epston, D. (1991). A conversation about AIDS and dying. *Dulwich Centre Newsletter, 2,* 7–16. Republished 1992 as in D. Epston & M. White, *Experience, Contradiction, Narrative & Imagination: Selected papers of David Epston & Michael White,* 1989–1991 (chapter 2), pp. 27-36.

Wingard, B., & Lester, J. (2001). *Telling our stories in ways that make us stronger.* Adelaide, Australia: Dulwich Centre Publications.

Yuen, A. (2007). Discovering children's responses to trauma: A response-based narrative practice. *International Journal of Narrative Therapy and Community Work, 4,* 3–18.

● 翻訳が出版されている文献

【1】 Brigitte, Sue, Mem, & Veronika (1997). ／ブリジッド，スー，メン，ヴェロニカ（著）「パワー・トウ・アワ・ジャーニー」ホワイト・デンボロウ（編）小森康永（監訳）(2002). ナラティヴ・セラピーの実践　金剛出版

【2】 Hedtke, L., & Winslade, J. (2004). ／ヘツキ・ウィンスレイド（著）小森康永・石井千賀子・奥野　光（訳）(2005). 人生のリ・メンバリング—死にゆく人と遺される人との会話　金剛出版

essays (pp. 112–154). Adelaide, Australia: Dulwich Centre Publications.

【9】 White, M. (1997). *Narratives of therapists' lives.* Adelaide, Australia: Dulwich Centre Publications.

【10】 White, M. (2002a). Journey metaphors. *International Journal of Narrative Therapy and Community Work, 4,* 12–18. Republished 2004 in,M. White, *Narrative practice and exotic lives: Resurrecting diversity in everyday life* (pp. 43–57). Adelaide: Dulwich Centre Publications.

【11】 White, M. (2002b). Addressing personal failure. *International Journal of Narrative Therapy and Community Work, 3,* 33–76. Republished 2004 in M. White, *Narrative practice and exotic lives: Resurrecting diversity in everyday life* (pp. 149–232). Adelaide, Australia: Dulwich Centre Publications.

【12】 White, M. (2004a). Narrative practice and the unpacking of identity conclusions. In *Narrative practice and exotic lives: Resurrecting diversity in everyday life* (pp. 119–147). Adelaide, Australia: Dulwich Centre Publications.

White, M. (2004b). Working with people who are suffering the consequences of multiple trauma: A narrative perspective. *International Journal of Narrative Therapy and Community Work, 1,* 45–76. Republished 2006 in D. Denborough (Ed.), *Trauma: Narrative responses to traumatic experience* (pp. 25–85). Adelaide, Australia: Dulwich Centre Publications.

White, M. (2005). Children, trauma and subordinate storyline development. *International Journal of Narrative Therapy and Community Work, 3&4,* 10–22. Republished 2006 in D. Denborough (Ed.), *Trauma: Narrative responses to traumatic experience* (pp. 143–165). Adelaide, Australia: Dulwich Centre Publications.

【13】 White, M. (2007). *Maps of narrative practice.* New York, NY: W. W. Norton.

Simmons, L. (2007). Stories about home. *International Journal of Narrative Therapy and Community Work, 2,* 26–40.

【4】 Sliep, Y., & CARE Counsellors. (1996). Conversations with AIDS and CARE. *Dulwich Centre Newsletter, 3,* 5–11.

Verco, J. (2002). Women's outrage and the pressure to forgive. *International Journal of Narrative Therapy and Community Work, 1,* 23–27. Republished 2003 in Dulwich Centre Publications (Ed.), *Responding to violence: A collection of papers relating to child sexual abuse and violence in intimate relationships* (pp. 119–128). Adelaide, Australia: Dulwich Centre Publications.

Wade, A. (1997). Small acts of living: Everyday resistance to violence and other forms of oppression. *Contemporary Family Therapy, 19*(1), 23–39. Human Sciences Press, Inc.

White, M. (1984). Pseudo-encopresis: From avalanche to victory, from vicious to virtuous cycles. *Family Systems Medicine, 2*(2), 150–160. doi:10.1037/h0091651

【5】 White, M. (1988, Spring). Saying hullo again: The incorporation of the lost relationship in the resolution of grief. *Dulwich Centre Newsletter,* 7–11.

【6】 White, M. (1994). The narrative perspective in therapy (D. L. Bubenzer, J. D. West, & S. R. Boughner, Interviewers). *Family Journal: Counseling and Therapy for Couples and Families, 2*(1), 71–83. Republished 1995 in M. White, *Re-authoring lives: Interviews and essays* (pp. 11–40). Adelaide, Australia: Dulwich Centre Publications.

【7】 White, M. (1995a). Naming abuse and breaking from its effects (C. McLean, Interviewer). In M. White, *Re-authoring lives: Interviews and essays* (pp. 82–111). Adelaide, Australia: Dulwich Centre Publications.

【8】 White, M. (1995b). Psychotic experience and discourse (K. Stewart, Interviewer). In M. White, *Re-authoring lives: Interviews and*

[2] Hedtke, L., & Winslade, J. (2004). *Re-membering lives: Conversations with the dying and the bereaved.* Amityville, NY: Baywood Publishing.

[3] Madigan, S. (2011). *Narrative therapy.* Washington, DC: American Psychological Association.

Mann, S. (2000). Collaborative representation: Narrative ideas in practice. *Gecko: A Journal of Deconstruction and Narrative Ideas in Therapeutic Practice, 2,* 39–49.

Mitchell, S. (2005). Debriefing after traumatic situations: Using narrative ideas in the Gaza Strip. *International Journal of Narrative Therapy and Community Work, 2,* 23–28. Republished in Denborough, D. (Ed.), *Trauma: Narrative responses to traumatic experience.* Adelaide, Australia: Dulwich Centre Publications.

Myerhoff, B. (1982). Life history among the elderly: Performance, visibility, and remembering. In J. Ruby (Ed.), *A crack in the mirror: Reflective perspectives in anthropology* (pp. 99–117). Philadelphia, PA: University of Pennsylvania Press.

O'Leary, P. (1998). Liberation from self-blame: Working with men who have experienced childhood sexual abuse. *Dulwich Centre Journal, 4,* 24–40. Republished 1999 in Dulwich Centre Publications (Eds.), *Extending Narrative Therapy: A collection of practice-based papers* (pp.159–187). Adelaide, Australia: Dulwich Centre Publications.

Rieniets, A. (1995). Souvenir. On *Fluently Helvetica* [CD]. Adelaide, Australia: Independent Production.

Selwyn College, Lewis, D., & Cheshire, A. (1998). Taking the hassle out of school: The work of the Anti-Harassment Team of Selwyn College, Dorothea Lewis & Aileen Cheshire. *Dulwich Centre Journal, 2&3,* 2–31.

Silent Too Long. (2000). Embracing the old, nurturing the new. *Dulwich Centre Journal, 1&2,* 62–71.

Denborough, D. (2008). *Collective narrative practice: Responding to individuals, groups, and communities who have experienced trauma.* Adelaide, Australia: Dulwich Centre Publications.

Denborough, D. (2009). Some reflections on the legacies of Michael White. *Australian and New Zealand Journal of Family Therapy, 30*(2), 92–108.

Denborough, D. (2010). *Working with memory in the shadow of genocide: The narrative practices of Ibuka trauma counsellors.* Adelaide, Australia: Dulwich Centre Foundation International.

Denborough, D. (2012a). Responding to survivors of torture and suffering: Survival skills of Kurdish families. *International Journal of Narrative Therapy and Community Work, 3,* 18–49.

Denborough, D. (2012b). The Team of Life with young men from refugee backgrounds. *International Journal of Narrative Therapy and Community Work, 2,* 44–53.

Denborough, D., Freedman, J., & White, C. (2008). *Strengthening resistance: The use of narrative practices in working with genocide survivors.* Adelaide, Australia: Dulwich Centre Foundation.

Denborough, D., & Preventing Prisoner Rape Project. (2005). Prisoner rape support package. *International Journal of Narrative Therapy and Community Work, 2,* 29–37.

Dulwich Centre. (2000). Living positive lives: A gathering for people living with HIV and workers in the HIV sector, *Dulwich Centre Journal,* 4.

Dulwich Centre. (2008a). Children, parents, and mental health. *International Journal of Narrative Therapy and Community Work, 4,* 3–14.

Dulwich Centre. (2008b). Remembrance: Women and Grief Project. *International Journal of Narrative Therapy and Community Work, 4,* 60–71.

文　献

【　】は邦訳が出版されている文献を参照

Abu-Rayyan, N. M. (2009). Seasons of life: Ex-detainees reclaiming their lives. *International Journal of Narrative Therapy and Community Work, 2,* 24–40.

ACT Mental Health Consumers Network & Dulwich Centre. (2003). "These are not ordinary lives": The report of a mental health community gathering. *International Journal of Narrative Therapy and Community Work, 3,* 29–49.

Alzheimer's Australia Vic Community Advisory Group & Denborough, D. (2011). Special knowledge and stories about dementia. *International Journal of Narrative Therapy and Community Work, 1,* 65–71.

【1】 Brigitte, Sue, Mem, & Veronika. (1997). Power to our journeys. In C. White & D. Denborough (Eds.), *Introducing narrative therapy: A collection of practice-based writings* (pp. 203–215). Adelaide, Australia: Dulwich Centre Publications.

Bruell, A., Gatward, E., & Salesa, L. (1999). The Anti-Harassment Team: A presentation of hope. In Dulwich Centre (Ed.), *Narrative therapy and community work: A conference collection* (pp. 72–83). Adelaide, Australia: Dulwich Centre Publications.

▶ま

▶み

▶も

▶ゆ

▶ら

▶り

▶る

▶れ

▶ろ

▶わ

索　引

原著者紹介

● **デイヴィッド・デンボロウ**（David Denborough Ph.D.）

コミュニティワーカー，教師，そしてアデレイドにあるダルウィッチセンターのライター／エディターとして働いている。デイヴィッドは特に，心理学的植民地化の機会を制限し，人生チーム・ナラティヴ・アプローチや（Ncazelo Ncube と共同した）人生の木のような異文化発明の可能性を創造する異文化的パートナーシップに関心を抱いている。このような集団的ナラティヴ・メソドロジーは，トラウマ体験について直接話すことなくその影響に人々が対処するのを援助することを求めている。

また，デイヴィッドは，集団的ナラティヴ実践がいかにして社会運動を活性化そして，あるいは支持するかということにも大変興味を持っている。最近，教育／コミュニティ課題が実践されたのは，ブラジル，パレスチナ，シンガポール，オーストリア，香港，カルジスタン（イラク），インド，カナダ，スリランカ，アルゼンチン，チリ，南アフリカ共和国，そしてオーストラリアのいくつかのアボリジニー・コミュニティなどである。デイヴィッドは，メルボルン大学と共同でナラティヴ・セラピーとコミュニティワークの修士課程をコーディネートしてもいる。

現在の時事問題に対応したデイヴィッドの楽曲は，オーストラリアとカナダでオンエア中である。彼の著作は以下の通り。

- *Retelling the stories of our lives: Everyday narrative therapy to draw inspiration and transform experience*（本書）
- *Collective narrative practice: Responding to individuals, groups, and communities who have experienced trauma*
- *Working with memory in the shadow of genocide: The narrative practices of Ibuka trauma counsellors*
- *Beyond the prison: Gathering dreams of freedom*
- *Queer counselling and narrative practice*
- *Family therapy: Exploring the field's past, present and possible futures*
- *Trauma: Narrative responses to traumatic experience*
- *Introducing Narrative Therapy*（『ナラティヴ・セラピーの実践』金剛出版 2000 年）

● 訳者紹介

小森康永（こもり　やすなが）

1960 年　岐阜県生まれ

1985 年　岐阜大学医学部卒業

現　在　愛知県がんセンター中央病院　緩和ケアセンター長

〈主著・訳書〉

『ナラティヴ実践再訪』金剛出版　2008 年

『バイオサイコソーシャルアプローチ』（共著）金剛出版　2014 年

『ナラティブ・メディスン入門』遠見書房　2015 年

『はじめよう！　がんの家族教室』（編）日本評論社　2015 年

M. ホワイト・D. エプストン『物語としての家族』金剛出版　1992 年

奥野　光（おくの　ひかり）

1974 年　愛媛県生まれ

1997 年　国際基督教大学教養学部卒業

2002 年　名古屋大学大学院教育発達科学研究科単位取得

現　在　二松学舎大学学生相談室カウンセラー（臨床心理士）

〈主著・訳書〉

『セラピストの物語／物語のセラピスト』（共著）日本評論社　2003 年

『ナラティヴ・プラクティス』現代のエスプリ No.433（共著）至文堂　2003 年

S. J. ウォーリン・S. ウォーリン『サバイバーと心の回復力』（共訳）金剛出版　2002 年

M. ホワイト『ナラティヴ実践地図』（共訳）金剛出版　2009 年

M. ホワイト『ナラティヴ・プラクティス』（共訳）金剛出版　2012 年

ふだん使《づか》いのナラティヴ・セラピー
人生のストーリーを語り直し，希望を呼び戻す

2016年6月10日　初版第1刷印刷
2016年6月20日　初版第1刷発行

定価はカバーに表示してあります。

著　者　デイヴィッド・デンボロウ
訳　者　小　森　康　永
　　　　奥　野　　光
発行所　㈱北大路書房
〒603-8303　京都市北区紫野十二坊町12-8
電　話　(075) 431-0361㈹
F A X　(075) 431-9393
振　替　01050-4-2083

編集・製作　本づくり工房　T.M.H.
装　幀　白沢　正
印刷・製本　シナノ印刷（株）

ISBN 978-4-7628-2939-0　C1011　Printed in Japan© 2016

ナラティヴ・セラピストになる

◆人生の物語を語る権利をもつのは誰か？

S・マディガン 著　児島達美他 監訳

A5判・232頁　定価：本体2600円＋税

ISBN978-4-7628-2901-7　C3011

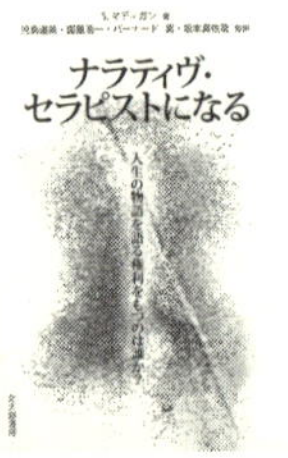

「権力と知の不可分性」などのポスト構造主義の理論がナラティヴ・セラピーの実践の中でどのように適用されるのか、豊富な事例を通して示す。「語られるストーリーを語る権利は誰にあるのでしょうか？」をはじめ、語られている問題の物語に存在する「偏り」の「神秘のベール」を取り除くための「治療的会話」を展開する。

ナラティヴ・アプローチの理論から実践まで

◆希望を掘りあてる考古学

G・モンク他 編　国重浩一、バーナード紫 訳

A5判・246頁　定価：本体2600円＋税

ISBN978-4-7628-2606-1　C3011

「不登校」「拒食症・過食症」「アルコール依存」などの言葉は歴史的、社会・文化的に意味づけられたものにすぎず、「真理」を伝えるものではない。「問題」と「人」とを切り離し、クライアント自らが「支配的なディスコース」からの解放の可能性を探る。クライアント／セラピストが「新たな物語」を「共著」する技法。

話がこじれたときの会話術

◆ナラティヴ・メディエーションのふだん使い

G・モンク他 著　池田真依子 訳

A5判・120頁　定価：本体2200円＋税

ISBN978-4-7628-2860-7　C3011

不安や苦痛を引き起こす対立に人びとが巻き込まれている状態を、物語を読み解くようにほぐしていく「会話術」を紹介。家族間の対立、会社内や組織間の抗争といった実践場面を引きながら、優勢な物語の中に例外を見つけるスキル（二重傾聴）や、問題と人とを切り離すスキル（外在化する会話）などを分かりやすく解説する。

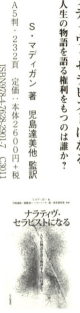

ナラティヴ・メディエーション

◆調停・仲裁・対立解決への新しいアプローチ

Ｊ・ウィンズレイド他 著　国重浩一、バーナード紫 訳

Ａ５判・２７０頁　定価：本体３２００円＋税

ISBN978-4-7628-2729-7　C3011

日常的な対人的葛藤から国際紛争まで、教育現場から医療領域まで、人々の内に在る欲求や動機を動かしがたい前提とする従来の調停理論を離れ、理解・敬意・共同を基盤としたオルタナティヴなストーリーを柔軟に紡ぎ直す新たな試み。社会構成主義の認識論に根ざし、調停者に強力な言語的ツールの数々を体系的に提供する。

ディグニティセラピー

◆最後の言葉、最後の日々

Ｈ・Ｍ・チョチノフ 著　小森康永、奥野　光 訳

Ａ５判・２１６頁　定価：本体２７００円＋税

ISBN978-4-7628-2812-6　C3011

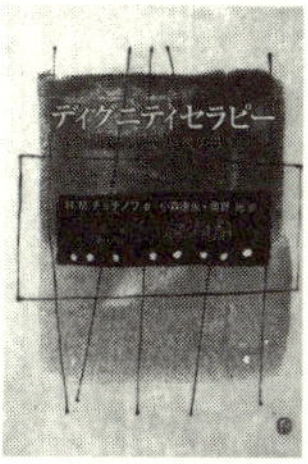

ディグニティセラピー創始者のチョチノフ自身の手による包括的な入門書。緩和ケアに役立つこの新しい技法が、どのようにして生まれ、発展してきたのか？　またそのエビデンスとは？　具体的な事例を通して、ディグニティセラピーをどのように行なうか、その実際を詳説。二〇一二年度ＰＲＯＳＥ賞臨床医学部門受賞。

ナラティヴから読み解くリジリエンス

◆危機的状況から回復した「67分の9」の少年少女の物語

Ｓ・Ｔ・ハウザー他 著　仁平説子、仁平義明 訳

Ａ５判・２８６頁　定価：本体２８００円＋税

ISBN978-4-7628-2736-5　C3011

一握りの彼／彼女らだけが虐待・養育放棄などの破局的状況に打ち克ち、豊かな生を築くまでに至れたのは何故か。リジリエンスを素質や性格特性に還元せず、縦断的インタヴューで集められたパーソナルナラティヴを刻々進行する意味づけ作業ととらえ、対照群との比較を通し、回復のプロセスを丹念に辿ることで見えてきた真実。